国家教师资格考试

历年真题详解及预测试卷

保教知识与能力·幼儿园(真题题本)

重要提示:

为维护您的个人权益,确保考试的公平公正,请您帮助我们监督考试实施工作。

本场考试规定:监考人员要向本考场全体考生展示题本密封情况,并邀请2名考生代表验封签字后,方能开启试卷袋。

目　录

机密★启封前　　　　　　　　　　　　　　姓名＿＿＿＿＿＿　准考证号＿＿＿＿＿＿

2023 年下半年中小学教师资格考试真题试卷(一)

保教知识与能力(幼儿园)

注意事项:

1. 考试时间为 120 分钟,满分为 150 分。

2. 请按规定在答题卡上填涂、作答。在试卷上作答无效,不予评分。

一、单项选择题(本大题共 10 小题,每小题 3 分,共 30 分)

在每小题列出的四个备选项中只有一个是符合题目要求的,请用 2B 铅笔把答题卡上对应题目的答案字母按要求涂黑。错选、多选或未选均无分。

1. 免疫时间较短,可多次感染的传染病是(　　)

A. 流感　　B. 水痘

C. 麻疹　　D. 腮腺炎

2. 幼儿园语言教育培养幼儿最主要的能力是(　　)

A. 交往、合作和交流　　B. 表现、表达和创造

C. 阅读、想象和表演　　D. 倾听、理解和表达

3. 对“因材施教”的正确理解是(　　)(易错)

A. 尊重年龄特点　　B. 尊重个体差异

C. 遵循发展顺序　　D. 遵循教材进度

4. “人生两个宝,双手与大脑。用脑不用手,快要被打倒,用手不用脑,饭也吃不饱。手脑都会用,才算开天辟地的大好佬。”这首儿童诗的作者是(　　)

A. 张宗麟　　B. 陈鹤琴　　C. 张雪门　　D. 陶行知

5. 幼儿园保育教育质量评估应主要聚焦(　　)

A. 办园条件　　B. 保育教育过程

C. 幼儿园管理　　D. 幼儿发展结果

6. 幼儿园一日活动要动静交替,这与幼儿神经系统的哪一个特点有关(　　)

A. 易兴奋、易疲劳　　B. 不易兴奋、不易疲劳

C. 易兴奋、不易疲劳　　D. 不易兴奋、易疲劳

7. 一般来说,在儿童出生后的两年中,不容易观察到的情绪表现是(　　)

A. 惊喜　　B. 害羞　　C. 内疚　　D. 焦虑

8. 在玩棋类游戏时,下列幼儿的哪种行为表现最能反映玩具的可玩性(　　)

A. 运用丰富的认知策略

B. 玩棋兴趣持续较长时间

C. 有丰富的肢体表现

D. 玩棋之后不易引发挫折感

9. 3 ~4 岁的儿童认为,小皮球浮在水面上,是因为它想游泳,按照认知发展理论的观点,这反映了儿童的思维具有(　　)(常考)

A. 泛灵论特点　　B. 守恒性特点

C. 假装性特点　　D. 象征性特点

10. 思维工具和思维方式并非与生俱来,它们可以由能力水平更高的人传递给儿童,由此推断,影响儿童学习的关键因素之一是(　　)

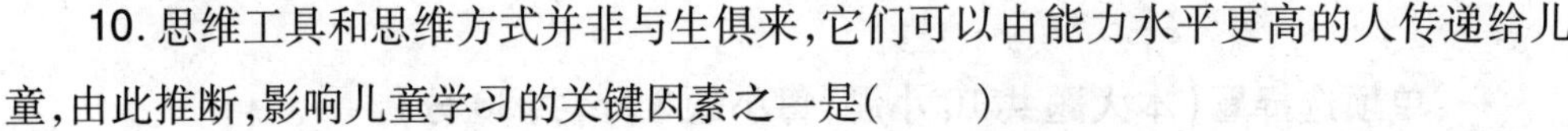

A. 操作条件作用　　B. 符号表征

C. 社会互动　　D. 情感调节

二、简答题(本大题共 2 小题,每小题 15 分,共 30 分)

11. 教师在幼儿户外活动时,应观察哪些方面?

12. 简述幼儿园教师对待幼儿攻击性行为的有效策略。

三、论述题(本大题 1 小题,20 分)

13. 保育教育相结合的原则的内涵是什么?并结合实践谈一谈。

四、材料分析题(本大题共 2 小题,每小题 20 分,共 40 分)阅读材料,并回答问题。

14. 请根据下图,分析 2 岁和 4 岁儿童的游戏特点是什么?(10 分)并阐述这些特点对学前儿童游戏指导的启示。(10 分)

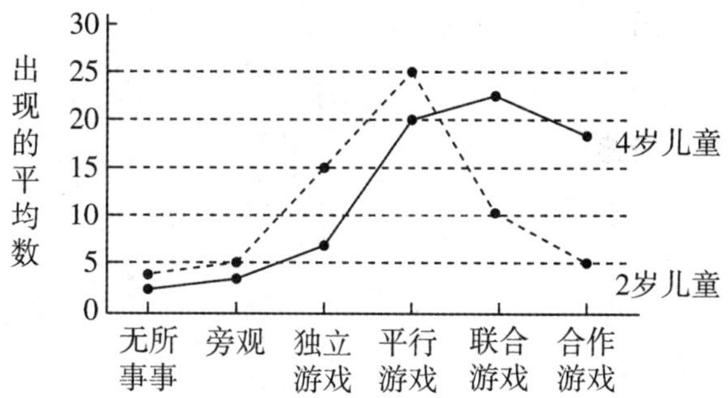

15. 材料:

幼儿园正在修剪树木,多种多样的树枝引起了幼儿的注意,激发了他们的探索兴趣和表现欲望,两个大班准备组织相应活动。大(一)班老师鼓励幼儿用自己的方式表现树木,有的幼儿用铅笔,有的用水彩笔,有的用积木……表现各种形态的树木(图 1 – 图 3)。教师肯定了幼儿的表现,特别表扬了幼儿的不同表现,同时建议幼儿把自己的作品展示出来,相互介绍。大(二)班老师组织了一次美术教学活动,教幼儿画树并进行示范:比如先画树干,再画树冠,最后涂色,结果全班幼儿大都画出了差不多形状的树(图 4 – 图 6)。

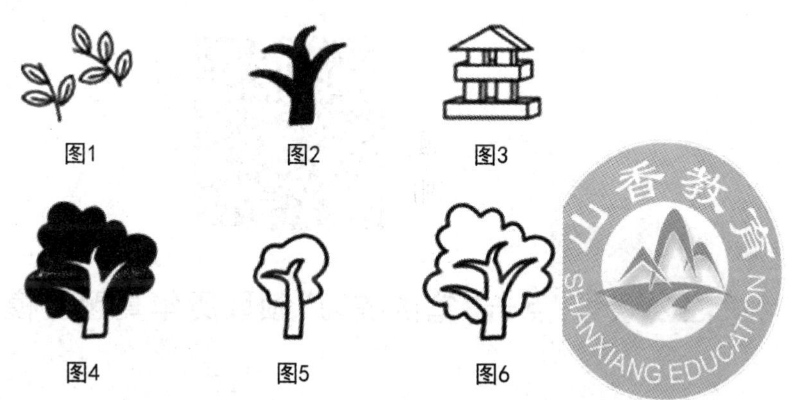

图1 图2 图3

图4 图5 图6

问题：

请分析上述材料中大(一)班教师和大(二)班教师的教学方式及其对幼儿行为的影响。(20 分)

五、活动设计题(本大题 1 小题,30 分)

16. 大班的徐老师看到幼儿玩扑克牌,有的在比数字大小,有的在用扑克牌搭房子……看到幼儿对扑克牌的兴趣,徐老师拟设计扑克牌的相关游戏,帮助幼儿积累更多的经验。

请帮助徐老师用扑克牌为大班幼儿设计 2 个教学游戏。

机密★启封前　　　　　　　　姓名__________　准考证号__________

2023 年上半年中小学教师资格考试真题试卷(二)

保教知识与能力(幼儿园)

注意事项:

1. 考试时间为 120 分钟,满分为 150 分。

2. 请按规定在答题卡上填涂、作答。在试卷上作答无效,不予评分。

一、单项选择题(本大题共 10 小题,每小题 3 分,共 30 分)

在每小题列出的四个备选项中只有一个是符合题目要求的,请用 2B 铅笔把答题卡上对应题目的答案字母按要求涂黑。错选、多选或未选均无分。

1. 幼儿园教师通过记录幼儿在日常生活与活动中的表现来分析其心理特点,这种研究方法是(　　)

A. 观察法　　　　B. 谈话法

C. 测验法　　　　D. 实验法

2. 下列几种意外事故,不正确的处理方式是(　　)

A. 有小飞虫进入幼儿眼里,翻开眼皮后,用消毒棉签轻轻擦去

B. 幼儿跌倒后轻微擦伤,对伤口清洗去污,涂上消毒药水

C. 幼儿鼻内塞进了小珠子、豆粒等圆滑异物,用镊子去取

D. 幼儿被蜜蜂轻度蜇伤后,在伤口处涂淡碱水或肥皂水等弱碱性液体

3. 为保障幼儿身体健康发育,教师要求幼儿有正确的站姿和坐姿,这是因为幼儿(　　)

A. 骨骼弹性大,可塑性强,易变形　　　　B. 骨骼弹性大,可塑性小,易变形

C. 骨骼弹性小,可塑性小,易变形　　　　D. 骨骼弹性小,可塑性强,易变形

4. 小军打针时对自己说:“我不怕! 我不哭! 我是男子汉!”这表现出他初步具备(　　)

A. 情绪理解能力　　　　B. 情感表达能力

C. 情绪识别能力　　　　D. 情绪自我调节能力

5.《托儿所幼儿园卫生保健工作规范》规定,1 ~ 3 岁儿童每年健康检查的次数是(　　)(常考)

A. 1 次　　B. 2 次　　C. 3 次　　D. 4 次

6. 自闭症儿童的典型特点不包括(　　)(易错)

A. 言语发展迟缓　　B. 对人缺乏兴趣

C. 胆小怕生　　D. 重复性的刻板行为

7. 十个月大的贝贝看见妈妈把玩具塞进了盒子,他会打开盒子把玩具找出来。这说明贝贝的认知具备了(　　)

A. 守恒性　　B. 间接性

C. 可逆性　　D. 客体永久性

8. 婴儿说的"妈妈抱""要牛奶""外面玩"等句式,一般被称为(　　)

A. 单词句　　B. 双词句

C. 简单句　　D. 复合句

9.《幼儿园教育指导纲要(试行)》提出,幼儿园教育工作评价应当以(　　)(易错)

A. 幼儿评价为主　　B. 家长评价为主

C. 教师自评为主　　D. 专家评价为主

10. 张雪门"行为课程"的理论基础是(　　)

A. 杜威实用主义哲学　　B. 建构主义心理学

C. 人本主义心理学　　D. 行为主义心理学

二、简答题(本大题共 2 小题,每小题 15 分,共 30 分)

11. 结合下图,请举例说明幼儿记忆发展的特点。

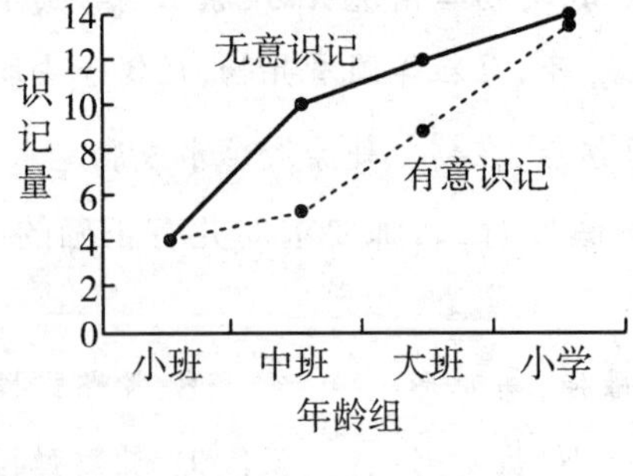

12. 简述幼儿教师“以幼儿为本”基本理念的内涵。

三、论述题(本大题 1 小题,20 分)

13. 有人将《幼儿园教育指导纲要(试行)》中五个领域的教育内容理解为分科上五门课,这种观点错在哪里?

四、材料分析题(本大题共2小题,每小题20分,共40分)阅读材料,并回答问题。

14. 材料:小班角色游戏时,李老师发现豆豆经常会倒提起布娃娃,边打边说:"你不乖,我打你,你再哭,我还打!"

问题:

(1)分析豆豆出现这种现象的原因。(8分)

(2)针对这样的情况,教师该怎么做?(12分)

15. 材料:小明四岁多了,妈妈发现他越来越不愿意接受别人的批评。说他哪里做得不够好,他就会说"昨天张老师还表扬我了呢,说我爱帮助人""我昨天值日还得了小红花""我画画也画得特别好""我是我们班最棒的"等。

问题:

根据小明的表现,分析其自我意识发展的特点。(20分)

五、活动设计题(本大题 1 小题,30 分)

16. 设计一个中班科学教育活动,帮助幼儿感知和发现植物的生长变化及其基本条件。

要求写出活动名称、活动目标、活动准备和活动过程。

机密★启封前　　　　　　　　　　姓名＿＿＿＿＿＿　准考证号＿＿＿＿＿＿

2022年下半年中小学教师资格考试真题试卷(三)

保教知识与能力(幼儿园)

注意事项:

1. 考试时间为120分钟,满分为150分。
2. 请按规定在答题卡上填涂、作答。在试卷上作答无效,不予评分。

一、单项选择题(本大题共10小题,每小题3分,共30分)

在每小题列出的四个备选项中只有一个是符合题目要求的,请用2B铅笔把答题卡上对应题目的答案字母按要求涂黑。错选、多选或未选均无分。

1. 幼儿获得直接经验的方式是(　　)(常考)

A. 听老师讲课　　B. 阅读图书

C. 实际操作　　D. 看他人如何做

2. 幼儿园保育和教育工作从根本上来说是为了满足(　　)

A. 家长的教育要求　　B. 上级领导的要求

C. 小学的教育要求　　D. 幼儿发展的需求

3. 建立良好师幼关系的前提是(　　)

A. 传授丰富的知识　　B. 尊重理解幼儿

C. 不批评幼儿　　D. 满足幼儿的一切需求

4. 发展幼儿语言表达能力的关键是让他们(　　)(常考)

A. 多交流多表达　　B. 多模仿别人说话

C. 多认字多写字　　D. 多背诵经典

5. 制定一日活动计划主要依据是(　　)

A. 社会发展和幼儿身心发展的规律

B. 当地文化特点和本班幼儿身心发展状况

C. 本周计划和本班幼儿兴趣与需要

D. 幼儿园和班级的学期计划

6. 通过分析幼儿手工成果来了解其心理的方法是(　　)

A. 调查法　　　　B. 自然观察法

C. 实验法　　　　D. 作品分析法

7. 在幼儿记忆活动中占主要地位的是(　　)

A. 有意记忆　　　　B. 语词记忆

C. 形象记忆　　　　D. 意义记忆

8. 某一时期,儿童学习某种知识和形成某种能力比较容易,心理某个方面的发展最为迅速,儿童心理发展的这个时期被称为(　　)(易混)

A. 反抗期　　　　B. 敏感期

C. 转折期　　　　D. 危机期

9. 有些幼儿经常看电视上的暴力镜头,其攻击行为会明显增加,这是因为电视的暴力内容对幼儿攻击行为的习惯起到(　　)

A. 定势作用　　　　B. 惩罚作用

C. 依赖作用　　　　D. 榜样作用

10. 与婴儿最初的情绪反应相关联的是(　　)

A. 生理的需要　　　　B. 归属和爱的需要

C. 尊重的需要　　　　D. 自我实现的需要

二、简答题(本大题共 2 小题,每小题 15 分,共 30 分)

11. 简述幼儿无意想象的主要表现。

12. 简述游戏对幼儿发展的作用。(常考)

三、论述题(本大题1小题,20分)

13. 教育家陈鹤琴认为,幼儿的发展具有整体性。虽然他把教学内容划分为健康、社会、科学、艺术和文学,但是他认为,它们之间应该相互贯通,为一个整体,正如人的手指和手掌的关系。

请结合陈鹤琴的整体性思想,说一说什么是学习与发展的整体性?如何在一日生活中切实做到?

四、材料分析题(本大题共2小题,每小题20分,共40分)阅读材料,并回答问题。

14. 材料:

三岁半的蒙蒙,很喜欢和小伙伴一起玩耍,可是奶奶却说:"你还小,出去玩会被别的孩子欺负的,就在家玩多好。"有时,邻居家的小朋友想到家里来找蒙蒙玩,蒙蒙奶奶却常嫌添乱,便替蒙蒙婉言谢绝,于是蒙蒙就只能在家独自玩耍……

问题:

根据同伴对幼儿发展的作用的相关知识,评析蒙蒙奶奶的做法。(20分)

15. 材料：

春天来了，老师们都忙着为班级布置有关“春天”的墙饰。张老师设计了一幅丰富又美丽的春天图画（图1）；李老师只在墙上画了一棵光秃秃的树，她希望幼儿能随时将自己看到的信息用剪纸、绘画等方式反映到墙面上（图2）。

图1　　　　图2

问题：

请评价两位老师的行为。（20分）

五、活动设计题（本大题1小题，30分）

16. 老师发现，大班的孩子们在玩买卖的游戏时，不管物品的价格多少，总是随意地付款和收款。比如：3元钱的东西，孩子们总是会拿1元、5元、10元的代钱币付钱；有的幼儿不计算总和，不管多少钱都随意给钱，收款的幼儿也随意收下。

针对幼儿这一问题，请设计一个教育活动。要求写出设计思路、活动名称、活动目标、活动准备和活动过程。

机密★启封前　　　　　　　　姓名__________　准考证号__________

2022年上半年中小学教师资格考试真题试卷(四)

保教知识与能力(幼儿园)

注意事项:

1. 考试时间为120分钟,满分为150分。

2. 请按规定在答题卡上填涂、作答,在试卷上作答无效,不予评分。

一、单项选择题(本大题共10小题,每小题3分,共30分)

在每小题列出的四个备选项中只有一个是符合题目要求的,请用2B铅笔把答题卡上对应题目的答案字母按要求涂黑。错选、多选或未选均无分。

1. 根据《托儿所幼儿园卫生保健工作规范》规定,3~6岁儿童每年健康检查的次数是(　　)(易错)

A. 1次　　B. 2次　　C. 3次　　D. 4次

2. 下列对儿童的看法,正确的是(　　)

A. 儿童是无知无能的

B. 儿童不是微缩的成人

C. 儿童可以按成人的意愿随意塑造

D. 儿童是家庭的私有财产

3. 幼儿园创设物质环境时首先应考虑的要求是(　　)

A. 经济性　　B. 安全卫生性

C. 功能性　　D. 美观性

4. 关于幼儿言语的发展顺序,下列表述正确的是(　　)(易混)

A. 言语理解先于言语表达

B. 言语表达先于言语理解

C. 言语理解与言语表达平行发展

D. 言语理解与言语表达独立发展

5. 幼儿对自己消极情绪的掩饰,说明其情绪的发展已经开始(　　)

A. 深刻化　　B. 丰富化　　C. 内隐化　　D. 精细化

6. 下列选项中关于自发性游戏的观点，正确的是(　　)

A. 幼儿园游戏不包括自发性游戏

B. 自发性游戏不需要教师指导

C. 教师组织的游戏比自发性游戏有价值

D. 自发性游戏具有多种教育价值

7. 下列选项中不符合蒙台梭利教育观念的是(　　)

A. 儿童存在着与生俱来的“内在生命力”

B. 教育应让儿童获得自然的和自由的发展

C. 幼儿教师是揭示儿童内心世界的观察者

D. 自由游戏是儿童学习的主要方式

8. 导致“狼孩”心理发展滞后的主要因素是(　　)

A. 遗传有缺陷　　B. 生理成熟迟滞

C. 自然环境恶劣　　D. 社会环境缺乏

9. 婴儿动作发展的正确顺序是(　　)(常考)

A. 翻身→坐→抬头→站→走

B. 抬头→翻身→坐→站→走

C. 翻身→抬头→坐→站→走

D. 抬头→坐→翻身→站→走

10. 4 岁的瑞瑞不小心把小碗里的葡萄干撒在桌子上后，很惊奇地说：“哦，我的葡萄干变多了！”这说明他的思维处于(　　)

A. 感知运动阶段　　B. 前运算阶段

C. 具体运算阶段　　D. 形式运算阶段

二、简答题(本大题共 2 小题，每小题 15 分，共 30 分)

11. 简述积木游戏对幼儿发展的价值。

12. 从图中可以看出儿童神经系统发育有什么规律？

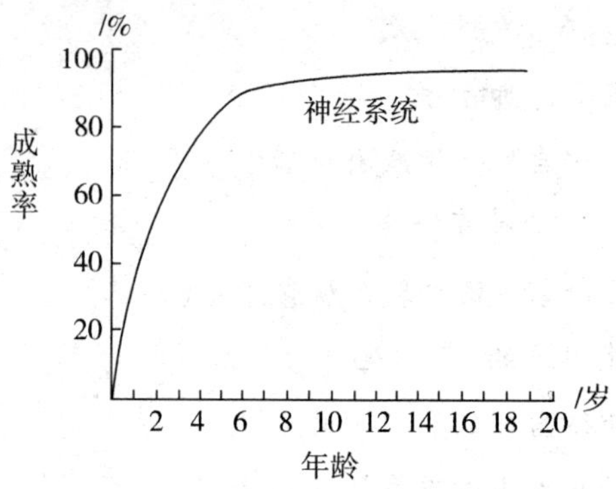

三、论述题(本大题 1 小题,20 分)

13. 试述幼儿园教育应“渗透于幼儿园一日生活的各项活动之中”的理由,并举例说明。

四、材料分析题(本大题共2小题,每小题20分,共40分)阅读材料,并回答问题。

14. 材料:

某大班几个小朋友在讨论有关动物的问题。老师问:“你们刚才说了很多动物。我想问问,到底什么是动物?”丁丁说:“我们刚才说的大象、猴子、孔雀、斑马都是动物!”鹏鹏说:“动物有的有腿,有的有翅膀,有的会跑,有的会飞,有的会在水里游……”蓝蓝马上接着说:“有的吃草,有的吃米,有的喜欢吃……”睿睿说:“我觉得会自己动的,会吃东西的,都是动物。”

问题:

请分析上述儿童概念发展的水平。(20分)

15. 材料：

幼儿园大班开展了记录天气的活动，A 班的老师给同学们发了天气记录表，让幼儿记录天气的阴晴雨雪。B 班的老师直接给幼儿发了一张白纸，让幼儿自主地记录天气。两班记录情况如下图。

天气记录表

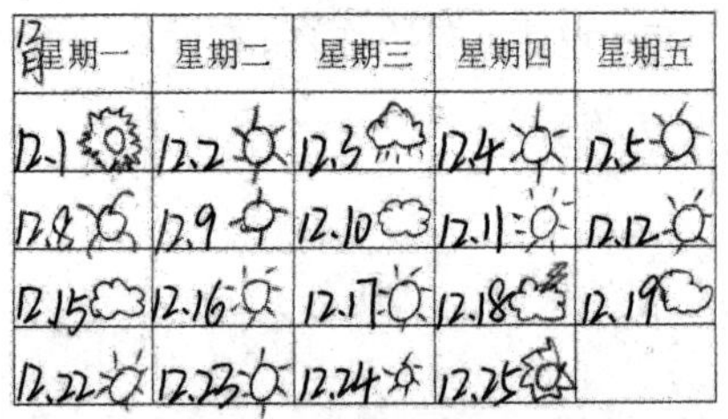

12月 星期一	星期二	星期三	星期四	星期五
12.1	12.2	12.3	12.4	12.5
12.8	12.9	12.10	12.11	12.12
12.15	12.16	12.17	12.18	12.19
12.22	12.23	12.24	12.25	

图1（A班）

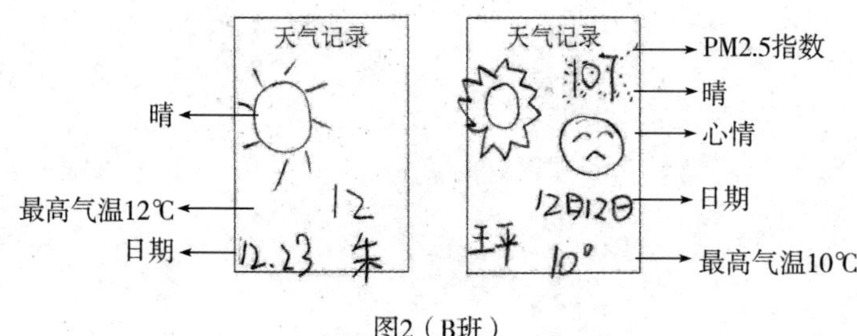

图2（B班）

问题：

（1）请分析天气记录活动有什么教育价值？（8 分）

（2）请分别分析上述两种记录方式对幼儿的发展意义。（12 分）

五、活动设计题(本大题 1 小题,30 分)

16. 大班的江老师出差两天,回来以后,孩子们都过来告亮亮的状,说亮亮总是搞破坏。江老师把亮亮请来一起解决问题。亮亮说:“我不是破坏,我是在表演孙悟空打妖怪!”晶晶一听赶快说:“我不是妖怪! 我是唐僧!”“我也不是妖怪! 我是玉皇大帝!”“我,我也是孙悟空!”“我也要扮演孙悟空!”孩子们七嘴八舌,早就忘记了告状这件事,都在讨论自己要扮演什么。

要求:

请设计一个谈话活动,从孙悟空的行为目的和意义开始,将幼儿的破坏性扮演行为引导成为表演性游戏行为。要求写出活动名称、活动目的和活动过程。

机密★启封前　　　　　　　　　　姓名____________　准考证号____________

2021年下半年中小学教师资格考试真题试卷(五)

保教知识与能力(幼儿园)

注意事项:

1. 考试时间为120分钟,满分为150分。

2. 请按规定在答题卡上填涂、作答,在试卷上作答无效,不予评分。

一、单项选择题(本大题共10小题,每小题3分,共30分)

在每小题列出的四个备选项中只有一个是符合题目要求的,请用2B铅笔把答题卡上对应题目的答案字母按要求涂黑。错选、多选或未选均无分。

1. 提出“最近发展区”这一概念的心理学家是(　　)(常考)

A. 弗洛伊德　　　　B. 马斯洛

C. 皮亚杰　　　　D. 维果斯基

2. 幼儿期注意发展的特点是(　　)

A. 无意注意占优势,有意注意逐渐发展

B. 有意注意占优势,无意注意逐渐发展

C. 无意注意逐渐发展,有意注意未出现

D. 有意注意逐渐发展,无意注意未出现

3. 洗手时,东东突然叫了起来:“洗手液溅进眼睛里了!”这时老师首先应该做的是(　　)(易错)

A. 用流动水冲洗眼睛　　　　B. 用干净的纸或软布擦眼睛

C. 找保健医生　　　　D. 拉开眼皮吹一吹

4. 幼儿时期占优势的记忆类型是(　　)

A. 意义记忆　　　　B. 形象记忆

C. 语词逻辑记忆　　　　D. 动作记忆

5. 下列选项中不符合幼儿自我评价特点的是(　　)

A. 依从性　　B. 表面性　　C. 主观情绪性　　D. 全面性

6. 在幼儿绘画活动中，教师最应该强调的是(　　)(易错)

A. 画面干净、美观　　B. 画的和教师的一样

C. 按照自己的意愿大胆表达　　D. 画得越像越好

7. 下列选项中属于实施正面教育原则方法的是(　　)

A. 树立榜样　　B. 只表扬不批评

C. 纠正错误　　D. 对幼儿的错误不予理睬

8. 教师与家长沟通的根本目的是(　　)

A. 让家长了解幼儿在园的表现

B. 了解幼儿在家的表现

C. 家园合作，形成教育合力

D. 完成园长交给的任务

9. 新入园时，如果班里有个幼儿哭了，其他幼儿也会跟着哭。这是(　　)(常考)

A. 情绪的动机作用　　B. 情绪的信号作用

C. 情绪的组织作用　　D. 情绪的感染作用

10. 教师从生活中选择幼儿感兴趣的事物和问题作为教学内容的主要原因是(　　)

A. 教师容易制作教具　　B. 便于教师教学

C. 符合家长的希望　　D. 符合幼儿的学习特点

二、简答题(本大题共 2 小题，每小题 15 分，共 30 分)

11. 简述种植活动对幼儿发展的价值。

12. 根据下图说明儿童动作发展规律。（常考）

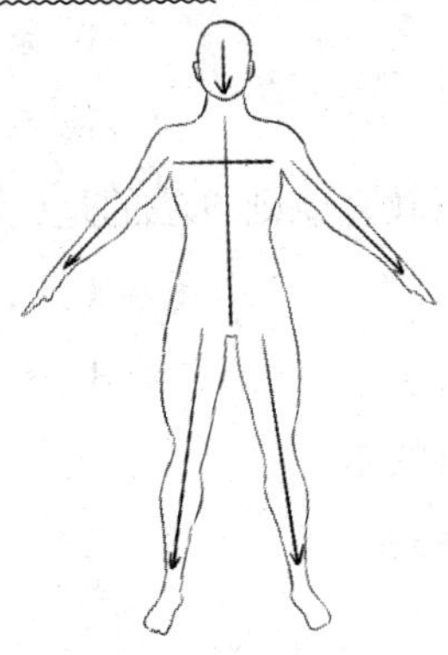

三、论述题（本大题 1 小题，20 分）

13. 有家长说："这家幼儿园天天让孩子玩，什么都没教。不教拼音，不教写字，孩子连字都认不了几个。"为什么说该家长的说法是错误的？请说明理由。

四、材料分析题(本大题共2小题,每小题20分,共40分)阅读材料,并回答问题。

14. 材料:

毛毛是个活泼的孩子,这学期体检时,毛毛被检查出弱视,需要戴眼镜治疗。李老师发现毛毛戴眼镜后变得沉默了,还时不时把眼镜摘下来。李老师关心地问毛毛,毛毛说怕被小朋友们笑话,所以不想戴。于是李老师组织了一次“眼睛生病怎么办”的集体活动。活动后,幼儿都知道了眼睛生病要治疗,毛毛戴眼镜是为了治疗,毛毛又戴上了眼镜,和往常一样活泼好动了。

问题:

(1)李老师组织这次活动要解决的问题是什么?(8分)

(2)李老师的做法有哪些方面值得学习?(12分)

15. 材料:

新入职的王老师第一次带大班小朋友做操时,发现大家的动作有些混乱,有的胳膊向左转,有的向右伸,这是为什么呢?昨天老教师带操时,明明大家动作很整齐呀!王老师有点不明白。

问题:

(1)请从幼儿左右概念发展水平的角度,分析幼儿动作混乱的原因。(8分)

(2)针对材料中的问题,提出建议。(12分)

五、活动设计题(本大题1小题,30分)

16. 菊花开了,枫叶红了,幼儿园准备组织大班幼儿去秋游,园里已经联系好公园和车辆。园长要求各班老师写出自己班的工作计划。

要求:

假如你是大(二)班的老师,请写出你班的工作计划,包括内容、目的和方法等。

机密★启封前　　　　　　　　　　　　姓名＿＿＿＿＿＿　准考证号＿＿＿＿＿＿

2021 年上半年中小学教师资格考试真题试卷(六)

保教知识与能力(幼儿园)

注意事项:

1. 考试时间为 120 分钟,满分为 150 分。

2. 请按规定在答题卡上填涂、作答,在试卷上作答无效,不予评分。

一、单项选择题(本大题共 10 小题,每小题 3 分,共 30 分)

在每小题列出的四个备选项中只有一个是符合题目要求的,请用 2B 铅笔把答题卡上对应题目的答案字母按要求涂黑。错选、多选或未选均无分。

1.《幼儿园工作规程》规定,新生入园时,幼儿园要进行(　　)

A. 幼儿知识与能力测评　　B. 幼儿智力测查

C. 幼儿家长测评　　D. 幼儿健康检查

2. 幼儿通过塑造角色表现文艺作品内容的游戏是(　　)(常考)

A. 角色游戏　　B. 结构游戏

C. 智力游戏　　D. 表演游戏

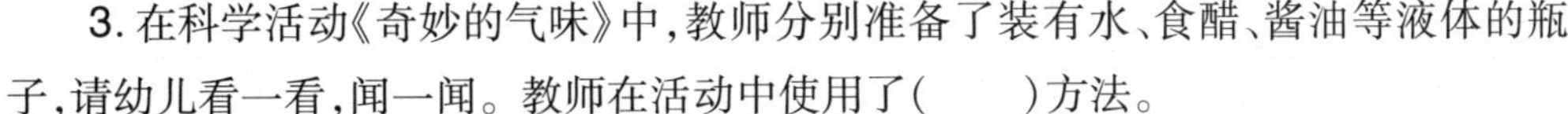

3. 在科学活动《奇妙的气味》中,教师分别准备了装有水、食醋、酱油等液体的瓶子,请幼儿看一看,闻一闻。教师在活动中使用了(　　)方法。

A. 实验　　B. 参观　　C. 观察　　D. 讲述

4. 下列各选项中,不属于课程四要素的是(　　)

A. 课程设计　　B. 课程目标

C. 课程组织与实施　　D. 课程内容

5. 妈妈带三岁的岳岳在外度假。阿姨打来电话问:“你们在哪里玩?”岳岳说:“我们在这里玩。”这反映了岳岳的思维具有(　　)特征。(易混)

A. 具体性　　B. 不可逆性　　C. 自我中心性　　D. 刻板性

6. “做人,做中国人,做现代中国人”这一教育目的的提出者是(　　)(易错)

A. 张雪门　　B. 陶行知

C. 陈鹤琴　　D. 张宗麟

7. 保护幼儿听觉器官的正确做法是(　　)

A. 引导幼儿遇到噪音时捂耳、张嘴　　B. 经常帮助幼儿掏耳、去耳屎

C. 要求幼儿捏住鼻翼两侧擤鼻涕　　D. 经常让幼儿用耳机听音乐、故事

8. 小明搭房子时缺一块长条积木,他发现苗苗手里有一块,就直接过去抢。小明的这种行为属于(　　)(易错)

A. 工具性攻击　　B. 言语性攻击

C. 生理性攻击　　D. 敌意性攻击

9. 毛毛第一次看到骆驼时惊呼道:"快看,大马背上长东西了。"根据皮亚杰的理论,毛毛的反应可以用(　　)解释。

A. 平衡　　B. 同化　　C. 顺应　　D. 守恒

10. 儿童认为规则是由有权威的人决定的,不可以经过集体协商改变。这说明儿童的道德认知处于(　　)

A. 习俗阶段　　B. 他律道德阶段

C. 前道德阶段　　D. 自律道德阶段

二、简答题(本大题共 2 小题,每小题 15 分,共 30 分)

11. 教师应当如何对待不同气质的幼儿?请举例说明。

12. 体育活动中与活动后,教师分别可以从哪些方面判断幼儿的活动量是否合适?

三、论述题(本大题 1 小题,20 分)

13. 幼儿园教师应具备哪些专业能力?

四、材料分析题(本大题共 2 小题,每小题 20 分,共 40 分)阅读材料,并回答问题。

14. 材料:

教师为幼儿制作了一个玩具灶(见下图),并投放了羽毛、棉花、小木棒、乒乓球等不同材质的物品和扇子,让幼儿猜测哪些物品能被风吹起来并进行验证。小牛猜想羽毛和棉花能飞起来,就开始扇风,结果发现他们确实能飞起来。他使的劲大了,发现乒乓球也飞起来了。一直旁观的小雷惊讶地说:"原来用劲儿扇,乒乓球也能飞起来呀!"

问题:

材料中小雷、小牛都在学习吗?请分别说明理由。(20 分)

15. 材料：

在某幼儿园大班的家长座谈会上，家长们纷纷提出：孩子快上小学了，幼儿园应减少游戏时间，增加算术、识字等教学内容，以便于孩子提前适应小学的学习生活。

问题：

(1)请根据上述说法，分析家长观念中存在的问题。(10 分)

(2)请针对上述问题，提出解决方法。(10 分)

五、活动设计题(本大题 1 小题，30 分)

16. 幼儿园准备组织一次春游，大一班的小朋友很高兴，有的说要去这里玩，有的说要去那里玩；有的说坐地铁去，有的说还是乘汽车好；有的在谈论自己要带什么美食……

陈老师想，既然小朋友们有这么多问题，那么是否可以生成一个教育活动，带着小朋友们一起研究如何解决这些问题呢?

要求：

请帮助陈老师设计一个"我们要去春游了"的教育活动，写出活动目标、活动准备和活动过程。

机密★启封前　　　　　　　　　　姓名＿＿＿＿＿＿　准考证号＿＿＿＿＿＿

2020年下半年中小学教师资格考试真题试卷(七)

保教知识与能力(幼儿园)

注意事项:

1. 考试时间为120分钟,满分为150分。

2. 请按规定在答题卡上填涂、作答,在试卷上作答无效,不予评分。

一、单项选择题(本大题共10小题,每小题3分,共30分)

在每小题列出的四个备选项中只有一个是符合题目要求的,请用2B铅笔把答题卡上对应题目的答案字母按要求涂黑。错选、多选或未选均无分。

1. 幼儿赛跑、下棋一般属于(　　)(常考)

A. 表演游戏　　B. 建构游戏

C. 角色游戏　　D. 规则游戏

2. 与幼儿园保育和教育目标表述不符的是(　　)

A. 培养正确运用感官和运用语言交往的基本能力

B. 培养幼儿初步感受美和表现美的情趣和能力

C. 训练幼儿的体育运动技能

D. 促进幼儿身体正常发育和机能的协调发展

3. 大班幼儿认知发展的主要特点是(　　)(常考)

A. 直觉行动性　　B. 具体形象性

C. 抽象逻辑性　　D. 抽象概括性

4. "我跑得快""我是个能干的孩子""我会讲故事""我是个男孩",这样的语言描述主要反映了幼儿(　　)方面的发展。

A. 自我概念　　B. 形象思维　　C. 性别认同　　D. 道德判断

5. 欧文创办的幼儿学校是世界上最早(　　)

A. 使用恩物开展教学的学前教育机构

B. 为工人子弟开办的学前教育机构

C. 为贵族子弟开办的学前教育机构

D. 为儿童提供“有准备的环境”的学前教育机构

6. 明明总是跑来跑去，在班级里也非常活跃。他的行为主要反映了其气质的(　　)特征。

A. 趋避性低　　B. 反应阈限高

C. 节律性好　　D. 活动水平高

7. 田田因为想妈妈哭了起来，冰冰见状也哭了。过了一会儿，冰冰边擦眼泪边对田田说：“不哭不哭，妈妈会来接我们的。”冰冰的表现属于(　　)行为。

A. 依恋　　B. 移情　　C. 自律　　D. 他律

8. 有些婴幼儿既寻求与母亲接触，又拒绝母亲的爱抚，其依恋类型属于(　　)(易错)

A. 焦虑—回避型　　B. 安全型

C. 焦虑—反抗型　　D. 紊乱型

9. 萌萌怕猫，当她看到青青和小猫一起玩得很开心时，她对小猫的恐惧也降低了。从社会学习理论的视角看，这主要是(　　)形式的学习。

A. 替代强化　　B. 自我强化

C. 操作性条件反射　　D. 经典条件反射

10. 3～6岁儿童运动时，正常脉率高峰区间应是(　　)

A. 90～110次/分　　B. 110～130次/分

C. 130～150次/分　　D. 150～170次/分

二、简答题(本大题共2小题，每小题15分，共30分)

11. 简述社区在幼儿园教育中的作用。

12. 简述幼儿工具性攻击和敌意性攻击的异同。

三、论述题(本大题1小题,20分)

13. 试述幼儿园班级管理工作的主要内容。

四、材料分析题(本大题共2小题,每小题20分,共40分)阅读材料,并回答问题。

14. 材料:

教师为小班幼儿制作了一列“小火车”(见下图),在每节车厢上分别贴了不同品种与数量的“水果”标签,要求幼儿能按标签投放“水果”。

雪儿看看标签,然后往不同的车厢装进与标签品种一样的“水果”,每节车厢都装满了“水果”。

莉莉看着标签,并用手点数标签上的“水果”,嘴里还念着数字,然后拿出相应品种和数量的“水果”放进车厢。

明明看看标签,就取出相应品种和数量的“水果”放进车厢,然后看着车厢里的“水果”,自言自语道:“嗯,都放对了。”

问题:

(1)根据上述三位幼儿各自的表现分析其数学能力发展的水平。(15分)

(2)该材料对教育的启示是什么?(5分)

15. **材料：**

中班角色游戏中，有幼儿提出要玩“打仗”游戏，他们在材料柜里翻出好久不玩的玩具吹风机当“手枪”、仿真型灯箱当“大炮”，“哒哒哒”地打起来，玩得不亦乐乎，李老师看到此情景非常着急，连忙阻止：“这是理发店的工具，不能这样玩。”

问题：

(1)李老师的阻止行为是否合适？(2 分)请说明理由。(10 分)

(2)如果你是李老师，你会怎么做？(8 分)

五、活动设计题(本大题 1 小题，30 分)

16. 为了帮助小班新入园幼儿尽快适应集体生活，余老师准备开展“高高兴兴上幼儿园”系列主题活动。请围绕该主题为余老师设计三个子活动。

要求：

(1)写出主题活动总目标。

(2)写出其中一个子活动的活动方案，包括活动的名称、目标、准备和主要环节。

(3)写出另外两个子活动的名称、目标。

机密★启封前 **姓名____________ 准考证号____________**

2019年下半年中小学教师资格考试真题试卷(八)

保教知识与能力(幼儿园)

注意事项:

1. 考试时间为120分钟,满分为150分。
2. 请按规定在答题卡上填涂、作答,在试卷上作答无效,不予评分。

一、单项选择题(本大题共10小题,每小题3分,共30分)

在每小题列出的四个备选项中只有一个是符合题目要求的,请用2B铅笔把答题卡上对应题目的答案字母按要求涂黑。错选、多选或未选均无分。

1. 菲儿把一颗小石头放进小鱼缸里,小石头很快就沉到了缸底。菲儿说:“小石头不想游泳了,想休息了。”从这里可以看出,菲儿思维的特点是( )(常考)

A. 直觉性 B. 自我中心性 C. 表面性 D. 泛灵论

2. 下列不宜作为幼儿科学领域学习方式的是( )

A. 直接感知 B. 实际操作

C. 亲身体验 D. 概念解释

3. 下列幼儿行为表现中数概念发展最低的是( )

A. 按数取物 B. 按物说数

C. 唱数 D. 默数

4. 有时一名幼儿哭会惹得周围的幼儿跟着一起哭。这表明幼儿的情绪具有( )

A. 冲动性 B. 易感染性 C. 外露性 D. 不稳定性

5. 人的个性心理特征中,出现最早、变化最缓慢的是( )

A. 性格 B. 气质 C. 能力 D. 兴趣

6. 在学前教育中进行行动研究的主要目的是( )

A. 发现学前教育规律 B. 解决学前教育实践问题

C. 解释学前教育现象 D. 构建学前教育理论

7. 养儿防老、光宗耀祖、传宗接代等所体现的观念属于(　　)

A. 工具主义儿童观　　B. 科学主义儿童观

C. 自然主义儿童观　　D. 人文主义儿童观

8. 在教学过程中,王老师随时观察和评价幼儿的行为表现,并以此为依据调整指导策略,该老师采用的评价方式是(　　)(易混)

A. 诊断性评价　　B. 标准化评价

C. 终结性评价　　D. 形成性评价

9. 缺锌会导致婴幼儿(　　)

A. 食欲减退　　B. 夜盲症　　C. 佝偻病　　D. 肌无力

10. 梅梅和芳芳在玩娃娃家,俊俊走过来说:"我想吃点东西。"芳芳说:"我们正忙呢。"俊俊说:"我来当爸爸炒点菜吧。"芳芳看了看梅梅,说:"好吧,你来吧"。从俊俊的社会性发展来看,下列哪一选项最贴近他的最近发展区(　　)

A. 能够找到一个自己喜欢的玩伴

B. 开始使用一定的策略成功加入游戏小组

C. 在4~5名幼儿的角色游戏中进行合作性互动

D. 能够在角色游戏中讨论装扮的角色行为

二、简答题(本大题共2小题,每小题15分,共30分)

11. 简述经济发展和学前教育发展的关系。

12. 简述幼儿口语表达能力的发展趋势。(常考)

三、论述题(本大题 1 小题,20 分)

13. 试述科学安排幼儿园一日生活的原则。

四、材料分析题(本大题共 2 小题,每小题 20 分,共 40 分)阅读材料,并回答问题。

14. 材料:

小班张老师观察发现,小明和甘甘上楼时都没有借助扶手,而是双脚交替上楼梯;下楼时小明扶着扶手双脚交替下楼梯,甘甘则没有借助扶手,每级台阶都是一只脚先下,另一只脚跟上慢慢下。

问题:

(1)请从幼儿身心发展角度,分析小班幼儿上下楼梯的动作发展特点。(10 分)

(2)分析两名幼儿表现的差异及可能原因。(10 分)

15. 材料：

几个幼儿正在玩游戏，他们把竹片连接起来，想让乒乓球从一头开始沿竹槽滚动，然后落在一定距离外的竹筒里，游戏过程中，他们遇到了很多困难，如球从竹片间掉落(见图1)；竹片连成的“桥”太陡，球怎么也落不到竹筒里(见图2)……他们通过不断努力，终于让球滚到了竹筒里。

图1　　　　图2

问题：

(1)幼儿可以从上述活动中获得哪些经验？(8分)

(2)请结合材料分析说明。(12分)

五、活动设计题(本大题1小题，30分)

16. 中班下学期，陈老师发现，班上仍有一些幼儿会抢别人的玩具，他们的理由是：“我喜欢这玩具，我要玩。”

要求：

请设计一个教育活动，解决上述问题，要求写出活动名称、活动目标、活动准备及活动过程。

机密★启封前　　　　　　　　　　　　姓名＿＿＿＿＿＿　准考证号＿＿＿＿＿＿

2019 年上半年中小学教师资格考试真题试卷(九)

保教知识与能力(幼儿园)

注意事项:

1. 考试时间为 120 分钟,满分为 150 分。

2. 请按规定在答题卡上填涂、作答,在试卷上作答无效,不予评分。

一、单项选择题(本大题共 10 小题,每小题 3 分,共 30 分)

在每小题列出的四个备选项中只有一个是符合题目要求的,请用 2B 铅笔把答题卡上对应题目的答案字母按要求涂黑。错选、多选或未选均无分。

1. 幼儿园的双重任务是(　　)(常考)

A. 保教幼儿和服务家长　　B. 看护幼儿和服务家长

C. 培养习惯和传递知识　　D. 保育和教育幼儿

2. 幼儿认真完整地听完教师讲的故事,这一现象反映了幼儿注意的什么特征(　　)

A. 注意的选择性　　B. 注意的广度

C. 注意的稳定性　　D. 注意的分配

3. 小红知道九颗花生吃掉五颗,还剩四颗,却算不出“9 - 5”等于多少。这说明小红的思维具有(　　)(易混)

A. 具体形象性　　B. 抽象逻辑性

C. 直观动作性　　D. 不可逆性

4. 按照布卢姆等人教育目标分类的观点,了解青蛙的生长发育过程属于(　　)

A. 情感目标　　B. 认知目标

C. 动作技能目标　　D. 行为目标

5. 阳阳一边用积木搭火车,一边小心地说:“我要快点搭,小动物们马上就来坐火车了。”这说明幼儿自言自语具有的作用是(　　)(易错)

A. 情感表达　　B. 自我反思　　C. 自我调节　　D. 交流信息

6. 人体各大系统中发育最早的是(　　)

A. 淋巴系统　　B. 生殖系统

C. 神经系统　　D. 消化系统

7. 教师通常在班级设置许多活动区,提供多层次的活动材料,让幼儿自选。这遵循的心理发展原则是(　　)

A. 阶段性原则　　B. 社会性原则

C. 操作性原则　　D. 差异性原则

8. 幼儿园教师要能接住幼儿抛来的"球",并用恰当的方式把"球"抛回给幼儿,让活动能持续下去,这里所体现的教师角色是(　　)

A. 幼儿学习活动的指导者　　B. 幼儿学习活动的管理者

C. 幼儿学习活动的设计者　　D. 幼儿学习活动的合作者

9. 下列有关幼儿美术教育的做法中,不正确的是(　　)

A. 支持幼儿表达自己对美术作品的独特感受

B. 出示范画让幼儿模仿

C. 鼓励幼儿用自己的方式表现美

D. 为幼儿的美术创作提供丰富的材料

10. 芳芳在数积木,花花问她有几块三角形的,芳芳点数,"1、2、3、4、5、6,6个三角形"。花花又给了她4块,问她现在有多少块三角形积木,芳芳边点数边说:"1、2、3、4、5、6、7、8、9、10,我有10块啦!"就数学领域而言,下列哪一条最贴近芳芳的最近发展区(　　)

A. 认识和命名更多的几何图形

B. 默数、接着数等计数能力

C. 以一一对应的方式数10个以内的物体,并说出总数

D. 通过实物操作进行10以内加、减法的运算能力

二、简答题(本大题共2小题,每小题15分,共30分)

11. 列出幼儿园课程生活化的实施要求并分别举例说明。(易错)

12. 教师可以从哪些方面观察幼儿的注意力是否集中？

三、论述题（本大题 1 小题，20 分）

13. 幼儿园集体教学活动和游戏的涵义分别是什么？（4 分）试述两者的区别与联系。（16 分）

四、材料分析题(本大题共2小题,每小题20分,共40分)阅读材料,并回答问题。

14. 材料:

教师出示饼干盒,问亮亮里面有什么,亮亮说:“饼干。”教师打开饼干盒,亮亮发现里面装的是蜡笔。教师盖上盖子后再问:“欣欣没看过这个饼干盒,等一会儿我要问欣欣盒子里装的是什么,你猜她会怎么回答?”亮亮很快就说:“蜡笔。”

问题:

(1)亮亮更可能是哪个年龄班的幼儿?(6分)

(2)你判断的依据是什么?(14分)

15. 材料:

在开展“烧烤店”游戏前,大一班的李老师加班加点为幼儿准备了烧烤架、烧烤夹以及各种逼真的“鱼丸”“香肠”“土豆片”等食材;大二班王老师没有直接投放材料,而是与幼儿商量,支持他们自己去寻找、搜集所需材料。幼儿游戏情景分别见图1(大一班)和图2(大二班)。

图1

图2

问题：

(1)哪位教师的做法更恰当?(4 分)

(2)请分别对两位教师的做法进行评析。(16 分)

五、活动设计题(本大题 1 小题,30 分)

16. 最近,大三班许多小朋友用大大小小的纸盒制作小汽车等物品。马老师发现,制作的汽车装饰不太一样,但结构差不多,往往只有车厢、车轮、车灯等。马老师认为可以根据这种情况生成一个“汽车”主题活动,引发幼儿的深度学习。请帮助马老师设计“汽车”主题活动。

要求：

(1)写出主题活动的总目标。

(2)围绕主题设计三个子活动。写出其中一个子活动的具体活动方案,包括活动名称、目标、准备和主要环节。

(3)写出另外两个子活动的名称、目标。

机密★启封前　　　　　　　　　　　姓名＿＿＿＿＿＿　准考证号＿＿＿＿＿＿

2018 年下半年中小学教师资格考试真题试卷(十)

保教知识与能力(幼儿园)

注意事项:

1. 考试时间为 120 分钟,满分为 150 分。

2. 请按规定在答题卡上填涂、作答,在试卷上作答无效,不予评分。

一、单项选择题(本大题共 10 小题,每小题 3 分,共 30 分)

在每小题列出的四个备选项中只有一个是符合题目要求的,请用 2B 铅笔把答题卡上对应题目的答案字母按要求涂黑。错选、多选或未选均无分。

1. 小班同一个"娃娃家"中,常常出现许多"妈妈"在烧饭,每位幼儿都感到很满足。这反映小班幼儿游戏行为的特点是(　　)

A. 喜欢模仿　　　　B. 喜欢合作

C. 协调能力差　　　　D. 角色意识弱

2. 下列针对幼儿个体差异的教育观点,哪种不妥(　　)(常考)

A. 应关注和尊重幼儿不同的学习方式和认知风格

B. 应支持幼儿富有个性和创造性的学习与探索

C. 应确保每位幼儿在同一时间达成同样目标

D. 应对有特殊需要的幼儿给予特别关注

3. 为保护幼儿脊柱,成人应该(　　)

A. 推荐幼儿用单肩背包　　　　B. 鼓励幼儿睡硬床

C. 组织幼儿从高处往水泥地上跳　　　　D. 要求幼儿长时间抬头挺胸站立

4. 幼儿园教师应该是(　　)(易错)

A. 幼儿学习的引导者、决策者和管理者

B. 幼儿学习的支持者、合作者和引导者

C. 幼儿学习的引导者、传授者和控制者

D. 幼儿学习的管理者、决策者和传授者

5. 婴儿出生大约 6 ~ 10 周后，人脸可以引发其微笑。这种微笑称为(　　)

A. 生理性微笑　　B. 自然微笑

C. 社会性微笑　　D. 本能微笑

6. 教师在重阳节组织幼儿到敬老院探访老人，这反映幼儿园教育活动内容选择的什么原则(　　)

A. 兴趣性　　B. 时代性

C. 生活性　　D. 发展性

7. 下列说法中属于蒙台梭利教育观点的是(　　)(常考)

A. 注重感官教育

B. 注重集体教学作用

C. 重视实物使用

D. 通过游戏使自由与纪律相协调

8. 教育过程中，教师评价幼儿的适宜做法是(　　)

A. 用统一的标准评价幼儿　　B. 根据一次测评结果评价幼儿

C. 用标准化测评工具评价幼儿　　D. 根据日常观察所获信息评价幼儿

9. 下列表述中，与大班幼儿实物概念发展水平最接近的是(　　)

A. 理解本质特征　　B. 理解功能性特征

C. 理解表面特征　　D. 理解熟悉特征

10. 小班幼儿观察植物时，下列哪条目标最符合他们的发展水平(　　)(易混)

A. 能感知到周围植物的多种多样

B. 会观察记录植物生长变化过程

C. 能察觉到植物外形特征与生存环境的关系

D. 能发现不同种类植物之间差异

二、简答题(本大题共 2 小题，每小题 15 分，共 30 分)

11. 请依据皮亚杰的理论，简述 2 ~ 4 岁儿童思维的特点。

12. 简述幼儿园美育的意义。(易混)

三、论述题(本大题 1 小题,20 分)

13. 什么是幼儿园一日生活常规?(2 分)试述培养幼儿一日生活常规的意义和方法。(18 分)

四、材料分析题（本大题共2小题，每小题20分，共40分）阅读材料，并回答问题。

14. 材料：

4岁的石头在班上朋友不多，一次，他看见林琳一个人在玩，就冲上去紧紧地抱住林琳。林琳感到不舒服，一把推开石头。石头跺脚大喊："我是想和你做朋友的啊！"

问题：

(1)请根据上述材料，分析石头在班里朋友不多的原因。(10分)

(2)教师应如何帮助石头改善朋友不多的现状？(10分)

15. 材料：

教师在户外投放一些"拱桥"（见图1），希望幼儿通过走"拱桥"提高平衡能力。但是，有的幼儿却将它们翻过来，玩起了"运病人"游戏（见图2）。他们有的拖、有的推、有的抬……玩得不亦乐乎。对此，两位教师反应不同。A教师认为应立即劝阻，并引导幼儿走"拱桥"；B教师认为不应阻止，应支持幼儿的新玩法。

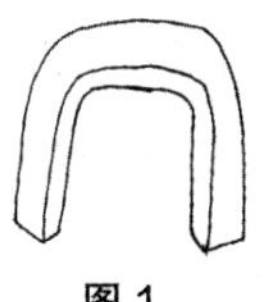

图1

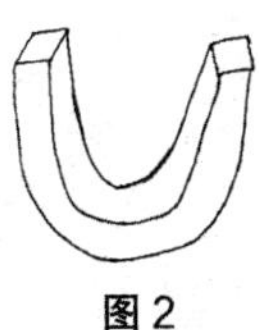

图2

问题：

(1)你更赞同哪位老师的想法？(2分)为什么？(8分)

(2)你认为"运病人"游戏有什么价值？(10分)

五、活动设计题(本大题1小题,30分)

16. 大班下学期,李老师发现幼儿普遍对小学的学习生活不够了解,一些幼儿对上小学有些担心。于是,李老师准备开展“我要上小学”主题活动,希望通过多种形式的活动,增进幼儿对小学生活的了解,帮助幼儿进一步做好入小学的心理准备。

请根据李老师班级情况,设计“我要上小学”的主题活动。

要求:

(1)写出主题活动总目标。

(2)围绕主题设计三个子活动,写出其中一个子活动的具体活动方案,包括活动名称、目标、准备和主要环节。

(3)写出另外两个子活动的名称、目标。

国家教师资格考试

历年真题详解及预测试卷

保教知识与能力·幼儿园(预测题本)

重要提示:

为维护您的个人权益,确保考试的公平公正,请您帮助我们监督考试实施工作。

本场考试规定:监考人员要向本考场全体考生展示题本密封情况,并邀请2名考生代表验封签字后,方能开启试卷袋。

目　录

机密★启封前　　　　　　　　　　　姓名＿＿＿＿＿＿　准考证号＿＿＿＿＿＿

国家教师资格考试预测试卷(十一)

保教知识与能力(幼儿园)

注意事项:

1. 考试时间为120分钟,满分为150分。

2. 请按规定在答题卡上填涂、作答,在试卷上作答无效,不予评分。

一、单项选择题(本大题共10小题,每小题3分,共30分)

在每小题列出的四个备选项中只有一个是符合题目要求的,请用2B铅笔把答题卡上对应题目的答案字母按要求涂黑。错选、多选或未选均无分。

1. 幼儿在上课时对老师讲的内容用眼看、用耳听、用心记、用嘴说。这样做不仅能多渠道获取信息,还能提高(　　)能力。

A. 注意的转移　　B. 注意的起伏

C. 注意的分散　　D. 注意的分配

2. 在布置自然角时,让幼儿讨论决定饲养何种动物。这遵循了幼儿园环境创设的(　　)

A. 目标性原则　　B. 适宜性原则

C. 幼儿参与性原则　　D. 经济性原则

3. 幼儿根据《猫和老鼠》的故事,运用不同的道具扮演各种角色。幼儿玩的是(　　)

A. 角色游戏　　B. 感觉机能性游戏

C. 表演游戏　　D. 结构游戏

4. 在幼儿进餐时,若出现被骨头渣、鱼刺等异物扎在嗓子上的情况,正确的做法是(　　)

A. 咬口馒头咽下去　　B. 喝点儿醋,软化异物

C. 用手抠,催吐　　D. 去医院

5. 在学前儿童心理研究中,通过控制和改变儿童的活动条件,观测儿童的行为反

应,从而揭示特定条件与某种行为之间的联系。这种方法称为(　　)

A. 观察法　　B. 实验法　　C. 调查法　　D. 测验法

6. 幼儿园为了便于家长全面直观地了解孩子在园一日生活的情况,最适宜采取的家庭教育指导方式是(　　)

A. 家园联系栏　　B. 家长开放日

C. 家长学校　　D. 家长会

7. 某幼儿计算 1 + 1 = 2 时,需要在脑子里想一下昨天妈妈给了一根棒棒糖,爸爸也给了一根棒棒糖,加起来就是两根棒棒糖,这说明该幼儿的思维属于(　　)

A. 直观行动思维　　B. 抽象逻辑思维

C. 具体形象思维　　D. 直观感知思维

8. 幼儿出现攻击性行为后,家长置之不理。这体现了影响幼儿攻击性行为的因素主要是(　　)

A. 挫折　　B. 榜样　　C. 强化　　D. 惩罚

9. 能感受到家乡的发展变化并为此感到高兴,属于 5 ~ 6 岁幼儿(　　)的表现之一。

A. 喜欢并适应群体生活　　B. 具有自尊、自信、自主的表现

C. 具有初步的归属感　　D. 具有初步的探究能力

10. 幼儿在比较两个物体时,能力发展的顺序是(　　)

A. 相同处—不同处—相似处　　B. 相似处—相同处—不同处

C. 不同处—相似处—相同处　　D. 不同处—相同处—相似处

二、简答题(本大题共 2 小题,每小题 15 分,共 30 分)

11. 简述幼儿期攻击性行为的特点。

12. 简述幼儿记忆力的培养措施。

三、论述题(本大题1小题,20分)

13. 幼儿园为什么要为幼儿入小学做准备?应做哪些准备?

四、材料分析题(本大题共2小题,每小题20分,共40分)阅读材料,并回答问题。

14. 材料:

小苏是某幼儿园小班的幼儿,今年4岁,是家里的“小公主”。小苏的奶奶认为小苏年龄还小,不愿让小苏上幼儿园,每次入园前,奶奶都抱着小苏不肯撒手。入园后,小苏要哭好一会儿才平静下来。在与小苏的接触中,陈老师发现小苏生活自理能力相比同班幼儿非常弱,不能独立吃饭,也不和别的小朋友交流。对于老师和小朋友的打招呼,小苏也没有反应,在幼儿园也不说话。在一次课间活动中,别的幼儿都能够排队洗手,只有小苏对老师的要求毫不理会。陈老师跟小苏说:“去排队洗手。”小苏既不理会也不做。直到陈老师发现小苏待在原地不动,问小苏是不是想上厕所,小苏才点点头。

问题:

(1)请结合《3~6岁儿童学习与发展指南》中小班幼儿倾听与表达的发展目标,说说小苏没有做到哪些目标?(10分)

(2)如果你是陈老师,你有哪些教育建议。(10分)

15. 材料：

两个幼儿正在积木区玩小车，一辆接着一辆排了很长。老师发现幼儿的排列没有规律，就立即让幼儿按照车的颜色和大小摆成一个停车场，想让幼儿练习分类。实际上幼儿正在布置马路上的堵车情景，被老师干预后只好根据老师的要求进行排列，刚排了几辆，随着老师的离开，幼儿也离开了。

问题：

(1)请分析一下材料中教师的行为。(8 分)

(2)谈一谈幼儿游戏时教师应如何实现有效的指导。(12 分)

五、活动设计题(本大题 1 小题，30 分)

16. 请以诗歌《春雨的吉他》为主题，设计一个中班语言教育活动。

附诗歌：

春雨的吉他

滴滴答，滴滴答，春雨在弹吉他，他的听众可不少。

花婆婆竖起了耳朵，蜗牛弟弟伸长了脖子，蝴蝶姐妹停止了飞舞。

他们都陶醉在春雨的吉他声中。

机密★启封前　　　　　　　　　　　　　姓名__________　准考证号__________

国家教师资格考试预测试卷(十二)

保教知识与能力(幼儿园)

注意事项:

1. 考试时间为 120 分钟,满分为 150 分。

2. 请按规定在答题卡上填涂、作答,在试卷上作答无效,不予评分。

一、单项选择题(本大题共 10 小题,每小题 3 分,共 30 分)

在每小题列出的四个备选项中只有一个是符合题目要求的,请用 2B 铅笔把答题卡上对应题目的答案字母按要求涂黑。错选、多选或未选均无分。

1. 美国心理学家吉布森设计的“视觉悬崖”实验装置,反映了婴幼儿感知觉中的(　　)

A. 肤觉　　　　B. 深度知觉

C. 方位知觉　　　　D. 形状知觉

2. 下列情况,体现了幼儿再造想象的是(　　)

A. 看图说话时,有的幼儿能说出图上没有的内容

B. 幼儿把音阶想象成“走楼梯”,从而正确理解音阶

C. 幼儿常常自己造词,出现造词现象

D. 绘画时,有的幼儿把太阳画成绿色

3. 6 岁儿童脑重达到成人的 90%;淋巴系统在出生后的 10 年生长迅速,12 岁时达到成人的 200%;身高、体重的增长基本上呈波浪线的形式。以上说法体现了幼儿生长发育的(　　)

A. 阶段性　　B. 连续性　　C. 程序性　　D. 不均衡性

4. 下列以“建设中国的、省钱的、平民的幼稚园”为办园宗旨的是(　　)

A. 南京鼓楼幼稚园　　　　B. 上海大同幼稚园

C. 上海市总工会幼儿园　　　　D. 南京燕子矶幼稚园

5. 辉辉一边拆卸遥控汽车一边说:“我想知道汽车是怎么跑起来的。”这说明辉辉(　　)

A. 活泼好动　　B. 不爱惜玩具

C. 具有探索欲望　　D. 没有规则意识

6. 在大班幼小衔接活动中,教师与幼儿共同创设了“小学调查”的主题墙。这主要是为了(　　)

A. 激发幼儿良好的入学动机　　B. 培养幼儿的责任感

C. 提高幼儿的学习能力　　D. 帮助幼儿形成良好的学习习惯

7. 将骑脚踏车的动作练习活动变成有趣的模仿活动,激发幼儿练习的兴趣,这种组织方法属于(　　)

A. 比赛法　　B. 讲解法

C. 游戏法　　D. 信号法

8. 当鹏鹏听到歌曲《粉刷匠》时,高兴地对妈妈说:“这首歌老师教我们唱过。”这种记忆现象是(　　)

A. 再认　　B. 识记　　C. 保持　　D. 回忆

9. 幼儿在玩“切西瓜”的体育游戏中,能够控制自己的欲望,轮流当“切西瓜的人”。这体现了游戏能促进幼儿的(　　)

A. 语言发展　　B. 身体发展

C. 情感发展　　D. 动作发展

10. 当灰尘等异物进入幼儿的眼睛时,不宜采用的措施是(　　)

A. 用手揉眼睛　　B. 用生理盐水冲洗眼睛

C. 用温水冲洗眼睛　　D. 用棉签擦去异物

二、简答题(本大题共 2 小题,每小题 15 分,共 30 分)

11. 简述幼儿园一日生活的教育意义。

12. 简述培养学前儿童想象力的措施。

三、论述题(本大题1小题,20分)

13. 教师应如何引导幼儿感受美和表现美?

四、材料分析题(本大题共2小题,每小题20分,共40分)阅读材料,并回答问题。

14. 材料:

一天,在大班的种植园。有一个小朋友看到土里钻出来一条蚯蚓,立即大声招呼:“快看快看,这儿有一条蚯蚓。”这叫声吸引了许多小朋友聚拢过来,“它是怎么生活在土里的呢?”“它吃什么长大的呢?”“它是吃青菜的根。”“它应该是吃土长大的。”小朋友们七嘴八舌地讨论开来。林老师见到了,建议小朋友们把蚯蚓带回班级,养在有土的透明玻璃皿里,并引导小朋友设计一张记录表,每天对它进行观察和记录。林老师还动员家长和孩子们一起上网查找蚯蚓的不同种类、生活习性等方面的资料,还在班级张贴了各种各样蚯蚓的图片。两周后,林老师组织大家开展一个交流讨论活动“我认识的蚯蚓”。

问题：

(1)结合材料分析林老师在组织该科学教育活动中的教育行为特点。(8 分)

(2)结合材料为“我认识的蚯蚓”活动设计至少三个供幼儿交流讨论的问题。(12 分)

15. 材料：

小班幼儿宁宁在角色区游戏时，在邮局里无所事事，摆弄着一个称重器。因为在这之前，孩子们没有“邮局”这一角色游戏的经验。于是教师拿了一个盒子过去，对宁宁说：“我想把东西寄到超市去(旁边有个超市游戏区)，你能帮我称一下吗?”他马上接过盒子，放在称重器上看了一下说：“100 克!”教师问：“多少钱?”“10 元钱。”教师假装付了钱，宁宁立刻把盒子送到了隔壁超市。接着，有几个小朋友也学着教师的样子，将一些东西寄到旁边的医院、美容院、娃娃家，邮局变得热闹起来了。

问题：

结合材料分析，幼儿教师采用了哪种游戏介入方式？幼儿教师遵循了哪些指导游戏的原则？(20 分)

五、活动设计题（本大题 1 小题，30 分）

16. 幼儿园在 6 月底举行大班毕业典礼。毕业典礼前夕，大班各班级准备开展形式多样的毕业季活动。请以大班“我们毕业了”为主题，设计三个子活动。

要求：

（1）写出主题活动总目标。

（2）写出其中一个子活动的活动方案，包括活动的名称、目标、准备和主要环节。

（3）写出另外两个子活动的名称、目标。

机密★启封前　　　　　　　　　　姓名＿＿＿＿＿＿　准考证号＿＿＿＿＿＿

国家教师资格考试预测试卷(十三)

保教知识与能力(幼儿园)

注意事项：

1. 考试时间为120分钟,满分为150分。

2. 请按规定在答题卡上填涂、作答,在试卷上作答无效,不予评分。

一、单项选择题(本大题共10小题,每小题3分,共30分)

在每小题列出的四个备选项中只有一个是符合题目要求的,请用2B铅笔把答题卡上对应题目的答案字母按要求涂黑。错选、多选或未选均无分。

1. 当询问幼儿喜爱某位教师的原因时,小班的幼儿会强调长相和声音等外在因素。而中大班的幼儿则会把关注点聚集到性格、能力和教育态度等内在因素上。这反映的幼儿情绪与情感发展特点和趋势是(　　)

A. 丰富化　　B. 深刻化　　C. 稳定性　　D. 社会化

2. 为了提高幼儿使用剪刀的能力,教师在美工区投放了剪刀、不同质地的纸张及画有直线、曲线、不规则图形的纸张,方便幼儿进行剪纸活动。这体现了材料投放的(　　)

A. 丰富性　　B. 层次性　　C. 情感性　　D. 探索性

3. 某5岁儿童画的西瓜比人大,画的两颗尖牙也占了人脸的大部分。说明了这一时期儿童绘画的特点是(　　)

A. 未掌握画面布局比例　　B. 绘画技能稚嫩

C. 感觉的强调和夸张　　D. 表象符号的形成

4. 幼儿园小班的孩子说话时往往断断续续、缺乏连贯性和逻辑性,还喜欢边说边做出相应的手势和表情。这种言语被称为(　　)

A. 情境性言语　　B. 对话言语

C. 独白言语　　D. 内部言语

5. 学前儿童鼻出血的原因有很多,对儿童鼻出血的处理,下列说法不正确的

是(　　)

A. 安慰儿童，不要紧张，安静坐下，头略向前低

B. 用冷水或冰块将毛巾浸湿，敷在鼻部、前额

C. 止血后，2 ~ 3 小时内不能剧烈运动

D. 捏住鼻翼，一般压迫 3 ~ 5 分钟可止血

6. 儿童的动作发展从身体的中部开始，越接近躯干的部分，动作发展越早，而远离身体躯干的肢端动作发展较迟。这是儿童动作发展中的(　　)

A. 上下规律　　B. 近远规律

C. 大小规律　　D. 首尾规律

7. 某幼儿看见人生病时要打针吃药，当她看见小树长虫时，就从地上捡起一根小棍给树打针。这说明幼儿思维的(　　)

A. 经验性　　B. 固定性　　C. 抽象性　　D. 近视性

8. 我国教育家陶行知提出的教育方法是(　　)

A. 自然后果法　　B. 教、学、做合一

C. 整个教学法　　D. 发现式教学法

9. 下列关于幼小衔接的说法，正确的是(　　)

A. 幼儿入学适应困难，是因为幼儿园教育过于游戏化

B. 幼小衔接完全是幼儿园的责任

C. 幼儿园的幼小衔接工作不仅仅在大班，小中班也应该开展

D. 幼小衔接主要是教幼儿拼音、认字等内容

10. 在母亲离开时无特别紧张或者忧虑的表现，在母亲回来时，欢迎母亲的到来，但这只是短暂的。这种孩子可能属于(　　)依恋。

A. 安全型　　B. 焦虑型　　C. 回避型　　D. 反抗型

二、简答题(本大题共 2 小题，每小题 15 分，共 30 分)

11. 简述制定幼儿园一日生活日程的依据。

12. 如何结合大班幼儿一日生活组织实施劳动教育活动，请至少提出5条建议。

三、论述题(本大题1小题，20分)

13. 试述幼儿园创设活动区的要求。

四、材料分析题(本大题共2小题，每小题20分，共40分)阅读材料，并回答问题。

14. 材料：

最近班上正在开展主题活动“我爱我家”。这天结构游戏时，小贝说：“我想搭个房子。”桃子说：“我想搭个滑梯。”杨老师说：“那你们就搭个幼儿园吧！”孩子们迟疑了一下说：“好吧。”于是他们为搭建“幼儿园”而忙碌起来。不一会儿，大家就用大积木搭出了高高的“幼儿园”墙体，就在屋顶将要盖成功的时候，由于孩子们的身高不够，盖顶的积木没放好就滑了下来，整个墙体都崩塌了。孩子们反复尝试几次后还是不成功，非常沮丧。正当他们想放弃时，杨老师走上前说：“你们想想班上有什么东西可以让我们迅速‘长高’呢？”豆豆左看看，右看看，突然惊喜地说：“我们可以搬凳子垫脚。”于是，他们迅速搬来了两张凳子，搭好墙体后，站在凳子上准备盖顶。这时，杨老师微笑着走过来帮忙扶稳凳子，孩子们终于成功了。

问题：

(1)结合上述材料，分析教师在幼儿游戏时三次介入的时机是否适宜，并说明原因。(12分)

(2)结合日常实践论述教师介入儿童游戏的适宜性策略。(8分)

15. **材料：**

幼儿园教育除了开展五大领域教育活动外，还应重视幼儿良好卫生习惯及生活能力的培养。经过长时间教育，我发现班上大部分孩子洗手的方法还是不正确，手总是洗得不干净，我们几位老师看在眼里，急在心里。于是，我让孩子们相互看看、摸摸自己和别人的手，比比谁的手干净，并让孩子们总结洗手的"小诀窍"。有的孩子说"要用肥皂搓，再用水冲干净"，有的孩子说"洗手时要卷起袖子，不然会把衣服弄湿"。我拿来了娃娃家的"脸盆""肥皂""毛巾"等，请孩子们学习并练习洗手的正确步骤。首先，卷起袖子，打开水龙头，冲一下手，打上肥皂，然后搓手心、手背、手指和指缝，用水冲干净，用毛巾擦干水。为了帮助孩子们牢固地掌握正确的洗手方法，我还画了一些洗手的小图示，标上1、2、3、4、5，附上简单的文字说明，将其贴在洗手池上方的墙上。在一日活动的盥洗环节或者是角色游戏中进行练习巩固。终于，孩子们都能按照正确的步骤洗手了。

问题：

材料中教师的做法对吗，体现了哪些学前教育的原则？请结合材料分析。(20分)

五、活动设计题(本大题1小题,30分)

16. 幼儿园的院子里有几种高大的树,也有一些比较低矮的灌木。请结合院子里的这些资源,设计一个主题为“幼儿园的树木”的中班主题活动方案(含3个子活动),要求写出总目标,每个子活动的名称、目标和主要环节。

机密★启封前　　　　　　　　　　　　姓名＿＿＿＿＿＿　准考证号＿＿＿＿＿＿

国家教师资格考试预测试卷(十四)

保教知识与能力(幼儿园)

注意事项:

1. 考试时间为120分钟,满分为150分。
2. 请按规定在答题卡上填涂、作答,在试卷上作答无效,不予评分。

一、单项选择题(本大题共10小题,每小题3分,共30分)

在每小题列出的四个备选项中只有一个是符合题目要求的,请用2B铅笔把答题卡上对应题目的答案字母按要求涂黑。错选、多选或未选均无分。

1. 丽丽的脚扭伤了,首先需要对患处进行(　　)

A. 热敷　　B. 冷敷　　C. 药敷　　D. 揉搓

2. 儿童数概念的形成,经历的四个阶段分别是(　　)

A. 口头数数——→按数取物——→给物说数——→掌握数概念

B. 口头数数——→给物说数——→按数取物——→掌握数概念

C. 按数取物——→口头数数——→给物说数——→掌握数概念

D. 按数取物——→给物说数——→口头数数——→掌握数概念

3. 小伟看见妈妈将玩偶熊随手扔在沙发上,十分紧张地说道:“你把小熊摔疼了。”根据皮亚杰的认知发展阶段理论,这体现了儿童在前运算阶段的(　　)特点。

A. 泛灵论　　B. 自我中心

C. 集体独白　　D. 思维不可逆性

4. 能正确辨别基本颜色,但还不能正确命名的年龄阶段是(　　)

A. 1岁儿童　　B. 1.5岁儿童

C. 2岁儿童　　D. 3岁儿童

5. 小红看见小龙帮助他人后获得了“小雷锋”的称号,于是她也主动帮助别人,此时,小红受到了(　　)

A. 替代强化　　B. 外部强化　　C. 直接强化　　D. 自我强化

6. 制定学前教育目标的主要依据有(　　)和幼儿身心发展的规律等。

A. 经济发展水平　　B. 社会要求

C. 教育方针　　D. 国家政策

7. 为了让幼儿了解和认识蔬菜,徐老师以“香香的蔬菜”为主题,布置了一面主题墙,这一方式主要利用了环境布置的(　　)

A. 整体感　　B. 教育性

C. 时效性　　D. 突出幼儿主体性

8. 王老师在班上开展了“丰收水果店”的主题活动,将社会、科学、健康、语言等领域有机联系在一起。这反映了主题活动的特点是(　　)

A. 学习内容之间的有机关联　　B. 整合各种教育资源

C. 具有动态生成性　　D. 多种活动形式的运用

9. 4 ~5 岁幼儿感知和理解数的关系,要达到的目标是(　　)

A. 能手口一致地点数 5 个以内的物体,并能说出总数

B. 能通过实际操作理解数与数之间的关系,如 5 比 4 多 1;2 和 3 合在一起是 5

C. 能通过实物操作或其他方法进行 10 以内的加减运算

D. 能用数词描述事物或动作

10. 青青拿了一根海绵条对着明明的头说:“我在给客人洗头发。”这种游戏属于(　　)

A. 练习性游戏　　B. 结构性游戏

C. 象征性游戏　　D. 规则性游戏

二、简答题(本大题共 2 小题,每小题 15 分,共 30 分)

11. 根据《幼儿园教师专业标准(试行)》,简述幼儿园教师进行保育和教育的态度与行为。

12. 简述影响学前儿童注意稳定性的因素。

三、论述题(本大题1小题,20分)

13. 试举例说明感知觉规律在幼儿教育中的运用。

四、材料分析题(本大题共2小题,每小题20分,共40分)阅读材料,并回答问题。

14. 材料:

大班的洋洋想玩“开奖”游戏,他画了很多奖券,还大声叫嚷:“快来摸奖呀!特等奖自行车一辆!”童童在洋洋那里摸到了特等奖,洋洋推给他一把小椅子,告诉他:“给你,自行车!”童童高兴地骑上去。强强也来了,也在洋洋那里摸到了特等奖,洋洋还是推给他一把椅子,强强也很高兴地骑上去,两脚模仿着踩踏板的动作,蹬个不停。老师也来了,洋洋高兴地让老师摸奖,结果老师也摸到一个特等奖。洋洋迫不及待地把一把椅子推给老师,还说道:“恭喜恭喜,你摸到一辆自行车!”可是,老师却说:“你这自行车一点也不像,怎么没有轮子呀,应该给它装上轮子!”洋洋低头看着自己的“自行车”,愣住了。在接下来的时间里,洋洋忙着按老师说的给他的自行车装上“轮子”,开奖活动不得不停了下来……

问题：

(1)老师对洋洋游戏的干预合适吗？请根据洋洋的游戏方式进行分析和判断。(12 分)

(2)请为老师的指导提出合理化建议。(8 分)

15. 材料：

区域活动开始了，阳阳选择的是用打气筒打气的游戏，沐子高高兴兴地来到阳阳的身边，问："阳阳，我和你一起玩好吗？"阳阳毫不客气地说："不行。"并转身招呼其他孩子一起玩。沐子的笑容没有了，嘟起小嘴，眼泪吧嗒吧嗒地往下掉。徐老师走到沐子身边询问情况，沐子说："我喜欢阳阳，想和他一起玩，可他不让……"老师抱着沐子说："你被阳阳拒绝了，心里难受是吗？"沐子哭着说："是的，我还想和阳阳一起玩……"徐老师继续抱着沐子，直到他的情绪逐渐平稳，不再哭泣。

问题：

(1)结合上述材料，分析教师的教育行为是否恰当，并说明理由。(12 分)

(2)请提出促进沐子和阳阳交往的策略。(8 分)

五、活动设计题(本大题 1 小题,30 分)

16. 请以《真高兴》为主题设计一个中班健康教育活动。要求写出活动名称、活动目标、活动准备、活动过程、活动延伸。

附故事

真高兴

小鸟、青蛙、蝴蝶、小猫是好朋友。

小鸟说:“我愿意为朋友们唱歌,让它们高兴。”

青蛙说:“我愿意为朋友们讲故事,让它们高兴。”

蝴蝶说:“我愿意为朋友们跳舞,让它们高兴。”

小猫好着急,它能为朋友们做些什么呢?

一天,一群小蚂蚁正忙着搬东西,它们从小猫身边走过时,小猫对它们友好地微笑,一只小蚂蚁说:“小猫,你的微笑真甜啊。”小猫想:“对呀,我可以把微笑送给朋友们,让它们高兴啊。”小猫就画了很多张图画,每一张画上都是小猫甜甜的微笑,小动物们看了都高兴地笑了。

机密★启封前　　　　　　　　　　　　　　姓名＿＿＿＿＿＿　准考证号＿＿＿＿＿＿

国家教师资格考试预测试卷(十五)

保教知识与能力(幼儿园)

注意事项:

1. 考试时间为120分钟,满分为150分。

2. 请按规定在答题卡上填涂、作答,在试卷上作答无效,不予评分。

一、单项选择题(本大题共10小题,每小题3分,共30分)

在每小题列出的四个备选项中只有一个是符合题目要求的,请用2B铅笔把答题卡上对应题目的答案字母按要求涂黑。错选、多选或未选均无分。

1. 幼儿刚能灵活上下楼梯,就开始在楼梯上玩跑上跑下的游戏。这种游戏属于(　　)

A. 感觉机能性游戏　　　　B. 象征性游戏

C. 结构性游戏　　　　D. 规则性游戏

2. 幼儿园大班儿童的攻击行为的特点是(　　)

A. 工具性攻击行为显著大于敌意性攻击行为

B. 敌意性攻击行为显著大于工具性攻击行为

C. 以言语攻击行为为主

D. 没有性别阶段

3. 下列选项中,属于幼儿记忆发展特点的是(　　)

A. 抽象记忆为主　　　　B. 语词记忆占主要地位

C. 有意记忆为主　　　　D. 形象记忆占主要地位

4. 一位父亲拿来两瓶一样的饮料准备分给6岁的小明和8岁的小光两兄弟。一开始两个孩子都知道两瓶饮料一样多,但父亲并没有直接将两瓶饮料分配给孩子,而是将其中一瓶倒入一个大杯中,另一瓶倒入两个小杯中,让他们挑选。小明选了大杯饮料并开心地说这杯多,而小光在一旁说其实两边一样多。这可以判断小明和小光的认知水平分别处于(　　)

A. 感知运动阶段和前运算阶段

B. 前运算阶段和具体运算阶段

C. 感知运动阶段和具体运算阶段

D. 具体运算阶段和形式运算阶段

5. 婴幼儿循环系统的特点是(　　)

A. 年龄越小,心率越慢　　B. 年龄越小,心率越快

C. 年龄越大,心率越快　　D. 心率与年龄无关

6. 小天平时食欲很好,但最近几天却不想吃饭,尤其怕油腻,并伴有恶心、呕吐。小天可能患了(　　)

A. 水痘　　B. 缺铁性贫血

C. 病毒性肝炎　　D. 佝偻病

7. 幼儿的社会性主要是在日常生活和(　　)中通过观察和模仿潜移默化地发展起来的。

A. 游戏　　B. 教学活动

C. 劳动　　D. 户外活动

8. 明明小朋友在回答自己为什么是个好孩子时说:“我认真参加游戏,并把玩具让给别人。”这是(　　)

A. 依从性的评价　　B. 对自己外部行为的评价

C. 对自己内在品质的评价　　D. 主观情绪性的评价

9. 1907 年,蒙台梭利在罗马贫民区创办的幼儿教育机构的名称为(　　)

A. 幼儿园　　B. 儿童之家　　C. 快乐之家　　D. 幸福乐园

10. 尹老师引导美工区的幼儿将制作好的动物指偶放到语言区一起进行桌面游戏,尹老师这样做的主要目的是(　　)

A. 美化语言区的环境　　B. 丰富语言区的材料

C. 增进区域之间的互动　　D. 优化区域空间布局

二、简答题(本大题共 2 小题,每小题 15 分,共 30 分)

11. 如何防止幼儿注意分散?

12. 简述幼儿良好的社会适应能力主要表现在哪些方面。

三、论述题(本大题 1 小题,20 分)

13. 试述幼儿同伴关系的类型,并分析如何帮助幼儿建立良好的同伴关系。

四、材料分析题(本大题共 2 小题,每小题 20 分,共 40 分)阅读材料,并回答问题。

14. 材料:

有时候幼儿教师花大力气教幼儿记住某首儿歌,孩子们仍然不能完全记牢,但他们偶尔听到的某首童谣,看到的某个电视广告,只需一两次就能把广告词熟记于心。

问题:

结合幼儿记忆的这一现象,请分析影响幼儿无意记忆的因素。(20 分)

15. 材料：

大(1)班孩子在户外活动时发现了几只蝴蝶，林老师启发他们观察蝴蝶的色彩和形态。之后林老师引导孩子和家长一起收集蝴蝶的照片和标本并展示出来，还经常和孩子们一起欣赏、交流蝴蝶美在哪里。在语言活动中，林老师还讲了《三只蝴蝶》的故事，并和孩子们一起玩《花儿和蝴蝶》的音乐游戏。林老师在美工区提供画笔、颜料、彩泥等材料，让孩子们自主表现蝴蝶。丽丽等一群孩子要表演《三只蝴蝶》，林老师就提议他们自己做头饰装扮，还扮演其中的角色参与游戏。

问题：

(1)结合材料论述《幼儿园教育指导纲要(试行)》中艺术领域的目标。(8分)

(2)分析材料中林老师引导和支持幼儿开展艺术活动的有效措施。(12分)

五、活动设计题(本大题1小题，30分)

16. 请围绕“我的祖国”为大班幼儿设计一个主题活动，应包含三个子活动。

要求：

(1)写出主题活动的总目标。

(2)写出其中一个子活动的具体活动方案，包括活动名称、目标、准备和主要环节。

(3)写出另外两个子活动的名称、目标。

机密★启封前　　　　　　　　　姓名________　准考证号________

国家教师资格考试预测试卷(十六)

保教知识与能力(幼儿园)

注意事项:

1. 考试时间为120分钟,满分为150分。

2. 请按规定在答题卡上填涂、作答,在试卷上作答无效,不予评分。

一、单项选择题(本大题共10小题,每小题3分,共30分)

在每小题列出的四个备选项中只有一个是符合题目要求的,请用2B铅笔把答题卡上对应题目的答案字母按要求涂黑。错选、多选或未选均无分。

1. 幼儿园中班的小凡看见同伴把幼儿园的小椅子全部推倒了,于是他就跑去向老师告状,小凡的行为主要是受(　　)的激发。

A. 理智感　　B. 道德感　　C. 美感　　D. 正义感

2. 评价幼儿生长发育最基本的指标是(　　)

A. 身高和坐高　　B. 身高和体重

C. 头围和胸围　　D. 体重和坐高

3. 在引导幼儿建立正确的性别角色认同过程中,家长或教师不正确的做法是(　　)

A. 起名字、买衣服时体现性别差异　　B. 利用有关绘本引导

C. 在日常生活中随机教育　　D. 禁止男孩玩芭比娃娃

4. 为了更好地引导幼儿认识自然,增加知识和发展能力,德国著名幼儿教育学家(　　)在幼儿园教育实践中创制了一套供幼儿使用的活动玩具——恩物。

A. 赫尔巴特　　B. 福禄贝尔

C. 夸美纽斯　　D. 第斯多惠

5. 上课时老师说:"看,小刚坐得多直!"顿时就有许多幼儿挺起腰来坐直,而不必逐个点名叫他们坐直。这体现了幼儿性格(　　)的特点。

A. 好奇心强　　B. 易冲动

C. 活泼好动　　D. 爱模仿

6. 教师在什么样的情况下应该介入幼儿游戏(　　)

A. 幼儿进入游戏角色

B. 幼儿出现偏离游戏预设角色的想象

C. 有幼儿争着要扮演某个角色

D. 游戏即将结束时

7. 童童画画时不能以透视的观念绘画,经常把从多个角度观察的结果组合在一张画中。童童的绘画属于(　　)

A. 拟人化的表现　　B."透明"式的表现

C. 夸张性的表现　　D. 展开式的表现

8. 学前儿童发生"折而不断"的骨折现象,被称为(　　)

A. 裂纹骨折　　B. 青枝骨折

C. 脆性骨折　　D. 粉碎性骨折

9. 在科学课上,教师通过做水的加热和降温的实验,让学生观察水的"三态"变化,这种教学方法是(　　)

A. 实验法　　B. 演示法　　C. 讲授法　　D. 讨论法

10. 小红上课爱开小差,时常听着课就走神去想别的事物。小红的这种现象体现了(　　)

A. 注意的转移　　B. 注意的分散

C. 注意的分配　　D. 注意的集中

二、简答题(本大题共 2 小题,每小题 15 分,共 30 分)

11. 简述如何在实践中提高幼儿的言语能力。

12. 简述幼儿园教育活动内容选择的原则。

三、论述题(本大题1小题,20分)

13. 试述幼儿情绪发展的特点,并分析教师应如何培养幼儿的情绪控制能力。

四、材料分析题(本大题共 2 小题,每小题 20 分,共 40 分)阅读材料,并回答问题。

14. 材料:

贝贝上了大班后,父母越来越焦虑。因为看到隔壁同龄的小兰上培训班后,已经能写许多字,会做算术题了,而贝贝整天沉浸在搭积木、画画、看图画书中,什么都不会。于是贝贝妈妈用微信联系老师说:“幼儿园总是在玩游戏,如果再不上拼音和算术课,我们担心贝贝跟不上小学教学,你们幼儿园是不是应该多上点课,早点让贝贝适应小学生活。”

问题:

(1)请你分析这一现象。(8 分)

(2)如果你是贝贝班上的老师,你将如何与家长交流?(12 分)

15. 材料:

在“照相馆”活动区里,老师投放了玩具照相机、相册、镜子、裙子等材料,引来了很多小朋友。参与照相的幼儿摆出各种姿势,对照相过程乐此不疲,活动区一度出现了较为混乱的场面。为了找出问题的原因,老师便带领孩子们参观了幼儿园所在社区的一家照相馆,了解了照相馆里的区域划分、物品摆放、工作内容和工作流程等。回到幼儿园里,老师立即组织幼儿进行讨论,看看活动区里的“照相馆”和社区的照相馆有哪些不同的地方。经过认真讨论,幼儿发现应该把“照相馆”设置成几个功能不同的小区域,还应该增加材料的数量和种类。

接下来,孩子们纷纷从家里带来各种材料,把“照相馆”分成了四个小区域,“工作人员”也各司其职,活动有序而深入地进行,没有了拥挤、争抢角色的现象。

问题：

（1）你认为幼儿园开展的照相馆游戏属于什么游戏类型？结合材料分析教师应如何组织幼儿开展游戏活动。（10分）

（2）结合材料分析社区对幼儿园教育的意义。（10分）

五、活动设计题（本大题1小题，30分）

16. 小班幼儿对周围世界充满了强烈的好奇心，且具有强烈的求知欲。张老师认为，培养幼儿的探索精神可以从幼儿自己的身体开始。因此，张老师准备以“我的身体”为主题开展系列主题活动。

请围绕该主题为张老师设计三个子活动。

要求：

（1）写出主题活动总目标。

（2）写出其中一个子活动的活动方案，包括活动的名称、目标、准备和主要环节。

（3）写出另外两个子活动的名称、目标。

机密★启封前 **姓名__________ 准考证号__________**

国家教师资格考试预测试卷(十七)

保教知识与能力(幼儿园)

注意事项:

1. 考试时间为120分钟,满分为150分。

2. 请按规定在答题卡上填涂、作答,在试卷上作答无效,不予评分。

一、单项选择题(本大题共10小题,每小题3分,共30分)

在每小题列出的四个备选项中只有一个是符合题目要求的,请用2B铅笔把答题卡上对应题目的答案字母按要求涂黑。错选、多选或未选均无分。

1. 幼儿经常把动物或一些物体当人来对待,如经常看见幼儿和花儿说话。这体现出幼儿具体形象思维的(　　)特点。

A. 具体性　　B. 形象性　　C. 经验性　　D. 拟人性

2. 小(2)班的欣欣从小身体就弱,经常生病,个头也很小,不喜欢和别人说话,经常会因为没有小朋友跟她一起玩而大哭。在同伴交往关系中,欣欣属于(　　)

A. 被拒绝型幼儿　　B. 被忽视型幼儿

C. 被欣赏型幼儿　　D. 被关注型幼儿

3. 下列做法体现师幼关系平等的是(　　)

A. 教师制止幼儿将材料搬出活动区域

B. 教师蹲下来快速对幼儿提出要求

C. 教师在幼儿游戏时督促其遵守规则

D. 教师用幼儿能理解的语言及时回应

4. 陈鹤琴先生提出的"活教育"方法论坚持(　　)

A. 以"教"为中心　　B. 以"学"为中心

C. 以"做"为中心　　D. 以"求进步"为中心

5. 茜茜告诉妈妈,老师说明天拍视频要穿得漂亮一点。妈妈第二天问老师时,老师说没有这件事情,只是带小朋友们观看六一晚会的视频。这个现象说明茜茜(　　)

A. 想象与现实混淆　　B. 没有理解老师的意思

C. 想象过于夸张　　　　D. 想穿漂亮的衣服而撒谎

6. 儿童在游戏中玩出新玩法，这体现游戏可以促进儿童的(　　)

A. 创造力发展　　　　B. 语言发展

C. 身体发展　　　　D. 情感发展

7. 如果学生被蜜蜂蜇伤，教师应在第一时间向伤口涂抹(　　)

A. 肥皂水　　B. 蒸馏水　　C. 食用醋　　D. 稀盐酸

8. 幼儿语音错误多集中在(　　)

A. 舌音　　B. 元音　　C. 辅音　　D. 鼻音

9. 下列教育案例中运用了“最近发展区”理论的是(　　)

A. 3 岁的小军在妈妈的指导下，逐渐学会了自己叠衣服

B. 小海的妈妈希望他长大后成为一名科学家

C. 小明的实际身高和同龄男孩的平均身高有差距

D. 5 岁的小丽能够背诵近百首唐诗

10. 凡凡在玩海洋球时，不小心将海洋球滚入水沟，她与同伴拿来棍子、绳子、捞网等材料，反复打捞 20 分钟，终于取出了海洋球。该过程体现了幼儿的学习品质是(　　)

A. 乐于想象　　　　B. 敢于创造

C. 好奇心和兴趣　　　　D. 敢于探究和尝试

二、简答题(本大题共 2 小题，每小题 15 分，共 30 分)

11. 简述学前儿童判断的发展趋势。

12. 简述游戏对幼儿社会性发展的作用。

三、论述题(本大题1小题,20分)

13. 试述维果斯基的“最近发展区”理论及其对教学的启示。

四、材料分析题(本大题共2小题,每小题20分,共40分)阅读材料,并回答问题。

14. 材料:

中午进餐时间,小(1)班的孩子们在一口饭一口菜安静地就餐。进餐之前,老师给孩子们提出了很多要求,如安静地吃,饭和菜搭配吃,不要掉饭粒等,其中“饭、菜要吃完”的要求肯定是不会落下的。于是,就出现了以下情况:

片段一:博伦很快地吃完了饭,同时把菜吃得一干二净后来添第二碗。

片段二:清清吃完了饭,慢吞吞地吃菜,边吃边皱着眉头看了老师一下:“裴老师,我有点吃不下了。”老师问:“真的吃不下了?”旁边的小朋友说:“她是不喜欢吃青菜。”老师想要她养成吃青菜的习惯,于是说:“再吃一点,好吗?”清清很听话,低下头一小口一小口地吃着。

片段三:彤彤好不容易将饭吃完,其他的孩子都已经在旁边看书了,而菜已经冰凉了,“裴老师,我吃不下了。”

问题:

结合材料分析应如何合理安排幼儿进餐。(20分)

15. 材料：

有一次，洋洋和硕硕在分配角色时发生了争执，洋洋要硕硕当妈妈，硕硕说："不，妈妈是女的，我是男的，不行！"洋洋也不让步，说："这是假装，又不是真的。""假装也不行，我就不当！"硕硕坚定地说。"不当就不和你玩了。"硕硕一听不和他玩了，急得眼泪都快流出来了。我问："洋洋，你们玩什么游戏呢？""就是娃娃家，我当爸爸，他当妈妈。""可是硕硕不愿意当妈妈怎么办？就只剩下你们两个人了，他要是不玩，你一个人怎么玩啊？"我问。"老师，那你说怎么办？""我也不知道，你不愿意换角色，他不愿意当妈妈，那就没法玩了呗。"洋洋想了想，对硕硕说："要不我当爸爸，你当叔叔，王老师当妈妈吧。"得到硕硕的同意后，我们三人玩起了娃娃家游戏。小小的风波，让孩子学会了合作，懂得了谦让。

问题：

(1)材料中幼儿开展的是何种类型的游戏，这种游戏有何特点？(10 分)

(2)材料中幼儿的游戏出现了什么问题，教师应如何指导？(10 分)

五、活动设计题(本大题 1 小题，30 分)

16. 春雨沙沙沙，沙沙沙地落了，周围的花开了，草绿了，叶长了，鸟叫了……幼儿园小朋友们的好奇心也被激发了。

请围绕此情境为中班幼儿设计主题活动，应包含三个子活动。

要求：

(1)写出主题活动的总目标。

(2)写出其中一个子活动的具体活动方案，包括活动名称、目标、准备及主要环节。

(3)写出另外两个子活动的名称、目标。

机密★启封前　　　　　　　　　　姓名＿＿＿＿＿　准考证号＿＿＿＿＿

国家教师资格考试预测试卷(十八)

保教知识与能力(幼儿园)

注意事项：

1. 考试时间为120分钟,满分为150分。

2. 请按规定在答题卡上填涂、作答,在试卷上作答无效,不予评分。

一、单项选择题(本大题共10小题,每小题3分,共30分)

在每小题列出的四个备选项中只有一个是符合题目要求的,请用2B铅笔把答题卡上对应题目的答案字母按要求涂黑。错选、多选或未选均无分。

1. 皮亚杰认为,婴儿的客体永久性真正出现发生在(　　)阶段。

A. "被动地期望"　　B. "客体位移后寻找"

C. "探索部分被遮盖的物体"　　D. "儿童开始主动寻找"

2. 黄老师组织全班幼儿参观小学后,请每位幼儿将自己参观小学的感受、体会或愿望用图画的形式表现出来,并与幼儿共同创设"我心中的小学"主题环境。这体现了幼儿园环境创设中的(　　)原则。

A. 丰富性　　B. 幼儿参与性

C. 安全性　　D. 动态性

3. 幼儿教师要制定(　　)的教育活动计划和具体活动方案。

A. 长期性　　B. 阶段性　　C. 中长期　　D. 随机性

4. 斌斌和轩轩出生时身高、体重差不多,到两岁时,斌斌长得高高胖胖的,轩轩却瘦瘦小小的,这说明学前儿童的生长发育具有(　　)

A. 阶段性　　B. 不均衡性

C. 个体差异性　　D. 相互关联性

5. 认为应当把儿童所应该学的东西结合在一起,完整地、有系统地教授给儿童,即提出"整个教学法"的是(　　)

A. 陶行知　　B. 蒙台梭利　　C. 张雪门　　D. 陈鹤琴

6. 下列属于评价幼儿生长发育的形态指标的是(　　)

A. 坐高　　B. 握力　　C. 心率　　D. 脉搏

7. 某大班的幼儿在程老师的带领下到当地一个公园进行活动，幼儿小明玩耍的时候不小心被一只黄蜂蜇伤，被蜇伤处的皮肤立刻红肿、疼痛，这时，程老师应该尽快将(　　)涂于受伤处。

A. 弱碱性溶液　　B. 弱酸性溶液

C. 清水　　D. 强碱性溶液

8. 10 月份的主题是“秋天”，教师结合相关的内容，采用“秋天的叶子”“秋游剪影”“中秋月饼”“秋天的歌”等版块，将学习内容通过环境展示出来，让孩子从环境中直接感知秋天。这体现了环境创设的(　　)原则。

A. 安全性　　B. 教育性

C. 适宜性　　D. 幼儿参与性

9. 幼儿指着苹果，从左到右，一边点着物体一边说数词：“一个，二个……”在点到最后一个时，提高声音说 4 个。这种数数方法是(　　)

A. 口头数数　　B. 按物计数　　C. 接数　　D. 按群计数

10. 大班孩子在做“木头人”游戏，游戏规则是一分钟内谁先动谁就输，当孩子们在做各种造型木头人时，老师在旁不停给孩子们挠痒痒或做鬼脸，但孩子们都一动不动。这一游戏促进孩子们意志品质中(　　)的发展。

A. 独立性　　B. 坚定性　　C. 果断性　　D. 自制力

二、简答题(本大题共 2 小题，每小题 15 分，共 30 分)

11. 结合《3 ~6 岁儿童学习与发展指南》科学领域的内容，谈谈如何支持和鼓励幼儿在科学探索的过程中积极动手动脑寻找答案或解决问题。

12. 简述学前儿童的记忆策略。

三、论述题(本大题1小题,20分)

13. 试述积极师幼关系的意义,并联系实际谈谈教师应如何建立积极的师幼关系?

四、材料分析题(本大题共2小题,每小题20分,共40分)阅读材料,并回答问题。

14. 材料:

学期初,丁老师为了创设并营造良好的美工环境,收集、购买了许多自然材料,如落叶、松果、木片、树枝、花生壳、贝壳、螃蟹壳等,应有尽有。幼儿进入区域以后,端着一筐筐材料,摆摆弄弄、敲敲打打,没一会儿就放下这些自然材料,跑到其他区玩了。丁老师面对一柜子混乱的材料无从下手,美工区开设一段时间后,仍没有看到幼儿利用材料进行创作。

问题:

(1)分析丁老师投放材料的方式是否适宜。(8分)

(2)结合丁老师的做法,分析区域材料投放需要注意哪些要点。(12分)

15. 材料：

今天的“动动巧手”里真热闹，孩子们拿着一个个大小不一、形状各异的螺丝高兴极了。他们有的拿、有的放，左看看、右瞧瞧，爱不释手。顾洋首先拿起一颗螺丝，开始试着找螺母拧，不一会儿他高兴地说：“老师，看！我把螺丝拧起来了。”我马上说：“真能干，你是怎么拧的，表演给大家看好吗？”于是顾洋兴奋地给大家做了现场表演。立刻有几个小朋友也开始拧螺丝了。这时吴艳楠一边招手一边说：“老师，看！我做的蛋糕。”我一看原来她把螺丝一层一层地装在了一个小碟子里，就像一个蛋糕，我蹲下来大声说：“你太棒了，还能用螺丝做蛋糕，你再搭一个和它不一样的东西好吗？”“好吧！”紧接着有好几个小朋友也加入她的搭建行列。这时有一个安静的小角落引起了我的注意：只见孙俊楠一声不吭地在忙着。我走过去问：“你在干什么？”她说：“这个碟子里是大的，这个碟子里是小的，老师我放的对吗？”原来孩子在分类呀，我摸了摸她的头说：“真能干，加油干吧。”“老师看！我用螺丝搭的大桥！”“老师，我的项链好看吗？”……看着一张张兴奋的小脸蛋，听着他们稚嫩的、甜甜的声音，我也被感染了，我激动地冲他们伸伸拇指说：“你们真能干！”孩子们高兴地笑了。

问题：

请结合上述材料分析幼儿教师应如何引导幼儿的游戏。(20 分)

五、活动设计题(本大题1小题,30分)

16.“数”来源于生活,运用于生活。寻找生活中的数字这一活动内容灵活丰富,根据大班年龄特点和已有的生活经验,这样的内容选择葆有了幼儿爱探索的天性。《幼儿园教育指导纲要(试行)》中指出:“教学活动内容的选择既贴近幼儿的生活来选择幼儿感兴趣的事物和问题,又有助于拓展幼儿的经验与视野”,奇妙的数字活动有助于拓展幼儿的经验、有助于幼儿创造新事物,能有效地发展幼儿的观察力、想象力。

请以“数字”为主题为大班儿童设计三个子活动。

要求:

(1)写出主题活动总目标。

(2)写出其中一个子活动的活动方案,包括活动的名称、目标、准备和主要环节。

(3)写出另外两个子活动的名称、目标。

机密★启封前　　　　　　　　　姓名＿＿＿＿＿＿　准考证号＿＿＿＿＿＿

国家教师资格考试预测试卷(十九)

保教知识与能力(幼儿园)

注意事项:

1. 考试时间为120分钟,满分为150分。

2. 请按规定在答题卡上填涂、作答,在试卷上作答无效,不予评分。

一、单项选择题(本大题共10小题,每小题3分,共30分)

在每小题列出的四个备选项中只有一个是符合题目要求的,请用2B铅笔把答题卡上对应题目的答案字母按要求涂黑。错选、多选或未选均无分。

1. 小明模仿当医生的爸爸,手拿听诊器,为“病人”看病,小明玩的游戏是(　　)

A. 角色游戏　　B. 建构游戏　　C. 表演游戏　　D. 语言游戏

2. 数学活动时,教师请幼儿按要求拿出几个珠子。这属于幼儿数学活动中的(　　)

A. 口头数数　　B. 按数取物

C. 按物计数　　D. 说出总数

3. 中班的扬扬内心腼腆,上课玩游戏非常专注,而且经常能察觉到其他小朋友不易察觉的问题,但另一方面扬扬又不善于表现自己,没信心,不爱和别的小朋友一起玩。扬扬的气质类型属于(　　)

A. 胆汁质　　B. 多血质　　C. 黏液质　　D. 抑郁质

4. 有家长发现孩子最近出现一些破坏行为,刚买的玩具,一会儿就被拆得七零八落了,说明孩子的(　　)发展起来了。

A. 实践感　　B. 道德感　　C. 美感　　D. 理智感

5. 儿童常常用“球球”表示“这是一个球”“我要球球”等,这说明他们的言语发展处于(　　)

A. 电报句阶段　　B. 单词句阶段

C. 复合句阶段　　D. 完整句阶段

6. 小红看到小兰买了一个新的铅笔盒，觉得很喜欢，为了拿走小兰的铅笔盒便打了小兰，小红的行为属于(　　)

A. 敌意性攻击　　B. 工具性攻击

C. 随意性攻击　　D. 自我攻击

7. 小班幼儿在看木偶剧时，看到大老虎出场会感到害怕，担心大老虎会扑过来咬自己。这表明幼儿想象的特点是(　　)

A. 再造想象占主要地位，创造想象开始发展

B. 无意想象为主，有意想象开始发展

C. 想象常常脱离现实，或者与现实混淆

D. 想象无预定目的，以想象的过程为满足

8. 保证学前儿童每日户外体育活动时间不得少于 1 小时，这体现了幼儿园体育活动实施原则中的(　　)

A. 多样化原则　　B. 全面性原则

C. 经常化原则　　D. 适量的运动负荷原则

9. 婴幼儿应多吃鸡蛋、牛奶等食物，保证维生素 D 摄入，以防维生素 D 缺乏而引起的(　　)

A. 佝偻病　　B. 坏血病

C. 厌食症　　D. 呆小症

10. 关于幼儿的想象，说法错误的是(　　)

A. 主题与时间稳定，不易变换

B. 不易分清想象与现实的界限

C. 缺乏计划性与预定的目的

D. 想象的创造成分保留在具体形象的水平上

二、简答题(本大题共 2 小题，每小题 15 分，共 30 分)

11. 简述学前儿童分类的发展特点。

12. 简述幼儿前识字经验包括的内容。

三、论述题(本大题1小题,20分)

13. 试述学前儿童亲子依恋的类型及培养幼儿形成良好依恋的措施。

四、材料分析题(本大题共2小题,每小题20分,共40分)阅读材料,并回答问题。

14. 材料:

要春游了,大(3)班的孩子们兴奋地邀请李老师和自己坐同一辆车,为此孩子们争了起来。李老师用商量的语气说:“去的时候老师坐一号车,回来时老师坐二号车,你们说好不好呀?”孩子们高兴地同意了。到春游地点后,李老师不仅给孩子们和家长拍照,还和孩子们一起种树,一起做面条。当孩子们问种的是什么树时,李老师马上请导游介绍树的名称和主要特点。午餐时间到了,孩子们纷纷拿出自己心爱的零食分享给李老师,李老师也把自己精心制作的寿司和孩子们一起分享,耐心地介绍了寿司的做法。回到幼儿园时,李老师和孩子们一一道别。

问题：

结合材料，找出材料中所体现的优质师幼关系并加以分析。(20分)

15. 材料：

游戏活动期间，部分幼儿分别选择了娃娃家、理发店和建构区。理发店里担任理发师的小朋友穿上理发师的服装，帮“顾客”围上毛巾等必备物品，并拿起玩具剪刀对“顾客”的头发进行操作。游戏过程中不时传来阵阵笑声和交谈声。

问题：

请联系材料分析幼儿游戏的特点。(20分)

五、活动设计题(本大题1小题,30分)

16. 春天到了,幼儿园里的树木和花草长出了嫩绿的叶子,迎春花开出的花朵像个小喇叭。孩子们对树枝上的绿叶、草丛中的花朵产生了浓厚的兴趣,他们有的摘下来当小扇子一扇一扇的;有的自己在手里折一些小玩意;有的甚至把树叶当成了宝贝放到了自己的口袋里。

请以“春天”为主题设计三个子活动。

要求:

(1)写出主题活动总目标。

(2)写出其中一个子活动的活动方案,包括活动的名称、目标、准备和主要环节。

(3)写出另外两个子活动的名称、目标。

机密★启封前　　　　　　　　　姓名＿＿＿＿＿＿　准考证号＿＿＿＿＿＿

国家教师资格考试预测试卷(二十)

保教知识与能力(幼儿园)

注意事项:

1. 考试时间为120分钟,满分为150分。

2. 请按规定在答题卡上填涂、作答,在试卷上作答无效,不予评分。

一、单项选择题(本大题共10小题,每小题3分,共30分)

在每小题列出的四个备选项中只有一个是符合题目要求的,请用2B铅笔把答题卡上对应题目的答案字母按要求涂黑。错选、多选或未选均无分。

1. 当父母在做饭时,某位儿童递过一把勺子,他便认为自己是在从事一项重要的活动,发挥了重要的作用。根据埃里克森的人格发展阶段理论,该儿童的心理发展最有可能处于(　　)阶段。

A. 信任感对怀疑感　　　　B. 自主感对羞耻感

C. 主动感对内疚感　　　　D. 勤奋感对自卑感

2. 对自己的社交地位缺乏正确的评价,往往估计过高,这类孩子属于(　　)

A. 受欢迎型幼儿　　　　B. 被忽视型幼儿

C. 被排斥型幼儿　　　　D. 矛盾型幼儿

3. 学前儿童肌肉发育的特点不包括(　　)

A. 小肌肉先发育　　　　B. 发育不平衡

C. 可塑性强　　　　D. 大肌肉先发育

4. 婴幼儿喜欢被成人接触、抚爱,这种情绪反应的动因是为满足儿童的(　　)

A. 生理性需要　　　　B. 情绪表达性需要

C. 社会性需要　　　　D. 自我调节性需要

5. 依据《幼儿园教师专业标准(试行)》,作为一名幼儿教师,应具备充分利用各种教育契机,对幼儿进行随机教育的能力,这一基本要求所属领域是(　　)

A. 沟通与合作　　　　B. 环境的创设与利用

C. 激励与评价　　　　　　　　　　D. 一日生活的组织与保育

6. 能发现生活中许多问题都可以用数学的方法来解决,体验解决问题的乐趣。这一典型表现属于哪个年龄段的儿童(　　)

A. 2 ~ 3 岁　　　　　　　　　　B. 3 ~ 4 岁

C. 4 ~ 5 岁　　　　　　　　　　D. 5 ~ 6 岁

7. 幼儿出现发烧、全身不适、咳嗽,手指背面、手掌、足趾等出现皮疹,口腔内产生水疱等症状的传染病是(　　)

A. 流行性感冒　　　　　　　　　　B. 腮腺炎

C. 麻疹　　　　　　　　　　D. 手足口病

8. 教师在组织幼儿认识春天时,不适合幼儿进行探究的是(　　)

A. 春天的景色　　　　　　　　　　B. 春天的气候成因

C. 春天的庄稼　　　　　　　　　　D. 春天的动植物

9. 夸美纽斯在(　　)中详细论述了学前教育的内容和方法。该著作是世界上第一本论述学前教育的专著。

A.《世界图解》　　　　　　　　　　B.《母育学校》

C.《大教学论》　　　　　　　　　　D.《教育漫话》

10. 幼儿开始学跳舞时,注意了脚的动作,手就一动不动;注意了手的动作,脚步又乱了。这说明幼儿注意的(　　)

A. 稳定性比较差　　　　　　　　　　B. 范围比较小

C. 转移能力有限　　　　　　　　　　D. 分配能力较差

二、简答题(本大题共 2 小题,每小题 15 分,共 30 分)

11. 简述教师在实施《3 ~ 6 岁儿童学习与发展指南》的过程中应把握的原则。

12. 什么是作品分析法?简述幼儿教师在进行作品分析时应注意的问题。

三、论述题(本大题1小题,20分)

13. 试述幼儿教师需具备的专业知识。

四、材料分析题(本大题共2小题,每小题20分,共40分)阅读材料,并回答问题。

14. 材料:

亮亮在大班科学活动时,将几根细水管连接后,又用同样的方法将几根粗水管连接在一起。之后,亮亮把水倒入细水管中,水一下子从水管另一头流出,他高兴极了,又将水倒入粗水管里,但水从管口涌出,并未从另一头流出。亮亮反复观察、尝试,终于发现水管摆放在一个斜坡上,水无法自下而上流出。于是,亮亮马上调整水管的摆放位置,当水顺利地从水管流出时,亮亮欢呼雀跃,自豪地向同伴分享自己成功地让水从水管中流出的过程。

问题:

(1)根据《3~6岁儿童学习与发展指南》科学领域中幼儿科学学习的核心要素,结合材料分析亮亮小朋友的行为表现。(8分)

(2)请提出教师支持亮亮小朋友推进该活动的策略。(12分)

15. 材料：

活动课上，中班孩子们在玩“十字路口”的游戏，其中小星星和大虎只对玩具车感兴趣，一点都不管其他小朋友怎么玩，他们拿着“车”一会儿开进路边的“商店”，一会儿撞倒“行人”，其他小朋友看到了，也拿着“车”撞来撞去，整个活动间翻了天。一直在一旁观察的李老师看到了，赶紧以“交警”的身份介入游戏：“你们这是在干什么，交通秩序都被破坏了。”小朋友都纷纷指着小星星和大虎说，都是他们俩“开车”乱撞。在“交警”的指导下，大家把破坏的“商店”整理好，“马路”也被整理了出来，大家的“车”都在马路上行驶，游戏又正常进行。

问题：

(1)李老师是通过什么方式介入游戏对孩子进行指导的？(8 分)

(2)李老师介入的时间是否恰当？教师应如何判断游戏介入的时机？(12 分)

五、活动设计题(本大题 1 小题，30 分)

16. 随着幼儿年龄的增长，5 岁儿童的走路速度基本与成人相同。平衡能力明显增强，可以用比较复杂的运动技巧进行活动，并且还能伴随音乐进行律动与舞蹈。手指小肌肉快速发展，已能自如地控制手腕，运用手指活动。合作意识逐渐增强，规则意识逐渐形成。请根据幼儿体育运动的发展特点，设计一个大班的体育活动方案。

要求写出活动名称、活动目标和活动过程。

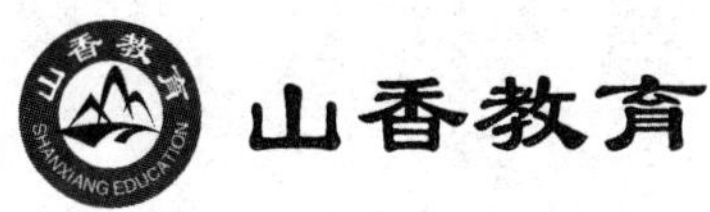

国家教师资格考试

历年真题详解及预测试卷

保教知识与能力·幼儿园(真题答案本)

目　录

2023 年下半年中小学教师资格考试真题试卷(一)

一、单项选择题

1. A 【解析】本题考查幼儿常见的传染病。A 选项,流感是由流感病毒引起的呼吸道传染病,传播力强,多在冬末春初流行。该病传播力强,经飞沫直接传播,飞沫污染手、用具等也可造成间接传染,病后免疫力不持久,免疫时间很短,可多次感染。故 A 项符合题意。

B 选项,水痘是一种传染性很强的出疹性传染病。病原体是水痘 - 带状病毒,主要通过空气飞沫经呼吸道传播,也可通过接触病人疱疹内的疱浆而感染。传染性极强,一次患病可获终身免疫。

C 选项,麻疹是由麻疹病毒引起的急性呼吸道传染病。麻疹病毒存在于病人的口鼻及眼的分泌物中,主要经飞沫传播或直接接触感染者的鼻咽分泌物传播。病后可获得终身免疫。

D 选项,腮腺炎又称流行性腮腺炎,是由腮腺炎病毒引起的急性呼吸道传染病,主要通过飞沫传播,四季均可发病,以冬末春初多见。患病后可获终身免疫。

2. D 【解析】本题考查幼儿园语言教育。《幼儿园教育指导纲要(试行)》中提出,幼儿园语言领域的目标包括:(1)乐意与人交谈,讲话礼貌;(2)注意倾听对方讲话,能理解日常用语;(3)能清楚地说出自己想说的事;(4)喜欢听故事、看图书;(5)能听懂和会说普通话。故 D 项符合题意。

A 选项,交往与合作是幼儿园社会领域的目标之一。B 选项,表现、创造是幼儿园艺术领域的目标之一。C 选项,阅读是幼儿园语言领域的目标之一,想象和表演不属于幼儿园语言领域的目标。A、B、C 选项均不符合题意。

3. B 【解析】本题考查对因材施教的正确理解。每个幼儿在行为、兴趣、爱好、才能等方面都有自己的特点,幼儿教师要想取得良好的教育效果,就必须了解每个幼儿的独特性,做到因材施教。只有尊重孩子的成长规律,了解孩子,关注个体差异,才能使幼儿身心健康成长,促进其全面和谐发展。B 项说法正确。

A 选项,幼儿作为独立的人,在各年龄阶段有着不同的心理特点。无论是哪种途径的教育,都应在尊重幼儿的基础上,充分理解和把握幼儿的年龄特征,选择适宜的教育途径,实施促进幼儿身心健康快乐发展的教育。A 选项表述与“因材施教”无关。

C 选项,人的身心发展是具有一定顺序的,是一个由低级到高级、由简单到复杂、由量变到质变的连续不断的发展过程。个体身心发展的顺序性规律,要求教育必须尊重个体身心发展的顺序性,教育工作必须遵循循序渐进的原则,施以相应的教育。C 选项表述与“因材施教”无关。

D 选项属于干扰项,排除。

易错提示:在幼儿教育中,教师要开展因材施教工作,需要对幼儿之间存在的差异有一个充分认识和了解,然后才能制订出适合幼儿学习和发展的优秀的教学方案。

4. D 【**解析**】本题考查陶行知的诗作。题干的诗句是陶行知的《手脑相长歌》。陶行知认为,儿童有很强的创造力,教育工作者要把自己摆在儿童的队伍里,真情实意地和儿童站在一条战线上,加入儿童生活中,便可发现儿童的创造力,进一步解放儿童的创造力,为他们提供手脑并用的条件和机会。

A 选项,张宗麟提出,幼稚园课程大致分为音乐、游戏、故事、图画、自然、识数等。他认为,幼稚园课程,应以促进幼儿的全面发展为目的;课程的内容,应来源于儿童的自发活动,来源于儿童与自然界和人类接触的经验,也来源于人类流传下来的经验。

B 选项,陈鹤琴提出“活教育”的理论体系,包括三大纲领:目的论、课程论和方法论,以及教学原则、训育原则等。

C 选项,张雪门提出了“行为课程”理论,行为课程理论的基本思想是“生活即教育”“行为即课程”,强调通过儿童的实际行动,获得直接经验,同时要求根据儿童能力、兴趣和需要组织教学,主张采取单元设计的方法,打破学科界限。

5. B 【**解析**】本题考查《幼儿园保育教育质量评估指南》。《幼儿园保育教育质量评估指南》提出,坚持以促进幼儿身心健康发展为导向,聚焦幼儿园保育教育过程质量,评估内容主要包括办园方向、保育与安全、教育过程、环境创设、教师队伍等 5 个方面,共 15 项关键指标和 48 个考查要点。

6. A 【**解析**】本题考查幼儿神经系统的特点。由于幼儿神经系统易兴奋、易疲劳,因此不仅在一日活动中要注意动静交替,在同一个活动中也要注意采用多种方式有动有静地开展活动,避免幼儿过于疲劳,影响身心健康。B、C、D 选项均说法错误,故本题选 A。

7. C 【**解析**】本题考查幼儿情绪的发展。伊扎德是当代著名的情绪发展研究专家。他关于婴儿情绪发展的研究及据此提出的情绪分化理论,在当代情绪研究中有很大的影响。他认为婴儿出生时具有五大情绪:惊奇、痛苦、厌恶、最初步的微笑和兴趣;

4～6周时，出现社会性微笑；3～4个月时，出现愤怒、悲伤；5～7个月时，出现惧怕；6～8个月时，出现害羞；半岁～1岁，出现依恋，分离时焦虑，对陌生人恐惧；1.5岁左右，出现羞愧、自豪、骄傲、操作焦虑、内疚和同情等。在题干所述的四种情绪表现中，内疚出现的时间最晚，所以在出生后的两年中，不容易观察到的情绪表现是内疚。

8. B 【解析】本题考查幼儿棋盘游戏的设计原则。幼儿棋盘游戏的设计原则主要包括安全性原则、可玩性原则、教育性原则、年龄适宜性原则。其中，可玩性，有时被称为趣味性、游戏性，指的是幼儿在游戏中的愉悦体验。判断一款玩具是否拥有可玩性有三个标准：(1)能否激发儿童游戏的兴趣；(2)把玩的过程是否有趣，儿童能否专注于游戏，并乐在其中；(3)是否具有持久的吸引力。故B选项符合题意，本题选B。

9. A 【解析】本题考查皮亚杰的认知发展阶段理论。皮亚杰认为，人的认知发展分为四个阶段：感知运动阶段、前运算阶段、具体运算阶段和形式运算阶段。其中，前运算阶段(2～7岁)儿童的思维具有自我中心性、不可逆性、泛灵论、没有获得守恒概念等特点。泛灵论是指儿童往往会认为任何物体都是有生命的。题干中儿童认为皮球浮在水面上是因为它想游泳，表明儿童以为皮球是有生命的，故体现了泛灵论的特点。

B选项，守恒是指儿童认识到客体在外形上发生了变化，但特有的属性不变。3～4岁儿童并未获得守恒概念。B选项与题意不符。

C选项和D选项为干扰项，排除。

10. C 【解析】本题考查影响儿童学习的因素。维果斯基社会历史理论的重要原则是，当儿童置身于他们的文化时，他们通常在更有能力的人，如照料者或教师的引导下，内化和采用更加成熟、更加有效的思维方式和解决所处环境问题的方式。思维工具和思维方式并非婴儿与生俱来，它们是社会历史的组成部分，但是，它们可以由更有能力或更有知识的人在运用的过程中传递给儿童。布凯科和戴勒进一步指出：儿童学习的关键组成部分是社会互动，社会互动包括观察他人如何运用儿童所处特定文化中可以利用的资源进行交流和解决问题。故本题选C。

二、简答题(参考答案)

11. 教师在幼儿户外活动时，应观察哪些方面？

(1)幼儿运动技能的发展，包括粗大动作、力量、平衡性、协调性、灵活性等。

(2)幼儿对运动器械的使用，包括是否掌握常规玩法；是否有创造性玩法等。

(3)幼儿的个性品质，包括勇敢、不怕困难、自信等。

(4)幼儿的安全意识和自我保护能力。

(5)幼儿的社会交往,包括社会性发展水平、交往情况、交往技能、合作情况、冲突解决等。

(6)幼儿的情绪情感,包括成功的积极体验和失败的消极体验。

(7)幼儿遵守规则的能力,包括任务意识、规则意识、自我控制等。

(8)幼儿的语言表达,是否有序、连贯、清晰等。

(9)幼儿对材料的选择,可从高结构、低结构、非结构三方面考虑。

(10)幼儿对活动的选择,包括果断还是犹豫、独立还是服从、选择后坚持还是不断更换材料。

(共15分。答出"运动技能""对运动器械的使用""个性品质""安全意识""社会交往""情绪情感""遵守规则""语言表达""对材料的选择""对活动的选择"等关键点可得7~10分)

12. 简述幼儿园教师对待幼儿攻击性行为的有效策略。

(1)创设良好环境,控制环境和传媒的影响;

(2)改善亲子关系,纠正家长不正确的教育方法;

(3)提高儿童的自控能力和交往技能,帮助儿童掌握解决社会性冲突的技能;

(4)提高儿童的社会认知水平和移情能力;

(5)引导儿童掌握合理的心理宣泄方法;

(6)及时表扬和奖励儿童的亲社会行为。

(共15分。答出"创设良好环境""改善亲子关系""提高自控能力和交往技能""提高社会认知水平和移情能力""掌握合理的心理宣泄方法""及时表扬和奖励"等关键点,可得8~10分)

三、论述题(参考答案)

13. 保育教育相结合的原则的内涵是什么?并结合实践谈一谈。

保教合一的原则,也称保教结合或保教并重,指对幼儿保育和教育要给予同等的重视,并使两者相互配合。贯彻这一原则应注意以下几点。

(1)保育和教育是幼儿园两大方面的工作。保育主要是为幼儿的生存、发展创设有利的环境和提供物质条件,给予幼儿精心的照顾和养育,帮助其身体和机能良好地发育,促进其身心健康地发展;教育则重在培养幼儿良好的行为习惯和态度,发展幼儿的认知、情感、能力,引导幼儿学习必要的知识技能等。这两方面构成了幼儿园教育的全部内容。

(2)保育和教育工作相互联系、相互渗透。幼儿园保育和教育不可分割的关系是由幼教工作的特殊性和幼儿身心发展的特点决定的。虽然保育和教育有各自的主要职能,但并不是完全分离的。教育中包含了保育的成分,保育中也渗透着教育的内容。

(3)保育和教育是在同一过程中实现的。保育和教育不是分别孤立地进行的,而是在统一的教育目标指引下,在同一教育过程中实现的。有的保育员在护理儿童生活时,忽视随机地、有意识地实施教育,结果,无意识地影响了儿童的发展。这可能助长了儿童的依赖思想,也使他们失去了自信,失去了锻炼自己能力的实践机会,也可能在无形中剥夺了儿童发展自己的权利。

(考生可结合实践加以阐述,言之有理即可)

(共20分。答出“保教结合”原则的内涵得5分;从“保育和教育是幼儿园两大方面的工作”“保育和教育工作相互联系、相互渗透”“保育和教育是在同一过程中实现的”角度答出贯彻保教结合原则的要点,结合实践阐述,逻辑清晰可得10~15分)

四、材料分析题(参考答案)

14. (1)从图中可以看出:2岁儿童一般只从事独立游戏或平行游戏,或站在一旁观看。4岁儿童一直从事平行游戏,但与2岁儿童相比,在相互作用和从事合作游戏方面表现得更多一点儿。

(2)对学前儿童游戏指导的启示包括以下几个方面:

①按幼儿游戏发展的特点指导游戏。幼儿游戏会随着幼儿年龄的增长、身心的发展变化而发展,教师对幼儿游戏的指导应考虑这种发展,如象征性游戏在小班处于萌芽期、中班处于高峰期、大班处于高水平期。因此,在小班应多丰富幼儿的生活经验,吸引幼儿玩象征性游戏;中班应尽量多地为幼儿提供多种条件,对其游戏进行引导;大班则可以减少玩象征性游戏的时间,增加在游戏中面对问题、思考问题、解决问题的机会。

②教师应为幼儿游戏提供有准备的环境。首先,幼儿教师应为幼儿的游戏活动提供丰富的物质材料,使幼儿能够自由、自主地选择游戏材料。如根据各年龄段幼儿的游戏特征,提供不同种类、不同数量的材料;提供多种可以以物代物的游戏材料;注意材料设置的层次性(难易程度等)。其次,教师还应考虑幼儿游戏的空间大小或空间密度。同时,也应为幼儿创造一个和谐的心理氛围,使幼儿能够尽情地专注于游戏

之中。

③观察幼儿游戏并给予必要的指导与干预。观察幼儿游戏是幼儿教师了解幼儿身心发展水平的重要方式。在游戏中,幼儿能够充分地展示其身体发育、认知、社会化程度及情绪情感等各方面发展水平,教师可以根据观察的结果采取及时有效的措施,促进幼儿发展。

(共20分。根据图答出2岁儿童的游戏特点得5分,答出4岁儿童游戏的特点得5分;从"按幼儿游戏发展的特点指导游戏""为幼儿游戏提供有准备的环境""观察幼儿游戏并给予必要的指导与干预"角度答出对幼儿游戏指导的启示,逻辑清晰、阐述合理可得7~10分)

15.《3~6岁儿童学习与发展指南》艺术领域"表现与创造"部分的教育建议提出,创造机会和条件,支持幼儿自发的艺术表现和创造;尊重幼儿自发的表现和创造,并给予适当的指导。材料中,大(一)班教师和大(二)班教师的教学方式存在明显差异,对幼儿的影响也有所不同。

(1)大(一)班教师鼓励幼儿用自己的方式表现树木,并肯定了幼儿的表现。这种教学方式体现了教师对幼儿的尊重和信任,鼓励幼儿发挥自己的想象力和创造力,引导幼儿用自己的方式发现美、感受美、创造美,促进幼儿的自主性和创造性发展。这有助于建立幼儿与教师之间的良好互动关系,增强幼儿的自信心和自尊心,激发幼儿的学习兴趣和动机。同时,也有助于培养幼儿的问题解决能力和创新能力,促进幼儿的全面发展。

(2)大(二)班教师采用了示范的方式,组织了一次美术教学活动。这种教学方式体现了教师对幼儿的控制和指导,可能会限制幼儿的想象力和创造力,使幼儿更加依赖教师的指导,不利于幼儿的自主性和创造性发展。这种教学方式可能会导致幼儿缺乏独立思考和解决问题的能力,影响幼儿的创新能力和批判性思维能力的发展。同时,也可能会导致幼儿缺乏自信心和自尊心,影响幼儿的心理健康和社会适应能力的发展。

(3)从幼儿的行为来看,大(一)班的幼儿表现出了更多的兴趣和表现欲望,而大(二)班的幼儿则大都画出了差不多形状的树。这表明,鼓励与支持的教学方式更有利于幼儿的创造性表现,而示范性教学方式可能会限制幼儿的创造性表现。

综上所述,教师的教学方式对幼儿各方面发展具有重要影响。在幼儿园教育中,教师应该采用鼓励与支持的教学方式,鼓励幼儿发挥自己的想象力和创造力,促进幼儿的自主性和创造性发展。同时,教师也应该关注幼儿的个体差异,尊重幼儿的兴趣和特点,为幼儿提供丰富多样的学习环境和活动,促进幼儿全面发展。

(共20分。从"鼓励与支持""促进幼儿的自主性和创造性发展"角度分析大(一)班教师的教学方式得5分,从"示范性""限制幼儿的想象力和创造力"等角度分析大(二)班教师的教学方式得5分;从"创造性表现""问题解决能力和创新能力""自信心和自尊心""心理健康和社会适应能力"等角度答出两位教师的教学方式对幼儿行为的影响,结合材料合理阐述,逻辑清晰可得7~10分)

五、活动设计题(参考答案)

16.【活动一】

数字大比拼(大班数学活动)

一、活动目标

1. 体验数学活动的有趣,萌发对数学活动的喜爱。

2. 能够与同伴共同完成游戏,并通过扑克牌点数的对比,比较10以内数字的大小。

3. 懂得数学游戏的活动规则,认识大于号、小于号和等于号。

二、活动准备

物质准备:扑克牌若干;大于号、小于号、等于号的符号卡片若干。

经验准备:幼儿已经能通过数扑克牌上的花色数量认识扑克牌上的数字。

三、活动过程

1. 活动导入,引起幼儿的兴趣

教师出示扑克牌,引导幼儿熟悉扑克牌上的花色(红桃、黑桃、梅花、方块)。

2. 活动展开

(1)教师出示大于号、小于号、等于号的符号卡片,引导幼儿了解大于号、小于号和等于号。

师:老师今天带来了几个符号宝宝,我们一起来认识一下吧。

师:尖头在前是小于,开口在前是大于,两条横线是等于;左边大,大于号;左边小,小于号,两边一样用等于号;两个数字中间站,开口向哪儿,哪儿就大,尖角向哪儿,哪儿就小。

(2)利用扑克牌开展游戏。

游戏玩法:幼儿两两一组,分别翻开手中卡片,通过点数扑克牌上的方块、梅花、红桃、黑桃等花色的数量，判断数字的大小。并用大于号、小于号、等于号符号卡片，把比对结果完整记录下来，比如：6 >5。比一比哪一组又快又准确。

游戏规则：若有小组成员不遵守规则，则该组成员重新开始。

3. 活动结束

对幼儿的活动结果进行表扬与肯定，并及时解决幼儿存在的问题。

【活动二】

数字加一加（大班数学活动）

一、活动目标

1. 感受数学活动的有用和有趣。

2. 能通过操作扑克牌进行 10 的组成运算。

3. 可以积极、主动地参与关于数字的讨论。

二、活动准备

物质准备：扑克牌若干，有关扑克牌 J、Q、K 人物介绍的视频，星星贴纸。

经验准备：幼儿已经能通过实际操作理解数与数之间的关系。

三、活动过程

1. 活动导入，引出主题

教师播放视频，介绍扑克牌上 J、Q、K 的人物，引发幼儿对扑克牌的兴趣。

2. 活动展开

（1）带领幼儿复习加法运算。

（2）开始游戏。

先将幼儿分成三个小组，把准备好的扑克牌中数字 10 挑出来让幼儿辨认。再将（从 1 到 9）三组扑克牌均匀分给三组幼儿，教师手里留下一组。教师讲述游戏玩法：教师随机翻开手中的扑克牌，幼儿需从自己的扑克牌中找出一张扑克牌，扑克牌上的点数与教师扑克牌上的点数相加数量等于 10。看哪一组幼儿找得最快，该组幼儿奖励一颗星星。得到小星星最多的小组可以获得“数学小明星”的称号。

3. 活动结束

教师对本次活动进行总结，并带领幼儿复习 10 的组成与分解。

评分标准参考

两个活动各15分，其中：

(1)每个活动的活动名称(1分。名称和年龄段适宜1分)

(2)每个活动的活动目标(3分。缺乏认知、行为、情感任意一方面的目标扣1分)

(3)每个活动的活动准备(2分。若在具体活动过程中用到但在活动准备环节没有体现扣1分)

(4)每个活动的活动过程(9分。①选择能吸引幼儿注意力的导入方式1分；②活动过程步骤清晰、注重幼儿主动探究7分，写出大致活动过程，在不偏离主题的情况下可酌情给4~5分；③结束环节能让幼儿保持愉快情绪并强化活动效果1分)

2023年上半年中小学教师资格考试真题试卷(二)

一、单项选择题

1. A 【解析】本题考查学前儿童发展常用的研究方法。观察法是研究者有目的、有计划地观察学前儿童在日常生活、游戏、学习和劳动等自然状态下的言语、表情、动作、行为等，并做详细的记录，然后分析儿童身心发展特点的方法。题干的描述属于观察法。

B选项，谈话法是研究者根据一定的研究目的和计划，通过和儿童交谈，以了解儿童身心发展特点的方法。研究者除记录儿童答话内容外，同时观察记录学前儿童的谈话态度、表情变化、表达能力等。通过这些客观表现，研究学前儿童心理发展规律。

C选项，测验法是研究者利用一定的测验项目和量表，来了解学前儿童发展水平的方法。对学前儿童进行测验一般采用个别测验，逐个进行，不宜用团体测验。测验法是一种专业性很强的研究方法，测验人员必须接受过一定的专业训练并取得相应资格才能使用。

D选项，实验法是研究者通过有目的地控制一定的条件以观测儿童的行为反应，从而揭示一定条件与某种行为之间关系的方法。

BCD选项均不符合题干描述，故本题选A。

2. C 【解析】本题考查幼儿意外事故的处理。幼儿有时会将纸团、小珠子、豆粒等塞入鼻孔，形成鼻腔异物。若疏于医治，可出现大量带黏液的血脓性分泌物。一旦发现幼儿将异物塞进一侧鼻孔，千万不要用镊子试图将异物夹出，尤其是圆滑的异物很难夹住，越捅越往深处走。正确的做法是：让幼儿将无异物的鼻孔按住，然后用力擤鼻；还可用羽毛、纸刺激幼儿鼻黏膜，引起喷嚏反射。如果上述方法排不出异物，则应到医院处理。ABD 选项的处理措施均正确，故本题选 C。

3. A 【解析】本题考查幼儿骨骼的特点。骨的成分组成是有机物和无机盐。有机物使骨具有弹性和韧性，无机盐使骨具有硬度和脆性。幼儿骨骼有机物的含量多，无机盐的含量较少，因而硬度小，弹性大，可塑性强，容易发生弯曲变形。不良姿势可能会导致骨骼发育异常，并影响其生理功能的正常发挥和生命活动的正常进行。因此应从小培养幼儿坐、立、行的正确姿势，保证其骨骼的正常生长发育。

4. D 【解析】本题考查儿童情绪的发展。情绪自我调节是指利用一定的策略来调整自身的情绪状态，使其强度得到缓解，从而达到个体追求的行为目标。随着年龄的增长，儿童对情绪过程的自我调节越来越强。题干中小军的表现属于运用语言暗示的方法进行情绪调节。故本题选 D。

A 选项，情绪理解是指儿童理解情绪的原因和结果的能力，以及应用这些信息对自我和他人产生适当情绪反应的能力。

B 项，情绪表达是指个体将其情绪体验，经由行为活动表露于外，从而显现其内心感受，并借以达到与外界沟通的目的。情绪表达有很多种不同的方式，如语言文字、图画符号、身体活动等。

C 项，情绪识别能力是指个体觉察自身、识别他人情绪的能力，它是重要的情绪理解能力之一。

5. B 【解析】本题考查 1 ~ 3 岁儿童健康检查的频率。《托儿所幼儿园卫生保健工作规范》规定，1 ~ 3 岁儿童每年健康检查 2 次，每次间隔 6 个月；3 岁以上儿童每年健康检查 1 次。所有儿童每年进行 1 次血红蛋白或血常规检测。1 ~ 3 岁儿童每年进行 1 次听力筛查；4 岁以上儿童每年检查 1 次视力。

6. C 【解析】本题考查自闭症的典型表现。自闭症也称坎纳综合征，也有人译为孤独症，这是一种严重的发展障碍，会有严重的社交和言语困难。自闭症的典型表现主要有三个方面：(1)社会交往方面的严重障碍。自闭症的幼儿因缺乏社会兴趣，对一切人，甚至他们的父母，都表现得很冷漠。(2)语言交往方面的障碍。很多自闭症幼儿终身有失语症或只能说极为有限的单词,其语言应用能力也很低。患儿在语言的声调、重音、速度、节律及音调等方面均可能表现出异常。还有不少自闭症幼儿时常出现尖叫,这种情况有时能持续至五六岁或更久。(3)行为兴趣和活动方面的狭窄、刻板和重复性质。C 选项,胆小怕生是性格方面的表现,不属于自闭症儿童的典型表现。故本题选 C。

7. D 【解析】本题考查客体永久性。皮亚杰认为,婴儿在出生后的头几个月里不存在客体永久性观念,具体表现在当一个原先存在于婴儿视野中的物体从他们的视野中消失后,婴儿就不会再去寻找或抓握,表明他们以为物体已经没有了。7 个月以后的婴儿才会继续寻找从他们视线中消失的物体,他们已经知道物体虽然从视线中消失,但一定在什么地方,表明他们已经获得了客体永久性。题干中,贝贝会寻找盒子中的玩具,表明贝贝已具备了客体永久性。

A 选项,守恒性即儿童认识到客体在外形上发生了变化,但特有的属性不变。守恒是具体运算阶段儿童的思维特点。A 项不符合题干描述。

B 选项,思维的间接性是指思维总是以一定事物为媒介来反映那些不能直接作用于感官的事物。也就是说,借助于中介物认识某事物。B 项不符合题干描述。

C 选项,可逆性即思考问题时可以从正面去想,也可以从反面去想;可以从原因看结果,也可以从结果去分析原因。可逆性是具体运算阶段儿童的思维特点。C 项不符合题干描述。

8. B 【解析】本题考查学前儿童语法的发展。A 选项,单词句是指用一个词代表的句子。

B 选项,双词句又称电报句,是由 2 个词组成的不完整句,有时也由 3 个词组成。一般出现于 1 岁半 ~2 岁左右。电报句表达的意思比单词句明确,因为它已具备句子的雏形。电报句的主要特点是语句断续、简略,结构不完整,句子的成分常常缺漏,主要使用名词、动词、形容词等实词,而略去连词、介词、指示词、助词等虚词,类似人们打电报时所用的语言。

C 选项,简单句指句法结构完整的单句。

D 选项,复合句指由两个或两个以上意思关联比较密切的单句组成的句子。

题干中婴儿说“妈妈抱”“要牛奶”“外面玩”等属于双词句,故本题选 B。

9. C 【解析】本题考查《幼儿园教育指导纲要(试行)》。《幼儿园教育指导纲要(试行)》第四部分教育评价第四条指出,幼儿园教育工作评价实行以教师自评为主,园长以及有关管理人员、其他教师和家长等参与评价的制度。

易错提示:考生需要注意:管理人员、教师、幼儿及其家长均是幼儿园教育评价工作的参与者,但是教育工作的评价以教师自评为主,其他人员参与评价。

10. A 【**解析**】本题考查张雪门"行为课程"的理论基础。行为课程强调生活就是教育,重视孩子们在幼儿园中生活的实践。该课程理念受到民国时期杜威来华宣扬实用主义的影响,与杜威的"以儿童为中心""做中学"教育思想一脉相承,重视儿童在幼儿园中的主体地位,更将杜威的教育理念与中国的实际国情结合,在不断的实践、修正中,最终形成了适合我国国情的幼儿园课程体系。

二、简答题(参考答案)

11. 结合下图,请举例说明幼儿记忆发展的特点。

该图说明在整个幼儿期,有意记忆与无意记忆都处于发展之中,具体如下:

(1)无意记忆占优势。

①无意记忆的效果优于有意记忆。如幼儿很容易记住电视中的广告词,但很难记住成人要求背诵的诗词。②无意记忆的效果随年龄的增长而提高。如,给小、中、大三个班的幼儿讲同样一个故事,事先不要求识记,过了一段时间以后进行检查。结果发现年龄越大的幼儿,无意识记的效果越好。③无意记忆是积极认知活动的副产物。幼儿的无意记忆是在完成感知和思维任务过程中附带产生的结果。

(2)有意记忆逐渐发展。

儿童的有意记忆是在成人的教育下逐渐产生的。到了小学阶段,有意记忆的效果才赶上无意记忆。成人在日常生活和组织幼儿进行各种活动时,经常向他们提出记忆的任务,如背诵儿歌时,要求他们尽快记住。这一切都是促使幼儿有意记忆发展的手段。

(共15分。答出"有意记忆与无意记忆都处于发展之中""无意记忆占优势,有意记忆逐渐发展"的特点得7分;答出"无意记忆的效果优于有意记忆""无意记忆的效果随年龄的增长而提高""无意记忆是积极认知活动的副产物""小学阶段有意记忆的效果才赶上无意记忆"等关键点5分;举例恰当且阐述合理2~3分)

12. 简述幼儿教师"以幼儿为本"基本理念的内涵。

(1)尊重幼儿权益,以幼儿为主体,充分调动和发挥幼儿的主动性;

(2)遵循幼儿身心发展特点和保教活动规律,提供适合的教育,保障幼儿快乐健康成长。

（共15分。答案完整得满分。答出“尊重幼儿权益”“遵循幼儿身心发展特点和保教活动规律”等关键点可得8～10分）

三、论述题（参考答案）

13. 有人将《幼儿园教育指导纲要（试行）》中五个领域的教育内容理解为分科上五门课，这种观点错在哪里？

（1）学前儿童五大领域课程基本上是一种广域课程或综合课程。也就是说，尽管它也是以学科为中心来组织的，但学科知识的分类并不严格、精细，而是把相关的知识囊括在一个相对大的“领域”之内。因而，幼儿园课程中更多使用的是学习“领域”，而不是“科目”这个词。“领域”也不是几种学科知识简单的拼凑，而是按知识之间的内在联系和学前儿童的心理发展而组成的有机整体。

（2）学前儿童五大领域课程基本上是一种“前学科”课程。一方面，幼儿园学科内容的逻辑体系相对比较松散，只扼要地提供了某些与学前儿童的生活和发展关系密切的“有用”知识，这些知识固然要从学科的角度考虑其系统性，但更要符合学前儿童的认识规律。另一方面，学前儿童所能掌握并对其心理发展有积极促进作用的知识体系，不是以科学概念为核心组织起来的理论层次的学科体系，而是以表象或初级概念为基础和核心组织起来的经验层次的“前学科”体系。

（3）学前儿童五大领域课程仍强调与生活的联系，强调直接经验。严格的学科中心课程比较重视间接经验的传递，容易与学生的生活实际相脱离。而幼儿园五大领域课程具有一定的整合性，内容的组织必须结合生活，联系实际，加强有关知识之间的有机联系。

（4）学前儿童五大领域课程仍服务于学前儿童的“一般”发展。学前儿童五大领域课程仍服务于学前儿童的“一般”发展，即基本素质的提高，而不以掌握学科知识和专门的技能为主要目的。也就是说，在学前儿童教育阶段，各学科领域都不宜过于强调自身的“学科性”以及“特殊的专业价值”，而更要注重的是该学科领域对学前儿童的情感态度、认知、社会性、动作技能等方面的发展价值。

（共20分。从“五大领域课程是综合课程”“五大领域课程是一种前学科课程”“五大领域课程强调与生活的联系”“五大领域课程服务于学前儿童的一般发展”的角度回答每点5分。阐述合理、逻辑清晰可得15～20分）

四、材料分析题(参考答案)

14.(1)材料中豆豆出现这种情况的原因可能有:

①父母的惩罚。家庭中,父母对孩子消极的教养态度和抚养方式可能导致幼儿的攻击性行为。材料中豆豆出现打玩偶的原因可能是模仿了父母对自己的惩罚。

②大众传播媒介(榜样)。大众传播媒介里的攻击性榜样会增加幼儿以后的攻击性行为,幼儿会从电视、电影等的暴力节目中观察学习到各种具体的攻击性行为。材料中豆豆出现打玩偶的原因可能是从电视、电影中学习到了攻击性行为。

③强化。当幼儿出现攻击性行为时,父母或教师不加制止或听之任之,就等于强化了幼儿的侵犯行为。材料中李老师发现豆豆经常会打玩偶,表明在之前的行为中教师或家长并没有对豆豆的攻击性行为进行引导,事实上强化了豆豆的攻击性行为。

④挫折。攻击性行为产生的直接原因主要是挫折。挫折是人在活动过程中遇到障碍或干扰,使自己的目的不能实现、需要不能满足时的情绪状态。材料中豆豆出现打玩偶的原因可能是在角色游戏中遇到了挫折,自己无法解决,因而通过打玩偶的行为发泄自己的情绪。

⑤自身的个性特点。有的幼儿较为冲动,不善于与人交往,因此在游戏、生活中常常不能很好地适应,甚至出现破坏行为。材料中的豆豆出现打玩偶的行为可能与该幼儿年龄小、性格冲动,不善于与人交往有关。

(共8分。从“父母的惩罚”“大众传播媒介”“强化”“挫折”“自身的个性特点”等角度回答,理论依据准确、充分5分,结合材料分析恰当3分)

(2)针对豆豆的情况,教师可以从以下几个方面进行引导:

①创设良好环境,控制环境和传媒的影响;②改善亲子关系,纠正家长不正确的教育方法;③提高儿童的自控能力和交往技能,帮助儿童掌握解决社会性冲突的技能;④提高儿童的社会认知水平和移情能力;⑤引导儿童掌握合理的心理宣泄方法;⑥及时表扬和奖励儿童的亲社会行为。

(共12分。每条2分,答案完整得满分。答出“创设良好环境”“改善亲子关系”“提高自控能力和交往技能”“提高社会认知水平和移情能力”“掌握合理的心理宣泄方法”“及时表扬和奖励亲社会行为”等关键点,逻辑清晰、表述合理可得8~10分)

15.材料中小明的表现主要体现了自我意识结构中自我评价的特点。自我评价能力的发展是自我意识发展的重要标志。整个幼儿期,幼儿对自己的评价能力不高,仍处于学习评价和前自我评价的阶段,这是因为自我评价能力的发展与其认识、情感的发展水平密切相关。材料中小明自我评价的特点有：

(1)小明的评价以依从性评价为主。幼儿初期对自己或别人的评价带有依从性，往往是成人评价的简单复述。材料中小明说“老师说我爱帮助人”体现了依从性评价的特点。

(2)小明的评价是个别方面的评价。4 岁的幼儿可以进行自我评价,但主要是个别方面或局部的自我评价。材料中小明说“值日得了小红花”“画画也画得特别好”等是对自己个别方面的评价。

(3)小明的评价是对自己外部行为的评价。幼儿基本上是对自己的外部行为进行自我评价,不能深入到对自己内心品质进行自我评价。材料中小明描述的“画画也画得特别好”等都是对自己外部行为的评价。

(4)小明的评价带有主观情绪性。幼儿的自我评价常常不从具体事实出发,而是从情绪出发,带有主观片面性。在一般情况下,幼儿总倾向于过高评价自己。材料中小明不愿意接受别人的批评,认为自己是全班最棒的,说明其评价带有强烈的主观情绪性。

(共 20 分。答出“小明的表现主要体现了自我评价的特点”得 4 分。从“依从性评价为主”“个别方面的评价”“对自己外部行为的评价”“主观情绪性”角度回答,每点 4 分,其中给出理论依据每点 2 分,结合材料分析每点 2 分)

五、活动设计题(参考答案)

16.　　小豆芽(中班科学活动)

一、活动目标

1. 了解豆芽的生长顺序,知道豆芽生长过程中需要提供适宜的生长条件;

2. 能够用图画表现豆芽生长过程,并能将生长阶段和所需条件正确对应;

3. 喜欢参加科学活动,对植物的生长变化感兴趣。

二、活动准备

班级植物角发好的豆芽,一把绿豆;记录了豆芽生长过程的视频;讲述豆芽生长条件的 PPT 课件;绘画用的相关材料;代表生长条件的“温度计、黑色纱布、水”等贴纸。

三、活动过程

1. 魔术导入,引发幼儿兴趣,引出活动主题

教师出示绿豆,以变魔术的形式,将绿豆变成绿豆芽,引发幼儿的兴趣。通过提问,引导幼儿思考绿豆和绿豆芽之间的关系,引出本次的活动主题。

教师:大自然是一位神奇的魔术师,可以把绿豆变成绿豆芽。它是怎么做到的呢?大家的想法非常有趣,我们来看看究竟是不是这样吧!

2. 播放视频,初步感知豆芽的生长过程

教师播放提前准备好的豆芽生长过程的视频,引导幼儿仔细观看并鼓励幼儿大胆表达,并结合视频内容梳理豆芽的生长过程。

教师:绿豆是怎么变成小豆芽的呢?视频中的小豆芽看起来像什么?

小结:绿豆泡在水里会长出小芽,像动物的短尾巴;后来绿豆里长出了绿色的小叶子,像一只小蜗牛;小尾巴越长越长,像一只小蝌蚪;最后,绿豆皮掉了下来,变成了细细长长的小豆芽。

3. 播放课件,深入探究豆芽的生长条件

教师播放课件,引导幼儿观察豆芽生长过程中,老师都做了哪些事情,并猜测原因,深入理解豆芽的生长过程,体会自然的神奇和种植的辛苦。

教师:豆芽放在了哪里?老师每隔一段时间会做什么?豆芽盆的旁边放了什么?

小结:发绿豆芽的过程中,要注意避光;每隔几个小时,要用清水冲洗豆芽;在发豆芽期间,要注意保持温度,不能太冷或太热。

4. 绘图匹配,巩固提升对豆芽生长过程和生长条件的理解

教师组织小朋友为豆芽制作"成长记录册",画出豆芽生长的过程,并将教师准备好的贴纸贴在不同的时间段,提示生长条件的变化。

教师组织幼儿分享自己制作的"成长记录册"。

5. 活动结束,教师总结

教师引导幼儿分享其他植物的生长变化过程,引发幼儿对植物生长的好奇。

四、活动延伸

鼓励幼儿回家后,和爸爸妈妈一起试着"变魔法",尝试用绿豆发豆芽,体会大自然的神奇。

评分标准参考如下:

(1)活动名称(共1分。名称和年龄段适宜1分)

(2)活动目标(共3分。缺乏认知、行为、情感任意一方面的目标扣1分)

(3)活动准备(共2分。若在具体活动过程中用到但在活动准备环节没有体现扣1分)

(4)活动过程(共23分。①选择能吸引幼儿注意力的导入方式2分,若导入方式不能充分引发幼儿兴趣,在不偏离主题的情况下可酌情给1分;②活动过程步骤清晰、注重幼儿主动探究19分,写出大致活动过程,在不偏离主题的情况下可酌情给10~13分;③结束环节能让幼儿保持愉快情绪并强化活动效果2分,若仅是对活动做最后总结可酌情给1分)

(5)活动延伸(共1分。活动延伸环节具体可行并能渗透不同领域的教育1分,若仅是对活动的机械重复可酌情给0.5分)

2022年下半年中小学教师资格考试真题试卷(三)

一、单项选择题

1. C 【解析】本题考查《3~6岁儿童学习与发展指南》。《3~6岁儿童学习与发展指南》说明部分指出,幼儿的学习是以直接经验为基础,在游戏和日常生活中进行的。要珍视游戏和生活的独特价值,创设丰富的教育环境,合理安排一日生活,最大限度地支持和满足幼儿通过直接感知、实际操作和亲身体验获取经验的需要,严禁"拔苗助长"式的超前教育和强化训练。

2. D 【解析】本题考查《幼儿园工作规程》。《幼儿园工作规程》中指出,我国幼儿园的任务是:贯彻国家的教育方针,按照保育与教育相结合的原则,遵循幼儿身心发展特点和规律,实施德、智、体、美等方面全面发展的教育,促进幼儿身心和谐发展。因此,幼儿园保育和教育工作从根本上来说是为了满足幼儿发展的需要。故本题选D。

3. B 【解析】本题考查建立良好师幼关系的前提。尊重和理解幼儿的各种需要,是建立和发展良好师幼关系的前提和基础。幼儿年龄虽小,但他们和成人一样,有各种需要,包括生理的需要和心理的需要。尊重幼儿,就要尊重并满足幼儿的各种需要。只有在幼儿的各种需要得到满足的情况下,他们才能形成对周围世界的安全感和信任感,才能形成健全的人格。

4. A 【解析】本题考查《3~6岁儿童学习与发展指南》。《3~6岁儿童学习与发展指南》语言领域指出,幼儿的语言能力是在交流和运用的过程中发展起来的。应为幼儿创设自由、宽松的语言交往环境,鼓励和支持幼儿与成人、同伴交流,让幼儿想说、敢说、喜欢说并能得到积极回应。故本题选A。

5. A 【解析】本题考查制定一日活动计划的依据。幼儿园教育目标的制定受到若干因素的制约，最主要的因素是社会和幼儿。社会的要求和幼儿身心发展的规律是确定幼儿园教育目标的主要依据。而一日活动是对儿童进行全面发展教育的基本途径。因此，制定一日活动计划主要是依据社会发展和幼儿身心发展的规律。

6. D 【解析】本题考查学前儿童发展常用的研究方法。作品分析法又称活动产品分析法，它是通过分析学前儿童的作品来了解学前儿童发展状况的一种方法。儿童的作品有很多，如绘画、手工作品等。通过这些作品，可以考察学前儿童的能力、倾向、技能、情绪状态等心理活动。故本题选 D。

A 项，调查法是通过家长、教师或其他熟悉被调查幼儿的人，以了解幼儿心理的方法。

B 项，自然观察法是指在日常生活的自然状态下，有目的、有计划地对幼儿的行为进行直接的观察、记录，从而获得幼儿发展信息的方法。

C 项，实验法是研究者通过有目的地控制一定的条件以观测幼儿的行为反应，从而揭示一定条件与某种行为之间关系的方法。

7. C 【解析】本题考查幼儿记忆发展的特点。形象记忆是根据具体的形象来识记各种材料。在儿童语言发生之前，其记忆内容只有事物的形象，即只有形象记忆。儿童语言发生后，直到整个幼儿期，形象记忆仍然占主要地位。故本题选 C。

8. B 【解析】本题考查敏感期的概念。敏感期是指个体比其他时候更容易获得新行为模式的发展阶段，换句话说，敏感期就是儿童学习某种知识和行为比较容易，儿童心理某个方面发展最为迅速的时期，又叫最佳期。错过了敏感期或最佳期，不是不可以学习或形成某种知识或能力，但是比起敏感期或最佳期来说，就较为困难，发展比较缓慢。故本题选 B。

A 项，儿童在反抗期中的反抗，主要是指依赖与自主之间的纠葛，以及由于对立而造成的子女与父母之间的矛盾冲突。这种状态的延续阶段就是反抗期。三四岁幼儿处于第 反抗期，在其身心发展的过程中，表现出一种对教育不太有利的独立行动与对抗行为。

C 项，转折期是指在儿童心理发展的两个阶段之间，有时出现的心理发展在短时期内急剧变化的情况。

D 项，危机期是指在发展的某些年龄时期，儿童心理常常发生紊乱，表现出各种否定和抗拒行为的现象，如经常与人发生冲突，违抗成人要求等。

易错提示:关键期和敏感期是容易混淆的两个概念,考生要注意区分两者异同点。

(1)相同点:都是儿童容易发展某方面的时期。

(2)不同点:侧重强调二者影响程度的不同。

关键期的影响通常更为深远。表现在错过了关键期,发展的障碍难以弥补。例如,印度曾有一个被狼哺育长大的孩子卡玛拉,在7岁后才获救回到人类社会。由于多年和狼生活在一起,不会使用人类语言。人们努力通过教育和训练想使她学会说话,但收效甚微,其根本原因就是错过了发展的"关键期"。

而在敏感期之后,个体仍然可以通过学习获得相关的技能或知识。只是错过了敏感期,发展会比较缓慢。

9. D 【**解析**】本题考查幼儿攻击性行为的影响因素。幼儿攻击性行为的影响因素有:(1)父母的惩罚;(2)大众传播媒介(榜样);(3)强化;(4)挫折。其中,大众传播媒介里的攻击性榜样会增加幼儿以后的攻击性行为,幼儿会从这些电视、电影暴力节目中观察学习到各种具体的攻击性行为。更为重要的是,电视、电影人物的经历会使许多幼儿将武力视为解决人际冲突的有效手段,并在现实生活中依靠攻击性行为来解决与他人的矛盾。

10. A 【**解析**】本题考查学前儿童情绪发展的一般趋势。儿童最初出现的情绪是与生理需要相联系的。随着年龄的增长,儿童情绪逐渐与社会性需要相联系。

二、简答题(参考答案)

11. 简述幼儿无意想象的主要表现。

(1)想象的目的性不明确;

(2)想象的主题易受外界的干扰而变化,内容零散,无系统;

(3)想象过程受兴趣和情绪的影响;

(4)以想象的过程为满足。

(共15分。答出"目的性不明确""主题易变""内容零散""受兴趣和情绪的影响""以想象的过程为满足"等关键点每点3分)

12. 简述游戏对幼儿发展的作用。

(1)游戏促进幼儿身体的发展:①游戏提高幼儿肌肉的协调性和灵活性;②幼儿的感觉运动能力得到发展;③有助于幼儿增加对身体机能的认识。

(2)游戏促进幼儿认知和语言的发展:①游戏提高了幼儿的感知能力;②游戏激

发了幼儿的想象力;③游戏发展了幼儿的思维能力;④游戏培养了幼儿的语言能力。

(3)游戏促进幼儿创造力的发展:①游戏为幼儿提供了宽松的心理氛围;②游戏激发了幼儿的探究行为,有利于幼儿发散性思维的形成。

(4)游戏促进幼儿情感的发展:①游戏使幼儿有机会表现自己的情感;②游戏能使幼儿充分体验到快乐之情;③游戏能起到缓解幼儿的紧张心理、降低幼儿的惧怕情绪的作用;④游戏能使幼儿进行情感宣泄。

(5)游戏促进幼儿社会性的发展:①游戏有助于克服幼儿的自我中心;②游戏培养了幼儿的合群行为;③游戏发展了幼儿遵守规则的能力。

(共15分。从"身体""认知和语言""创造力""情感""社会性"等角度回答,每点3分)

三、论述题(参考答案)

13. 教育家陈鹤琴认为,幼儿的发展具有整体性。虽然他把教学内容划分为健康、社会、科学、艺术和文学,但是他认为,它们之间应该相互贯通,为一个整体,正如人的手指和手掌的关系。

请结合陈鹤琴的整体性思想,说一说什么是学习与发展的整体性?如何在一日生活中切实做到?

(1)①《3~6岁儿童学习与发展指南》中五个领域是分别表述的,但这并不是说各领域是彼此分离、各自为政的。相反,《3~6岁儿童学习与发展指南》的各领域都是相互联系、相互支撑的。我国著名幼儿教育家陈鹤琴先生曾经把幼儿园课程划分为健康活动、社会活动、科学活动、艺术活动和文学活动,并将它们比喻为"五指活动",即"这五个活动是一个整体,如人的手指与手掌,手指只是手掌的一部分,其骨肉相连,血脉相通"。这生动地说明了各领域是不可分割的。同理,幼儿各领域的学习与发展也是不能彼此分裂的。

②作为从自然人向社会人过渡的生命体,幼儿阶段需要完成的课题不仅是身体的发育,还有艰巨的心理发展任务;不仅需要发展他们的智力、才艺,还需要发展他们不可缺少的情感态度、行为习惯、能力技能等。而幼儿各个方面的发展并不是彼此孤立地进行的,各方面的发展之间,都有着不可分割的联系。也就是说,幼儿的学习与发展具有整体性。《3~6岁儿童学习与发展指南》的"说明"部分强调"关注幼儿学习与发展的整体性。儿童的发展是一个整体,要注重领域之间、目标之间的相互渗透和整合,促进幼儿身心全面协调发展,而不应片面追求某一方面或几方面的发展"。

(2)①遵循幼儿学习与发展的整体性规律，最重要的是应尊重幼儿的生活与游戏。幼儿的生活与游戏本身就具有天然的整体性，没有任何一个幼儿的生活可以按领域划分为“语言”的生活、“科学”的生活、“艺术”的生活等，生活中的任何事件都真实而自然地融合着各领域的知识。幼儿各领域的学习与发展也在其生活和游戏中自然地发生并一体化地进行。比如在家庭里，当家长和幼儿一起看电视，一起选择、议论电视节目时，幼儿就在进行艺术的、语言的、社会的等各方面的学习。

②除生活活动、游戏活动之外，还有许多其他的活动形式，特别是在幼儿园里，教师应根据幼儿的实际，组织各种教育活动，有本身综合性就很强的主题活动、方案活动、单元活动等，也有侧重某领域的集体、小组教学活动等。需要明确的是，任何形式、任何内容的教育活动都能够、也必须遵循幼儿学习与发展的整体性。如教师根据幼儿在折纸活动中的具体表现，调整活动的教学方法，降低折纸的难度。

（共20分。答出“学习与发展的整体性”的含义得10分，其中分别从“《指南》”和“五指活动”的角度回答每点5分。从“尊重幼儿的生活和游戏”“教师组织各种综合性的活动”的角度回答在一日生活中落实，每点5分。内容完整、逻辑清晰可得15~20分）

四、材料分析题(参考答案)

14. 蒙蒙的奶奶阻止蒙蒙和其他小朋友正常交往的做法是不恰当的。

从同伴关系对幼儿的发展作用来看:(1)同伴关系给予幼儿安全感和归属感。同伴关系对于儿童的情感发展具有支持作用，在交往的过程中儿童得到同伴的接受，满足情感的需要，从而产生安全感和归属感，材料中蒙蒙奶奶的拒绝会让蒙蒙难以满足这种情感需要。幼儿的社会关系不应该只有成人，更多的是同伴关系。

(2)同伴关系有利于儿童学习社交技能和策略，促进其社会性行为向积极、友好的方向发展。在同伴交往中，幼儿会遇到各种各样不同的场合和情景，这就要求幼儿能根据不同场合做出不同反应，发展多种社交技能和策略，从而来适应这种变化。材料中蒙蒙奶奶因为担心蒙蒙被欺负而不让蒙蒙进行同伴交往，但实际上幼儿能在同伴交往过程中提高社交技能。

(3)同伴交往有利于促进儿童认知能力的发展。幼儿之间具有个体差异，每个人的生活环境、经验、认知都是不同的，在面对同一事物时每个人的反应也不一样。他们会通过互相观察来进行学习，通过交流来分享经验，从而使认知能力得到提升。材料中蒙蒙奶奶的做法会让蒙蒙难以接触到其他同伴，无法在同伴关系中提升认知能力。

(4)同伴交往有助于儿童自我意识和人格的发展。儿童交往就像照镜子,为孩子自我评价提供参照,让孩子更好地认识自己,同时也能在好的交往环境下促进人格的健康发展,良好的同伴关系甚至可以抵消不良环境对其造成的影响。材料中蒙蒙奶奶的做法让蒙蒙难以真正地认识自己,不能形成良好的自我意识和人格。

(5)同伴交往可以帮助儿童去自我中心。幼儿具有自我中心性的特点,容易站在自己的角度思考问题。在与同伴这种平等互惠的关系中,幼儿会认识到别人的想法,改变自己不合理的想法,学会与人相处,所以同伴关系能帮助孩子去自我中心。材料中的蒙蒙缺乏与同伴交往的机会,难以主动去站在别人的角度看问题,做到去自我中心。

综上所述,材料中蒙蒙奶奶制止蒙蒙的交往行为是不恰当的,这会使得同伴关系的作用难以体现,甚至会导致蒙蒙不自信、孤僻、不愿交往,成为问题幼儿。

(共 20 分。从“给幼儿安全感和归属感”“社会性行为”“认知能力”“自我意识和人格”“去自我中心”等角度回答,每点 4 分)

15. 张老师的做法有待改善,李老师的做法是值得我们学习的。具体原因如下:

(1)张老师和李老师都遵循了环境创设的教育性原则。幼儿园环境的教育性体现在环境作为一种教育影响的存在,在创设时要依据教育目标的需要,有目的、有计划、有组织地提供更多的刺激或可供幼儿模仿学习的因素,使幼儿得到全面的发展。材料中张老师和李老师在春天来临之际,设计了关于春天的环境创设,在环境创设中体现了教育目标,在潜移默化中影响了幼儿。

(2)李老师遵循了环境创设的幼儿参与性原则,而张老师却没有做到。幼儿参与性原则是指环境的创设过程是幼儿与教师共同合作、共同参与的过程。材料中张老师直接自己进行了环境创设,并没有让孩子参与到环境创设的过程中,没有体现环境创设的幼儿参与性原则。而李老师在环境创设的过程中只画了树干,并希望幼儿能随时将自己看到的信息用剪纸、绘画等方式反映出来,使幼儿融入环境创设中,体现了环境创设的幼儿参与性原则。

(3)李老师的做法能够更好地促进幼儿想象力和创造力的发展,而张老师的做法反而不利于幼儿想象力和创造力的发挥。幼儿的创作过程和作品是他们表达自己的认识和情感的重要方式,应支持幼儿富有个性和创造性地表达。材料中张老师限制了幼儿想象力的发展,而李老师为幼儿创造了条件和机会,促进了幼儿想象和创造力的发展。

（共20分。答出“张老师的做法有待改善，李老师的做法值得学习”得2分。从“环境创设的教育性原则”“幼儿参与性原则”“想象力和创造力发展”的角度回答每点6分，其中给出理论依据每点3分，结合材料分析张老师和李老师的做法每点3分）

五、活动设计题（参考答案）

16. 一、设计思路

大班幼儿由于缺乏对人民币的认识，所以在活动中会出现随意付款和收款的现象，针对这一情况以及大班幼儿的认知发展情况，设计了《好玩的买卖游戏》这一数学活动，既可以帮助幼儿认识人民币，也可以帮助幼儿发展数学认知能力，并让幼儿体会数学和生活之间的联系。

二、活动名称

好玩的买卖游戏（大班科学领域）

三、活动目标

1. 认识人民币，知道人民币要和物品价格对应才能购买物品。

2. 能根据物品的价格，正确支付相应面值的人民币，积极地参与到游戏中，并遵守游戏的规则。

3. 体验数学和生活之间的紧密联系，感知游戏的乐趣。

四、活动准备

物质准备：不同面值的人民币样品若干，贴有价格标签的玩具、书本、零食等材料若干。

经验准备：幼儿已了解人民币有不同的面值，有和家人一起用人民币购物的经验。

五、活动过程

1. 开始部分

教师向幼儿展示货品架，引起幼儿的兴趣。

师：小朋友们，今天我们的“小超市”要开始营业了，让我们一起来看一看小超市里都有什么吧。小朋友们都发现了它们有什么共同的地方吗？（玩具、书本、零食上都贴有价格标签）

2. 基本部分

（1）教师将不同面值的人民币发放给小朋友，引导小朋友们树立看标签价格购物的意识。

师：小朋友们，老师已经把不同面值的人民币给到每一位小朋友了，请小朋友们来看一看，怎么样才能买到我们想要的物品呢？（与标签价格相对应的人民币能够买到

对应的物品)

(2)教师拿出一个玩具,请幼儿出示对应价钱的人民币,并请其他幼儿来判断出示的对不对。

(3)教师出示大面额的人民币与价值较小的物品,请幼儿来判断应该找给顾客多少钱。

(4)引导幼儿与同伴进行讨论,并说一说自己想要购买的物品,与同伴展示自己手中对应的人民币,看一看自己的钱够不够。

(5)教师引导幼儿进行游戏,向幼儿介绍游戏的规则。

师:小小超市开张了,可是小小超市里没有售货员,谁愿意当售货员?

师:我们已经有了小小售货员,请其他的小朋友来到小小超市购买你想要的物品吧!小小售货员要看清楚小顾客手里的钱是多少,钱收多了要把多出来的钱找零给顾客。请开始吧。

(6)小顾客和售货员的身份互换,再一次进行游戏。

3. 结束部分

游戏结束,请小朋友们分享自己买了哪些物品,花了多少钱。

六、活动延伸

请小朋友们回家和自己的爸爸妈妈分享今天的游戏,并且在进行下一次购物游戏时能够将价钱与标签价格对应上。

评分标准参考如下:

(1)设计思路(共1分。设计思路合理、清晰1分)

(2)活动名称(共1分。名称和年龄段适宜1分)

(3)活动目标(共3分。缺乏认知、行为、情感任意一方面的目标扣1分)

(4)活动准备(共2分。若在具体活动过程中用到但在活动准备环节没有体现扣1分)

(5)活动过程(共22分。①选择能吸引幼儿注意力的导入方式2分,若导入方式不能充分引发幼儿兴趣,在不偏离主题的情况下可酌情给1分;②活动过程步骤清晰、注重幼儿主动探究18分,写出大致活动过程,在不偏离主题的情况下可酌情给10~13分;③结束环节能让幼儿保持愉快情绪并强化活动效果2分,若仅是对活动做最后总结可酌情给1分)

(6)活动延伸(共1分。活动延伸环节具体可行并能渗透不同领域的教育1分,若仅是对活动的机械重复可酌情给0.5分)

2022 年上半年中小学教师资格考试真题试卷(四)

一、单项选择题

1. A 【解析】本题考查学前儿童健康检查。根据《托儿所幼儿园卫生保健工作规范》规定,1 ~3 岁儿童每年健康检查 2 次,每次间隔 6 个月;3 岁以上儿童每年健康检查 1 次。所有儿童每年进行 1 次血红蛋白或血常规检测。1 ~3 岁儿童每年进行 1 次听力筛查;4 岁以上儿童每年检查 1 次视力。

易错提示:考生注意区分托幼园所人员的健康检查时间。

(1)幼儿。1 ~3 岁儿童每年健康检查 2 次,每次间隔 6 个月,即每半年健康检查一次;3 岁以上儿童每年健康检查 1 次。

(2)工作人员。每年进行 1 次健康检查。

2. B 【解析】本题考查儿童观。现代社会的儿童观认为:(1)儿童是人,具有与成年人一样的人的一切基本权益,具有独立的人格;(2)儿童是一个不断发展的整体,应尊重并满足儿童各种发展的需要;(3)儿童的发展具有个体差异性;(4)儿童具有巨大的发展潜能,在适当的环境和教育的条件下,应最大限度地发展儿童的潜力;(5)儿童具有主观能动性;(6)男女平等,不同性别的儿童应享有均等的机会和相同的权益,受到平等的对待。故本题选 B。

3. B 【解析】本题考查幼儿园环境创设的原则。幼儿园环境创设首先要考虑安全性。安全性原则不仅指幼儿园的园舍建筑、设施设备、活动场地、玩具教具等物质条件必须符合国家颁布的相关卫生标准和安全标准,还包括保教人员要为幼儿提供安全的心理环境,以确保幼儿在园内身体和心理没有危险和安全隐患。安全的幼儿园环境既是幼儿身心健康的基本保障,也是促进幼儿全面发展的基本条件。故本题选 B。

A 项,经济性原则是指幼儿园物质环境的创设要坚持低成本、高效益的原则,力求以最小的投入发挥最大的教育效益。与题干描述不符,故排除。

C、D 两项是幼儿园物质环境应具备的要素,为干扰项,故排除。

4. A 【解析】本题考查幼儿言语的形成阶段。儿童言语发展的基本规律是:先听懂,后会说。1 ~1.5 岁,儿童理解言语的能力发展很快,在此基础上,开始主动说出一些词;2 岁以后,言语表达能力迅速发展,逐渐能用较完整的句子表达自己的思想。

5. C 【解析】本题考查幼儿情绪的自我调节化表现。幼儿情绪的自我调节化表现之一为情绪从外显到内隐,即幼儿初期的儿童,不能意识到自己情绪的外部表现,他们的情绪完全表露于外,丝毫不加以控制和掩饰。随着言语和幼儿心理活动有意性的发展,幼儿逐渐能够调节自己的情绪及其外部表现。幼儿晚期情绪已经开始有内隐性。题干中,幼儿能掩饰自己的消极情绪,说明其情绪已经开始具备内隐性。故本题选 C。

A 项,情绪的深刻化是指情绪指向事物的性质的变化,从指向事物的表面到指向事物内在的特点。

B 项,情绪的丰富化表现在以下方面:一是情绪过程越来越分化;二是情绪所指向的事物不断增加。

D 项不属于幼儿情绪发展的特点,排除。

6. D 【解析】本题考查幼儿的自发性游戏。自发性游戏是指幼儿自己想出来的、自己发起的游戏,这种游戏完全符合游戏的特点,最贴近游戏的本质,也是幼儿最愿意玩的游戏。自发性游戏除了具备一般游戏的功能外,还特别有利于培养幼儿的自主性、独立性和创造性。幼儿只有有了一定的自主性,才可能成为自己活动的真正主体,才可能使以自主性为显著特征的游戏成为幼儿的基本活动。作为幼儿教师,应充分认识自发性游戏对幼儿的重要作用,应准许、支持并鼓励幼儿进行自发性游戏。D 项说法正确。

A 项,依据游戏中的教育目的性成分,可以将儿童的游戏分为自发游戏和教学游戏。

B 项,儿童的自发游戏是儿童的权利,应得到尊重。当然儿童的自发游戏有时也需要成人加以适当的引导,使游戏的题材和内容更加健康、有趣、积极。

C 项,教师组织的游戏和自发性游戏对幼儿发展的价值不同,但无论是教师组织的游戏还是自发性游戏都具有价值。

7. D 【解析】本题考查蒙台梭利的教育思想。蒙台梭利认为,儿童存在着与生俱来的“内在的生命力”(或称“内在潜力”)。她提出,生长是由于内在的生命潜力的发展而使生命力显现出来,教育的任务是激发和促进儿童的“内在潜力”的发现,并按其自身规律获得自然的和自由的发展。她主张不应该把儿童作为物体来对待,而应作为人来对待,儿童既不是成人和教师进行灌注的容器,也不是可以任意塑造的蜡和泥。教育家、教师和父母应该仔细地观察儿童、研究儿童,了解儿童的内心世界,发现“童年的秘密”,热爱儿童,尊重儿童个性,在儿童自由和自发的活动中,帮助儿童实现智力的、精神的和身体的、个性的自然发展。

8. D 【解析】本题考查影响儿童心理发展的因素。社会环境使遗传所提供的心理发展的可能性变为现实。人的心理发展就是在遗传因素的基础上,通过社会环境的作用得以实现的。人们在社会环境的影响下,获得一定的知识和经验,形成各种思想观点和行为习惯。一个人的身心能否得到发展和发展到什么程度都与他所处的社会环境分不开,社会环境对人的发展起着重要作用。离开社会环境的影响,心理也就不能得到发展。狼孩之所以不能形成并发展人的心理,其根本原因是从小就脱离了人的社会环境。

9. B 【解析】本题考查幼儿动作发展的基本规律。幼儿动作的发展遵循从上至下的规律,即儿童动作的发展,先从上部动作开始,然后到下部动作。儿童先学会抬头,然后能俯撑、翻身、坐和爬,最后学会站和行走,也就是离头部最近的部位的动作先开始发展。

10. B 【解析】本题考查前运算阶段幼儿思维发展的特点。所谓守恒,是指个体能够不因物体外在形状的变化或空间位置的改变而正确地感知物体的数、量、形的概念。前运算阶段的儿童没有获得守恒概念,认识不到在事物的表面特征发生某些改变时,其本质特征并不发生变化。题干中瑞瑞认为撒在桌子上的葡萄干比之前在碗里的葡萄干更多,表明瑞瑞没有掌握守恒概念,其思维处于前运算阶段。故本题选 B。

A 项,处于感知运动阶段的幼儿的典型特点包括:(1)感觉和动作的分化;(2)“客体永久性”的形成;(3)问题解决能力开始得到发展;(4)延迟模仿的产生。

C 项,处于具体运动阶段的幼儿的典型特点包括:(1)去自我中心性;(2)思维的可逆性;(3)守恒;(4)分类,这一阶段的儿童能够进行分类;(5)序列化,序列化是指能够根据大小、体积、重量或其他的一些特性对一系列要素进行心理上的排序。

D 项,处于形式运算阶段的儿童的思维已超越了对具体可感知的事物的依赖,儿童的思维是以命题形式进行的,并能发现命题之间的关系;能够根据逻辑推理、归纳或演绎的方式来解决问题;能理解符号的意义、隐喻和直喻;能做一定的概括,其思维发展到抽象逻辑推理水平。

方法技巧:前运算阶段幼儿的典型表现:自我中心性、思维的不可逆性、泛灵论、不具备守恒概念。

二、简答题(参考答案)

11. 简述积木游戏对幼儿发展的价值。

(1)对幼儿动作技能和动作思维的促进作用;

(2)对幼儿学习品质的促进作用;

(3)对幼儿空间能力的促进作用；

(4)对幼儿审美及创造性的促进作用；

(5)对幼儿人际交往能力的促进作用。

(共15分。从“动作技能和动作思维”“学习品质”“空间能力”“审美及创造性”“人际交往”等角度回答每点3分)

12. 从图中可以看出儿童神经系统发育有什么规律？

(1)神经系统发育迅速。儿童神经系统的成熟率6岁时已达成人的90%。

(2)神经系统的发育速度不均衡。儿童在0~6岁时神经系统发育速度最快，6岁以后趋于平稳发展。

(共15分。答出“发育迅速”“发育速度不均衡”2个关键点各5分；答出“6岁时神经系统成熟率达成人的90%”2分；答出“6岁前神经系统发育速度快，6岁后趋于平稳”3分)

三、论述题(参考答案)

13. 试述幼儿园教育应“渗透于幼儿园一日生活的各项活动之中”的理由，并举例说明。

(1)《幼儿园工作规程》中指出：幼儿园教育应当贯彻“综合组织健康、语言、社会、科学、艺术各领域的教育内容，渗透于幼儿一日生活的各项活动中，充分发挥各种教育手段的交互作用”的原则。幼儿园一日活动是促进幼儿全面发展的重要保证。教师要有目的、有计划地将体、智、德、美全面发展的教育内容渗透于幼儿一日生活的各种活动之中，体现生活即教育、教育生活化的思想。幼儿园一日活动的教育内容贴近幼儿生活经验和生活实际，加强教育与生活的联系，使幼儿园教育生活化，即“寓教育于一日生活之中”。如教师可针对班级幼儿不喜欢喝水的情况，在班级里设置“饮水打卡区”，给幼儿普及喝水的好处，引导幼儿形成良好的饮水习惯。

(2)《3~6岁儿童学习与发展指南》中指出：“幼儿的学习是以直接经验为基础，在游戏和日常生活中进行的。”与中小学教育不同，幼儿的学习侧重感性经验、直接经验的积累，他们是通过游戏、观察、操作在一日生活的活动之中获得各方面发展的，具有突出的生活性。同时，在丰富的社会生活中，儿童在亲身接触认识各种事物，形成已有知识经验的基础上，不断拓展其认识范围，生成新的、超出原有教育内容的知识经验。如教师在幼儿玩沙的过程中，可适当引导幼儿形成上下、里外等空间知觉，发展幼儿的想象能力与动手操作的能力。

(3)幼儿园教育的内容是广泛的，涉及儿童所接触的自然环境、社会环境、文学艺术等方方面面,具有广泛性、丰富性;但从儿童的认识水平和儿童阶段的教育任务看,这些教育内容又是粗浅的,具有启蒙性,教育过程中,并不强调教育内容的系统性和抽象逻辑性。幼儿园的教育内容及形式与幼儿一日活动是相匹配的,教师可以在不同的活动中渗透与活动主题相匹配的教育内容,启发儿童思维,培养儿童各方面的能力,使儿童在活动中接受教育、获得成长。如在洗手活动中教授儿童卫生知识,培养良好的卫生习惯。

(4)幼儿教育生活化和一日活动的整体性原则要求教师发挥一日活动的整体功能,充分认识和利用一日生活中各种活动的教育价值,通过合理组织、科学安排,让一日活动发挥一致的、连贯的、整体的教育功能,寓教育于一日活动之中。如在进餐活动中引导幼儿不偏食挑食,培养良好的用餐习惯等。

(共20分。从"《幼儿园工作规程》""《3~6岁儿童学习与发展指南》""幼儿园教育内容广泛""幼儿教育生活化和一日活动的整体性原则"等角度回答每点5分,其中理论知识阐述每点3分,举例说明每点2分)

四、材料分析题(参考答案)

14. 学前儿童对概念的掌握受其概括能力发展水平的制约。幼儿的概括能力主要属于动作水平和形象水平,后期出现抽象水平的萌芽。

(1)学前儿童掌握的概念,其内涵不精确,外延不适当。概念的内涵是指概念所反映的事物的本质含义,外延指的是概念适用的范围。学前儿童掌握的概念只反映事物外部的表面特征,而不能反映事物的本质特征。材料中,丁丁、鹏鹏和蓝蓝对"动物"的理解大都是从外部特征进行的,而没有看到本质特征;睿睿逐渐掌握了"动物"的本质特征,出现了抽象水平的萌芽。

(2)学前儿童以掌握实物概念为主,向掌握抽象概念发展。学前儿童所掌握的概念大都是实物概念,他们掌握的实物概念以低层次概念和具体特征为主。幼儿初期所掌握的实物概念主要是他们熟悉的事物,材料中丁丁说:"我们刚才说的大象、猴子、孔雀、斑马都是动物!"列举的是自己熟悉的动物,体现了这一特点;幼儿中期已能掌握实物某些比较突出的特征,由此获得实物的概念,材料中,鹏鹏说:"动物有的有腿,有的有翅膀,有的会跑,有的会飞,有的会在水里游……"是根据动物的突出特征进行的定义;幼儿晚期开始初步掌握某一事物的较为本质的特征,如共有的特征或若干特征的总和,材料中,睿睿说:"我觉得会自己动的,会吃东西的,都是动物。"是根据事物的本质特征进行的概括。

（共20分。从“掌握事物外部的表面特征和本质特征”“以实物概念为主，向抽象概念发展”等角度答出四个儿童的概念发展水平每点5分，其中结合理论知识阐述每点3分，结合材料阐述每点2分）

15.（1）①把幼儿的感受量化，使幼儿能观察到气象的细微变化；通过对风向标、温度计、雨量计等的使用，使幼儿初步学会对气象变化值的简单观测方法，培养幼儿的动手操作能力。②引导幼儿了解天气以及天气变化的状况，培养幼儿对探索气象科学的兴趣。③观察记录的教育手段可以激发幼儿乐学和向学的情绪；可以帮助幼儿回忆探索操作的活动过程；可以促进幼儿间的分享和交流活动的开展，进而培养幼儿的语言表达能力；能激起幼儿再实验、再验证、再发现的兴趣；可以促使幼儿将零散的知识经验不断地整合、系统化。④天气记录活动可以帮助幼儿了解规范的记录方法，有助于培养幼儿的实验记录能力，以便于后续实验活动更好地开展。

（共8分。从“学会对气象变化值的简单观测方法”“培养探索气象科学的兴趣”“观察记录教育手段的价值”“记录活动的价值”等角度回答每点2分，完整答出四个方面且层次清楚可得6~8分）

（2）A班教师直接呈现天气记录表格，能够让幼儿更清晰地知道记录的时间和周期，方便幼儿对于周期内天气变化做到系统的了解和把握，增强记录意识。B班教师直接发给幼儿白纸，没有限制幼儿的想象，引导幼儿在记录时自由发挥，使幼儿记录的方式更加多元化。随着幼儿记录时间的增长，可以使记录的内容日趋细致、深入。

（共12分。从AB两班教师的做法的角度答出两种记录方式对幼儿的发展意义，贴合材料、逻辑清晰可得10~12分）

五、活动设计题（参考答案）

16.　　　　一起来表演（大班语言活动）

一、活动目标

1. 了解《西游记》中的主要角色和大致情节内容，知道孙悟空打妖怪的目的和意义；

2. 能够根据故事内容进行角色表演；

3. 愿意主动参与活动，体验和小朋友一起进行角色表演的乐趣。

二、活动准备

物质准备：孙悟空、唐僧、沙和尚、猪八戒、玉皇大帝、妖怪等角色的头饰，《西游记》相关视频片段，孙悟空的图片等。

经验准备:小朋友们读过《西游记》中的一些故事。

三、活动过程

(一)导入部分

图片导入,引出主题

教师出示一张孙悟空的图片引起幼儿的兴趣,幼儿仔细观察图片的内容,并回答教师提问的关于图片的问题,从而引出活动主题。

师:请大家看看这是谁?是哪部动画片的角色?

(二)基本部分

1. 进行讨论,初步了解

教师引导幼儿对孙悟空这一角色进行讨论,说出孙悟空的标志性动作、语言。请幼儿大胆表达自己的想法。

师:大家知道孙悟空的标志性动作是什么吗?孙悟空标志性的语言是什么呢?

小结:教师总结幼儿的发言并进行夸奖,过渡到正式活动环节。

2. 播放视频,深入理解故事内容

教师播放准备好的《西游记》视频片段,幼儿通过观看视频,初步了解具体内容情节及主要角色特点。教师通过由浅入深提问的方式帮助幼儿进一步了解视频片段内容,知道孙悟空打妖怪的目的和意义,让幼儿自由地表达自己对于视频内容的理解。

师:视频中出现了什么角色?他们都在干什么?你觉得孙悟空这样做对吗?为什么?

师:孙悟空打妖怪是为了保护身边的人,保护自己的师父和朋友,我们也要学会保护身边的人,不可以欺负其他的小朋友哟!如果欺负别的小朋友,我们就像小妖怪一样,会被孙悟空和玉皇大帝惩罚。

3. 角色扮演,巩固提高

教师请幼儿离开小板凳,组织幼儿排队走到活动室,然后教师展示孙悟空、玉皇大帝、沙和尚、唐僧、猪八戒、妖怪等角色的头饰,请幼儿自由挑选自己喜欢的头饰进行表演。教师在幼儿表演的过程中进行巡视指导。

师:每位小朋友都做出了自己扮演角色的标志性的动作,说出了视频中角色的主要语言,表演得活灵活现,大家都很棒!都是厉害的小演员。

(三)活动结束,师幼总结

教师和幼儿共同总结在角色表演中的经验和教训,并播放结束音乐,小朋友们边唱边跳,让幼儿在音乐中感受活动的乐趣。

四、活动延伸

幼儿回家之后和爸爸妈妈一起讨论今天扮演的《西游记》的故事。

评分标准参考如下:

(1)活动名称(共1分。名称和年龄段适宜1分)

(2)活动目标(共3分。缺乏认知、行为、情感任意一方面的目标扣1分)

(3)活动准备(共2分。若在具体活动过程中用到但在活动准备环节没有体现扣1分)

(4)活动过程(共23分。①选择能吸引幼儿注意力的导入方式2分,若导入方式不能充分引发幼儿兴趣,在不偏离主题的情况下可酌情给1分;②活动过程步骤清晰、注重幼儿主动探究19分,写出大致活动过程,在不偏离主题的情况下可酌情给10~13分;③结束环节能让幼儿保持愉快情绪并强化活动效果2分,若仅是对活动做最后总结可酌情给1分)

(5)活动延伸(共1分。活动延伸环节具体可行并能渗透不同领域的教育1分,若仅是对活动的机械重复可酌情给0.5分)

2021年下半年中小学教师资格考试真题试卷(五)

一、单项选择题

1. D 【解析】本题考查最近发展区的概念。维果斯基认为,儿童的发展有两种水平,一种是已经达到的发展水平;另一种是儿童可能达到的发展水平,即儿童还不能够独立地完成任务,但在成人的帮助下,通过模仿等形式能够完成这些任务。这种儿童在成人的帮助和指导下所能达到解决问题的水平与在独立活动中所达到的解决问题的水平之间的差异就是“最近发展区”。故本题选D。

A项,弗洛伊德是精神分析理论的代表人物,他提出了人格由“本我”“自我”和“超我”三部分构成。

B项,马斯洛是美国当代人本主义心理学家,他的需要层次理论是最富有影响力的需要理论,他把需要分成了七个层次,即生理需要、安全需要、归属与爱的需要、尊重需要、求知需要、审美需要和自我实现的需要。

C项,皮亚杰提出了发生认识论,他将儿童认知发展分为四个阶段:(1)感知运动阶段;(2)前运算阶段;(3)具体运算阶段;(4)形式运算阶段。

2. A 【解析】本题考查3~6岁幼儿注意发展的主要特征。3~6岁幼儿注意发展的主要特征:无意注意占优势,有意注意初步发展。

3. A **【解析】**本题考查眼内异物的处理。处理眼内异物,不能用手或手帕揉擦,可让幼儿用力眨眼,利用泪水将异物带出;也可用温水或蒸馏水冲洗眼睛,还可翻开上、下眼睑,找到异物后用干净的棉签、纱布擦去。题干中洗手液溅进幼儿的眼睛里,教师首先要做的是用流动的水冲洗眼睛,故本题选择 A 选项。

4. B **【解析】**本题考查幼儿记忆发展的特点。幼儿记忆发展的特点:无意记忆占优势,有意记忆逐渐发展;记忆的理解和组织程度逐渐提高;形象记忆占优势,语词记忆逐渐发展;幼儿记忆的意识性和记忆方法逐渐发展。

5. D **【解析】**本题考查幼儿自我评价发展的特点。幼儿自我评价发展的特点包括:(1)从依从性的评价发展到对自己独立性的评价;(2)从对个别方面的评价发展到对多方面的评价;(3)先有对外部行为的评价,然后逐渐出现对内心品质的评价;(4)从具有情绪色彩的评价到根据行为规则的评价;(5)从只有评价没有依据发展到有依据的评价。

6. C **【解析】**本题考查《幼儿园教育指导纲要(试行)》的内容。《幼儿园教育指导纲要(试行)》艺术领域的内容与要求指出:提供自由表现的机会,鼓励幼儿用不同艺术形式大胆地表达自己的情感、理解和想象,尊重每个幼儿的想法和创造,肯定和接纳他们独特的审美感受和表现方式,分享他们创造的快乐。因此在绘画活动中,教师最应该强调的是让幼儿按照自己的意愿大胆表达。

易错提示:在幼儿的绘画活动中,教师不宜提供范画,特别不应要求幼儿完全按照范画来画。教师应尊重幼儿自发的表现和创造,并给予适当的指导。

7. A **【解析】**本题考查幼儿园教育的原则。正面教育原则是指在学前儿童社会教育中,教师要从正面进行引导,利用表扬、榜样、陶冶、说服等积极的教育方法引导幼儿辨别是非,掌握正确的行为准则。

8. C **【解析】**本题考查教师与家长沟通的根本目的。幼儿教师与家长沟通的根本目的是更好地促进幼儿的发展,增进家园情感。家园合作是指幼儿园和家庭都把自己当作促进儿童发展的主体,双方积极主动地相互了解、相互配合、相互支持,通过幼儿园和家庭的双向互动,共同促进儿童的身心发展。

9. D **【解析】**本题考查情绪的作用。情感的感染作用是指在一定的条件下,一个人的情感可以影响别人,使之产生同样的情感。此种以情动情的现象,称为情感的感染作用。情感的这种作用在幼儿期表现得尤为明显。例如,新生入园,班里有一个孩子哭,其他孩子也会莫名其妙地跟着哭。

10. D 【解析】本题考查《幼儿园教育指导纲要(试行)》的内容。《幼儿园教育指导纲要(试行)》中指出:教育活动内容的选择应充分考虑幼儿的学习特点和认识规律,既适合幼儿的现有水平,又有一定的挑战性;既符合幼儿的现实需要,又有利于其长远发展;既贴近幼儿的生活来选择幼儿感兴趣的事物和问题,又有助于拓展幼儿的经验和视野。

二、简答题(参考答案)

11. 简述种植活动对幼儿发展的价值。

(1)在种植植物活动中,幼儿亲历了植物的生长变化,能激发幼儿热爱自然、关爱生命的兴趣与情感。

(2)在种植活动中幼儿亲自操作,种植一些易于生长的植物,不仅能学习一些简单的劳动技能,而且能了解植物的外形特征和生活习性,从中获得很多有关植物生长的知识经验。

(3)在种植活动中,幼儿对植物进行观察、分析、比较、记录,有利于培养幼儿长期系统观察的能力,促进幼儿认知能力的发展。

(共 15 分。答出“激发热爱自然、关爱生命的兴趣与情感”“学习一些简单的劳动技能与获得有关植物生长的知识经验”“培养幼儿长期系统观察的能力”等关键点每点 5 分)

12. 根据下图说明儿童动作发展规律。

(1)从整体到局部规律:儿童最初的动作是全身性的、笼统的、弥漫性的,以后动作逐渐分化、局部化、准确化和专门化。

(2)首尾规律:儿童动作的发展,先从上部动作开始,然后到下部动作。

(3)近远规律:儿童动作的发展先从头部和躯干的动作开始,然后发展双臂和腿部的动作,再然后是手的精细动作。

(4)大小规律:儿童动作的发展,先从粗大动作开始,而后才学会比较精细的动作。

(5)无有规律:婴儿最初的动作是无意的,以后越来越多地受到心理有意的支配。

(共 15 分。答出“整体到局部规律”“首尾规律”“近远规律”“大小规律”“无有规律”等关键点并有简要说明每点 3 分)

三、论述题(参考答案)

13. 有家长说:"这家幼儿园天天让孩子玩,什么都没教。不教拼音,不教写字,孩子连字都认不了几个。"为什么说该家长的说法是错误的? 请说明理由。

(1)该家长未正确理解幼儿的学习方式和特点。《3~6岁儿童学习与发展指南》指出,幼儿的学习是以直接经验为基础,在游戏和日常生活中进行的。要珍视游戏和生活的独特价值,创设丰富的教育环境,合理安排一日生活,最大限度地支持和满足幼儿通过直接感知、实际操作和亲身体验获取经验的需要,严禁"拔苗助长"式的超前教育和强化训练。

(2)该家长未正确理解幼儿园教育的目的。《幼儿园工作规程》指出,幼儿园的任务是:贯彻国家的教育方针,按照保育与教育相结合的原则,遵循幼儿身心发展特点和规律,实施德、智、体、美等方面全面发展的教育,促进幼儿身心和谐发展。幼儿园应以游戏为基本活动,寓教育于各项活动之中。

(3)该家长未正确理解幼儿园教育活动内容的特点。幼儿园教育的内容是广泛的,涉及儿童所接触的自然环境、社会环境、文学艺术等方方面面,具有广泛性、丰富性;但从儿童的认识水平和儿童阶段的教育任务看,这些教育内容又是粗浅的,具有启蒙性,教育过程中,并不强调教育内容的系统性和抽象逻辑性。

(4)该家长未正确理解幼小衔接的实质。幼小衔接的实质是幼儿在入学之前,需要达到的身心全面发展的水平,包括健康的身体、主动性、独立性、人际交往能力、规则意识和任务意识等方面的培养。该家长将幼小衔接片面理解为学习拼音、会写字,忽视了幼儿行为习惯、心理适应等方面的衔接。

综上所述,该家长观念陈旧,未正确理解幼儿身心发展和学习的特点,具有明显的小学化倾向,故其说法错误。

(共20分。从"幼儿的学习方式与特点""幼儿园教育的目的""幼儿园教育活动内容的特点""幼小衔接的实质"等角度回答每点5分,其中给出理论依据每点3分,结合家长的错误说法回答每点2分)

四、材料分析题(参考答案)

14.(1)李老师组织这次活动需要解决的问题:

①引导毛毛正确对待戴眼镜这一行为;

②引导幼儿了解眼睛生病要治疗和保护眼睛的重要性。

(共8分。答出"引导毛毛正确戴眼镜""了解眼睛生病要治疗和保护眼睛"等关键点每点4分)

（2）①在生活中观察幼儿，根据幼儿的表现和需要，设计活动，给予适宜的指导。幼儿园教育活动内容应该主要来源于现实生活，教育活动应该是促进幼儿美好生活的有效途径。材料中，李老师通过观察毛毛的性格及行为变化，在与毛毛的交谈中了解幼儿的想法，并据此设计教育活动，表明李老师认识到了活动内容应来源于幼儿的生活，值得我们学习。

②善于倾听，和蔼可亲，与幼儿进行有效沟通。幼儿是在与周围环境的相互作用中得到发展的。教师要慢慢地开启幼儿的心灵，就需要用语言或非语言的方式与幼儿交流，交流的过程就是在相互作用，也就是沟通。材料中，李老师观察到毛毛戴眼镜后变得沉默还时不时把眼镜摘下来的情况后，与毛毛沟通，了解毛毛的心理状况，从而针对毛毛的情况开展活动，值得我们学习。

③幼儿园教师要创设符合幼儿兴趣需要、年龄特点和发展目标的环境，充分利用、合理设计活动空间，支持、引发和促进幼儿的活动，引导幼儿在游戏活动中获得身体、认知、语言和社会性等多方面的发展。材料中，李老师观察到毛毛的情况后采取集体活动的方式，不仅使毛毛正确对待戴眼镜这一行为，还引导班级中其他幼儿了解到眼睛生病要治疗，以及毛毛戴眼镜的原因，从而解决了毛毛怕被小朋友们笑话而不戴眼镜的问题，促进了幼儿的全面发展，值得我们学习。

（共12分。从"根据幼儿表现和需要设计活动""与幼儿进行有效沟通""创设情境促进幼儿全面发展"等角度回答每点4分，其中给出理论依据每点2分，结合材料合理阐述每点2分）

15.（1）幼儿5岁开始能以自身为中心辨别左右方位；6岁幼儿虽然能完全正确地辨别上下前后四个方位，但以左右方位的相对性来辨别左右仍然感到困难；7岁幼儿开始能够辨别以他人为基准的左右方位，以及两个物体之间的左右方位。幼儿方位知觉的发展早于方位词的掌握。材料中的幼儿动作出现混乱的原因有：①教师在指导过程中使用了方位词，幼儿不能很好地理解；②教师在指导过程中是以"止面示氾"的力式，即以教师自身的左右为标准进行示范引导，与老教师的动作有出入，有的幼儿对教师进行模仿练习，有的幼儿是依靠自己的记忆动作进行练习，因此会出现有的胳膊向左转，有的向右伸的情况。

（共8分。答出"5岁以自身为中心辨别左右，6岁以左右方位的相对性辨别左右仍感困难，7岁能够辨别以他人为基准以及两个物体间的左右方位"得4分；从"使用方位词""正面示范的方式"等角度回答幼儿动作混乱的原因每点2分）

(2)建议：

①由于大班幼儿不能辨别以他人为基准的左右方位，因此在体育活动或舞蹈活动中，教师应该面对幼儿做镜面示范，即以幼儿的角度来做示范动作。

②教师可以在日常生活与教学中运用语言结合实物的方式进行动作讲解。当幼儿还不能很好地掌握左右方位的相对性和方位词语的时候，幼儿园教师可以把左右方位词语与实物结合起来，如"伸出拿勺子的右胳膊"。

③教师可以在日常生活中创设帮助幼儿发展方位知觉的教育环境。教师可以利用文字、图片等材料或玩具组织相应的区分左右的教育活动，如引导幼儿"添左右脚"的绘画活动、"根据口令做动作"的游戏活动等，在幼儿做出正确的左右动作时给予表扬、鼓励，丰富幼儿的方位知觉经验，引导幼儿利用方位知觉解决问题。

（共 12 分。从"镜面示范""语言结合实物""创设发展方位知觉的环境"等角度提出至少 3 条合理化建议，贴合材料、逻辑清晰可得 8 ~ 12 分）

五、活动设计题（参考答案）

16.　　大（二）班秋游工作计划

一、活动设计意图

在这美丽的季节里，大自然是孩子们最广阔的教室，赋予孩子们取之不尽的知识，让孩子们在大自然这个知识的海洋里遨游成长。新鲜的空气及阳光，能增强体质，提高孩子们对外界的适应能力。户外活动可以增进幼儿与教师的情感，开阔幼儿的眼界，帮助幼儿感受大自然的美，增强他们的环保意识。

二、活动目标

1. 了解秋天的季节特征和变化，丰富对秋天的认知。

2. 发展观察力、想象力及审美能力。

3. 感受大自然的美好，体验集体活动的快乐。

三、活动时间

××××年×月×日（星期×）8:30—11:30

四、活动地点

×××公园

五、活动准备

1. 在活动前教师组织有关秋游的教育活动，帮助幼儿了解秋游的内容和注意事项。

2. 提前提醒家长给幼儿穿轻便的服装，以便步行。

3. 活动当天为幼儿带适量的零食、水、纸巾,并准备好一个垃圾袋。

4. 教师准备相机记录幼儿活动。

5. 教师准备地垫、幼儿事先折好的纸飞机等物品。

6. 通知保健医生随行。

六、活动内容

1. 8:30 之前在教室集合,教师提醒幼儿如厕,准备好所有物品并清点完人数后,从学校出发。

2. 教师讲解秋游要求。

(1)汽车行驶过程中,教师要注意不要让幼儿将头、手伸到窗外去,不要吃东西或喝水,同时提醒幼儿在汽车行驶过程中系好安全带,不要在车上奔跑打闹,注意安全。

(2)教师讲解秋游时的注意事项:在秋游时,要和旁边的小朋友手拉手,不能松开;要和本班级的小朋友一起排队参观,不能单独行动;在行走的过程中不要吃东西,带的零食我们会一起分享;一定要听老师的指挥。

3. 活动过程。

(1)到达目的地后,教师清点幼儿人数,引导幼儿排成两路纵队,同一排的两人手拉手。教师再次提醒幼儿拉好手,不能松开,不能单独行动。

(2)参观公园感知秋天的美丽。(观察法)

教师带领幼儿参观公园并进行讲解,提问幼儿公园里有什么变化,引导幼儿进行观察。并请幼儿搜集公园中代表秋天的物品,可以是照片也可以是实物。

(3)到达公园集合地后,师幼一起在地垫上分享自己带来的零食,并引导幼儿喝水,提醒幼儿如厕。

(4)集体游戏。(游戏法)

教师引导幼儿将带来的折好的纸飞机在空旷的场地试飞,比比谁的纸飞机飞得最高最远。

4. 活动结束,教师引导幼儿将自己的垃圾装入垃圾袋,保持公园环境卫生。

教师清点人数,集体乘车返回。

七、活动延伸

请小朋友们回到家和爸爸妈妈一起用画画的方式表达自己本次秋游的感受,并将自己的作品带到幼儿园和小伙伴们一起分享。

评分标准参考如下：

(1)设计意图(共1分。设计意图合理、清晰1分)

(2)活动名称(共1分。名称和年龄段适宜1分)

(3)活动目标(共3分。缺乏认知、行为、情感任意一方面的目标扣1分)

(4)活动时间(共1分。时间设置合理1分)

(5)活动地点(共1分。地点设置符合主题1分)

(6)活动准备(共2分。若在具体活动过程中用到但在活动准备环节没有体现扣1分)

(7)活动内容(共20分。①体现出游前的安全教育和预防措施3分;②体现过程中的人数清点、秩序组织3分;③活动内容切合“秋游”主题,符合幼儿认知发展需要3分;④活动形式多样,观察、游戏、体验等方法合理3分;⑤前后活动衔接自然流畅3分;⑥体现环境卫生和休息、用餐等生活照顾3分;⑦活动结束至返校衔接合理2分)

(8)活动延伸(共1分。活动延伸环节具体可行并能渗透不同领域的教育1分,若仅是对活动的机械重复可酌情给0.5分)

2021年上半年中小学教师资格考试真题试卷(六)

一、单项选择题

1. D 【解析】本题考查《幼儿园工作规程》的内容。《幼儿园工作规程》第十条规定,幼儿入园除进行健康检查外,禁止任何形式的考试或测查。

2. D 【解析】本题考查幼儿游戏的类型。表演游戏是指儿童根据故事、童话的内容,运用动作、表情、语言,通过扮演角色,进行创造性表演的游戏。题干中儿童通过塑造角色来表现文艺作品内容,这种游戏类型属于表演游戏。故本题选D。

A项,角色游戏是指学前儿童以模仿和想象,通过扮演角色,创造性地反映周围现实生活的一种游戏,又称想象性游戏。

B项,结构游戏是指儿童利用积木、积塑、泥、沙等结构材料进行建造的游戏。

C项,智力游戏是指以生动、新颖、有趣的游戏形式,使儿童在轻松愉快的活动中,增进知识、发展智力的游戏。

3. C 【解析】本题考查学前科学教育的方法。学前儿童科学教育中的观察是指教师有目的、有计划地组织和启发幼儿运用眼、耳、手、口、鼻等多种器官,帮助幼儿获得事物与现象的具体印象,并在此基础上逐步形成初级科学概念;也指幼儿对偶然发现的有趣的事物与现象自发的观察。题干中的教师让幼儿通过视觉、嗅觉等多种感官观察不同的液体,这种教学方法是观察法。故本题选 C。

A 项,实验指幼儿在特定的条件下,利用一些材料,通过简单的演示或操作,对周围常见的科学现象加以验证的一种活动。

B 项,参观法是教师组织幼儿到周围实际场所进行实地观察、调查、研究和学习,从而获得新知识或巩固已学知识的一种教学方法。

D 项,讲述是运用语言向幼儿叙述事实材料或描绘所讲的对象。

4. A 【解析】本题考查课程的四要素。课程是指学校学生所应学习的学科总和及其进程与安排。课程的四要素包括:课程目标、课程内容、课程组织、课程评价。

5. C 【解析】本题考查前运算阶段幼儿思维的特点。思维的自我中心性是指儿童往往只注意自己的观点,不能接受他人的观点,也不能将自己的观点和他人的观点相区分和协调。题干中岳岳的回答是从自己的角度出发,并且没有认识到自己的回答阿姨不能理解,体现了幼儿思维的自我中心性特点。故本题选 C。

A 项,思维的具体性是指儿童的思维必须依靠感知过的和经验过的事物在脑中留下的形象,也就是要借助具体事物和实际动作的帮助。

B 项,思维的不可逆性是指儿童观察事物时往往只能注意表面的、显著的特征,倾向于注意事物的静止状态。思维活动表现的关系单一,不能进行可逆运算。

D 项,刻板性是指当儿童的注意力集中在问题的某一方面时,就不能同时把注意力转移到另一方面。

6. C 【解析】本题考查陈鹤琴的教育思想。陈鹤琴先生是我国著名的幼儿教育家。陈鹤琴先生反对埋没人性的、读死书的死教育。在抗战时代,他抱着实验新教育的使命,创建了活教育:“做人,做中国人,做现代中国人”即目的论,“大自然、大社会,都是活教材”即课程论,“做中教,做中学,做中求进步”即方法论。故本题选 C。

A 项,张雪门是行为课程理论的代表人物,其行为课程理论的基本思想是“生活即教育”“行为即课程”,该课程理念受到民国时期杜威来华宣扬实用主义的影响,强调通过儿童的实际行动,获得直接经验,同时要求根据儿童能力、兴趣和需要组织教学,主张采取单元设计的方法,打破学科界限。

B 项,陶行知提出了生活教育理论,认为“生活即教育”“社会即学校”“教学做合一”。

D 项,张宗麟是我国第一位男性幼稚园教师。他非常重视幼儿教育,认为“幼儿教育是一切教育的基础”，提出了“明日的幼稚教育必定是普及的”“必定是‘教’与‘养’并重”“必定与家庭沟通”等九点设想，并对幼稚师范的课程设置提出了许多建议，为中国教育事业特别是学前教育的发展做出了重要贡献。

易错提示：关于人物的思想是题目中考查的重点内容，杜威、陶行知、陈鹤琴的思想是易错易混点，需要考生重点区分。

陶行知：提出生活教育理论，生活即教育，社会即学校，教学做合一；

杜威：提出“教育即生活，教育即生长，学校即社会”；

陈鹤琴：提出活教育思想，具体内容为：做人、做中国人、做现代中国人；做中教、做中学、做中求进步；大自然、大社会都是我们的活教材。

7. A 【解析】本题考查幼儿听觉器官的保育要点。幼儿听觉器官的保育要点包括：(1)禁止用锐利的工具给幼儿挖耳；(2)做好中耳炎的预防工作。教会幼儿用正确的方法擤鼻涕；洗头、洗澡、游泳时要防止污水进入外耳道，以免引起外耳道炎症。(3)避免噪声的影响。要防止幼儿受噪声的影响，平时成人与幼儿讲话声音要适中，不要大喊大叫，家电的声音勿开得太大；教育幼儿听到过大的声音要张嘴、捂耳，预防强音震破鼓膜，影响听力。

8. A 【解析】本题考查幼儿攻击性行为的分类。工具性攻击行为指幼儿为了获得某个物品所做出的抢夺、推搡等动作，这类攻击本身指向一个主要的目标或某一物品的获取。题干中小明因为缺积木玩具而去抢夺他人的积木，这属于工具性攻击行为。故本题选A。

B项，言语性攻击主要是指借助言语表达来实现的攻击性行为，如言语威胁、辱骂、嘲笑、诽谤、说闲话坏话等。

C项，生理性攻击主要是用身体作为攻击的载体表现的攻击性行为。

D项，敌意性攻击是以人为指向目标，其目的在于打击、伤害他人，如嘲笑、讽刺、殴打等。

易错提示：考生注意区分工具性攻击行为和敌意性攻击行为的区别。

工具性攻击行为——为获得某个物品所做出的攻击性行为；

敌意性攻击行为——以人为指向目标，其目的在于打击、伤害他人。

9. B 【解析】本题考查皮亚杰的认知发展阶段理论。同化，是指个体将外部环境纳入自身已有的认知结构中；顺应则是指个体改变已有的认知结构去适应外部环境。题干中，毛毛看到骆驼后，认为骆驼是背上长东西的“大马”，将看到的新事物纳入自己已有的认知结构中,这一过程属于同化。

10. B 【解析】本题考查皮亚杰的道德发展阶段理论。皮亚杰采用"对偶故事法"对儿童道德判断的发展进行研究,发现并总结出了儿童道德认知发展的总规律,提出了道德发展阶段理论,将儿童的品德发展划分为四个阶段:

(1)自我中心阶段(2~5岁):又称前道德阶段。这一阶段的儿童还不能把自己同外部环境区别开来,而是把外部环境看作他自身的延伸。规则对儿童来说不具有约束力。

(2)权威阶段(6~8岁):又称他律道德阶段。这一阶段的儿童服从外部规则,接受权威指定的规范,把人们规定的准则看作固定的、不可变更的,而且只根据行为后果来判断对错。

(3)可逆性阶段(9~10岁):又称自律道德阶段。这一阶段的儿童已经不把规则看成是不可改变的,而把它看作同伴间共同约定的:只要大家都同意的话,规则是可以改变的。

(4)公正阶段(10~12岁):这一阶段的儿童开始倾向于主持公正、平等,体验到公正、平等应该符合每个人的特殊情况。公正的惩罚不能是千篇一律的,应根据每个人的具体情况进行。

题干中"儿童认为规则是由有权威的人决定的,不可以经过集体协商改变",正是权威阶段(他律道德阶段)儿童的主要特征的体现。故本题选B。

二、简答题(参考答案)

11. 教师应当如何对待不同气质的幼儿?请举例说明。

(1)要了解学前儿童的气质特征;(2)不要轻易对学前儿童的气质类型下结论;(3)要善于理解不同气质类型儿童的不足之处;(4)针对学前儿童气质的特点,采取适宜的教育措施。

对于胆汁质的孩子,要培养勇于进取、豪放的品质,防止任性、粗暴;对于多血质的孩子,要培养热情开朗的性格及稳定的兴趣,防止虎头蛇尾;对于黏液质的孩子,要培养积极探索精神及踏实、认真的优点,防止墨守成规、谨小慎微;对于抑郁质的孩子,要培养机智、敏锐和自信心,防止疑虑、孤独。

(共15分。答出"了解气质特征""不轻易下结论""理解不足之处""采取适宜的教育措施"等关键点每点2分;针对"胆汁质""多血质""黏液质""抑郁质"四种气质类型儿童举例说明可得5~7分)

12. 体育活动中与活动后,教师分别可以从哪些方面判断幼儿的活动量是否合适?

(1)在体育活动中,教师可从幼儿的面色、汗量、呼吸、动作、注意力和反应力、精神状态等方面观察幼儿状态。

①适度疲劳状态：面色稍红，汗量不多；呼吸中速或较快；动作协调、准确，步态轻稳；注意力集中，反应正常；情绪愉快。

②中度疲劳状态：面色相当红，汗量较多；呼吸显著加快、加深；动作协调性、准确性和速度均降低；能集中注意力，但不够稳定，反应减弱；略有倦意。

③非常疲劳状态：面色十分红或苍白，大量出汗；呼吸急促、表浅、节奏紊乱；动作失调、步态不稳，用力颤抖；注意力分散，反应迟钝；精神疲乏。

（2）在体育活动后，教师可从幼儿的食欲、睡眠、精神状态等方面观察幼儿状态。

①适度疲劳状态：饮食良好，食欲增加；入睡较快，睡眠良好；精神爽快，情绪好，状态稳定。

②中度疲劳状态：食欲一般，有时略有降低；入睡较慢或睡眠一般；精神略有不振，情绪一般。

③非常疲劳状态：食欲降低，进食量减少，甚至有恶心、呕吐现象；很难入眠，睡眠不安；精神恍惚，心悸，厌倦练习。

（共15分。从"面色""汗量""呼吸""动作""注意力和反应力""精神状态"角度，答出活动中幼儿"适度疲劳""中度疲劳""非常疲劳"的状态每点3分，答出活动后幼儿"适度疲劳""中度疲劳""非常疲劳"的状态每点2分）

三、论述题（参考答案）

13. 幼儿园教师应具备哪些专业能力？

（1）环境的创设与利用能力。建立良好的师幼关系，帮助幼儿建立良好的同伴关系，让幼儿感到温暖和愉悦；建立班级秩序与规则，营造良好的班级氛围，让幼儿感受到安全、舒适；创设有助于促进幼儿成长、学习、游戏的教育环境；合理利用资源，为幼儿提供和制作适合的玩教具和学习材料，引发和支持幼儿的主动活动。

（2）一日生活的组织与保育能力。合理安排和组织一日生活的各个环节，将教育灵活地渗透到一日生活中；科学照料幼儿日常生活，指导和协助保育员做好班级常规保育和卫生工作；充分利用各种教育契机，对幼儿进行随机教育；有效保护幼儿，及时处理幼儿的常见事故，危险情况优先救护幼儿。

（3）游戏活动的支持与引导能力。提供符合幼儿兴趣需要、年龄特点和发展目标的游戏条件；充分利用与合理设计游戏活动空间，提供丰富、适宜的游戏材料，支持、引发和促进幼儿的游戏；鼓励幼儿自主选择游戏内容、伙伴和材料，支持幼儿主动地、创造性地开展游戏，充分体验游戏的快乐和满足；引导幼儿在游戏活动中获得身体、认知、语言和社会性等多方面的发展。

(4)教育活动的计划与实施能力。制定阶段性的教育活动计划和具体活动方案；在教育活动中观察幼儿，根据幼儿的表现和需要，调整活动，给予适宜的指导；在教育活动的设计和实施中体现趣味性、综合性和生活化，灵活运用各种组织形式和适宜的教育方式；提供更多的操作探索、交流合作、表达表现的机会，支持和促进幼儿主动学习。

(5)激励与评价能力。关注幼儿日常表现，及时发现和赏识每个幼儿的点滴进步，注重激发和保护幼儿的积极性、自信心；有效运用观察、谈话、家园联系、作品分析等多种方法，客观地、全面地了解和评价幼儿；有效运用评价结果，指导下一步教育活动的开展。

(6)沟通与合作能力。使用符合幼儿年龄特点的语言进行保教工作；善于倾听，和蔼可亲，与幼儿进行有效沟通；与同事合作交流，分享经验和资源，共同发展；与家长进行有效沟通合作，共同促进幼儿发展；协助幼儿园与社区建立合作互助的良好关系。

(7)反思与发展能力。主动收集分析相关信息，不断进行反思，改进保教工作；针对保教工作中的现实需要与问题，进行探索和研究；制定专业发展规划，积极参加专业培训，不断提高自身专业素质。

(共 20 分。答出“环境创设与利用”“一日生活的组织与保育”“游戏活动的支持与引导”“教育活动的计划与实施”“激励与评价”“沟通与合作”“反思与发展”得 6 分；结合理论依据阐述每点 2 分)

四、材料分析题(参考答案)

14. (1)材料中小牛和小雷都是在学习，小牛是通过“直接感知、实际操作和亲身体验”学习，小雷是通过“观察”学习。

(2)《3~6 岁儿童学习与发展指南》中指出：幼儿的学习是以直接经验为基础，在游戏中通过直接感知、实际操作和亲身体验获取经验的需要，严禁“拔苗助长”式的超前教育和强化训练。材料中，教师制作了“玩具灶”以及不同的材料，让幼儿猜测并验证哪些物品能飞起来，小牛正是在教师精心布置的环境中通过“直接感知、实际操作和亲身体验”方式学习的。在这个过程中，幼儿不仅能获得丰富的感性经验，充分发展形象思维，还能逐步发展逻辑思维能力，为其他领域的深入学习奠定基础。

班杜拉的社会学习理论提出了观察学习的概念，观察学习是指人通过观察他人(榜样)的行为及其结果而习得新行为的过程。在观察学习中，观察的对象称为榜样或示范者。观察学习可分为三类：①直接的观察学习：它是对示范行为的简单模仿，幼儿的主要学习方式为直接的观察模仿学习。②抽象性观察学习:它是指观察者从对他人行为的观察中获得一定的行为规则或原理,从而能根据这些规则或原理表现出某种类似的行为。③创造性观察学习:它是指观察者通过对各个不同榜样的行为特点进行新的组合,从而形成一种全新的行为方式。材料中,小雷旁观小牛的实验过程和结果,收获了一些知识,这是“直接的观察学习”的表现。

(共20分。答出“都是在学习”得4分;答出“小牛通过直接感知、亲身操作和实际体验学习”“小雷通关观察学习”等关键点每点8分,其中给出理论依据每点4分,结合材料合理阐述每点4分)

15.(1)材料中家长的观念过于小学化,没有正确地理解幼小衔接的含义。幼小衔接是指幼儿园与小学根据儿童身心发展的阶段性、连续性规律以及儿童可持续发展的需要,做好两个教育阶段的衔接工作,使儿童顺利适应小学学习生活,并为今后的发展打好基础。而幼儿园在幼小衔接方面需要做的工作是为儿童做好小学入学准备,幼儿园全面的入学准备是指幼儿在入学之前,需要达到的身心全面发展的水平,包括健康的身体、主动性、独立性、人际交往能力、规则意识和任务意识等方面的培养。材料中的家长将幼小衔接片面理解为知识方面的衔接,忽视了幼儿行为习惯、心理适应等方面的衔接。

(共10分。答出“家长观念过于小学化”得2分;答出“幼小衔接的含义”“幼儿园针对幼小衔接应做的准备”等关键点,逻辑清晰、贴合材料可得6~8分)

(2)对于家长观念中存在的误区,我们可以这么做:

①幼儿园可以利用家长学校、讲座、网络、家园联系栏、家长会等多种途径做好幼小衔接的家长宣传、指导工作,引导家长树立科学的儿童观、教育观。

②教育行政部门加强对幼儿园幼小衔接工作的管理。首先,要督促幼儿园全面贯彻落实《幼儿园教育指导纲要(试行)》和《3~6岁儿童学习与发展指南》精神,坚持正确的办园方向,加强教学活动管理,坚决反对幼儿园进行各类经典诵读、英语、珠心算、知识教学等“特色教育”以及开设兴趣班、入学准备班等小学化做法。其次,要加强对幼儿园开展“幼小衔接”的指导,督促幼儿园根据儿童身心发展规律和本园幼儿特点建立完整的幼小衔接活动体系,有计划地开展幼小衔接活动,为大班幼儿毕业之后进入小学做好相应准备。最后,要加强对幼儿园的日常工作检查督导以及年检工作。对办园方向不正确、搞小学化的幼儿园,要及时给予批评教育;对小学化倾向比较严重的幼儿园,给予必要处分;对小学化倾向严重且屡教不改的幼儿园,进行严厉处罚。

③利用报刊、网络、电视等大众传播媒介，介绍幼儿园教育的基本理念、内容与方法，幼小衔接工作的意义、内容与途径，以及科学保教、科学育儿、促进儿童健康成长的科学观念，引导社会树立正确的教育观念。

（共 10 分。从“幼儿园”“教育行政部门”“大众传播媒介”等角度，提出至少 3 条合理化建议的，可得 6 ~ 9 分；逻辑清晰、内容完整 1 分）

五、活动设计题（参考答案）

16. 一起去春游（大班社会活动）

（一）活动目标

（1）了解关于春游的一些事情，比如游玩的地方，乘坐的交通工具以及携带的食物等。

（2）能够完整地向朋友讲述春游活动。

（3）体验和小朋友一起春游的乐趣。

（二）活动准备

幼儿从家中带的食物，幼儿园自制的点心。关于春游的视频。儿歌《去郊游》。

（三）活动过程

1. 谈话导入，引起幼儿的兴趣

教师引导幼儿围绕春游的具体事情展开讨论，引起幼儿的兴趣，教师在幼儿讨论完之后提问幼儿，从而引出活动的主题。

师：小朋友们，你们了解春游吗？

2. 播放视频，初步感知关于春游的活动

教师播放其他班的小朋友之前去春游的视频，引导幼儿仔细观看，并提问幼儿关于春游活动中的事情，从而使幼儿初步感知春游活动。

师：小朋友们，视频中的小朋友们是怎么到达春游的地方的呢？到达春游的地点后，他们都做了些什么呢？

师：视频中的小朋友们开心吗？他们为春游准备了什么呢？

3. 开展讲述活动，巩固幼儿对于春游活动的了解

教师引导幼儿围绕春游活动中的事情展开讲述，引导幼儿能够用完整的话讲述出来，从而巩固提高幼儿对于春游活动的了解。

师：小朋友们，等我们去春游的时候，你们最想做什么呢？

师：小朋友们，你们觉得春游的时候需要注意什么呢？

4. 播放音乐，体验春游的快乐

教师播放音乐，带领幼儿一起玩视频中小朋友在春游时玩的游戏。游戏结束后，

引导幼儿在歌声中分享自己带来的食物。

5. 活动结束,教师总结

师:今天我们知道了,我们要乘坐校车去春游,春游前需要爸爸妈妈帮我们准备好自己想带的食物和水,在春游时一定要拉好其他小朋友的手,不能随便跟陌生人走,一定要保护好自己。春游的时候我们还可以一起做游戏,还可以互相分享自己带的食物。

(四)活动延伸

教师引导幼儿去美工区画一画关于春游的活动。

评分标准参考如下:

(1)活动名称(共1分。名称和年龄段适宜1分)

(2)活动目标(共3分。缺乏认知、行为、情感任意一方面的目标扣1分)

(3)活动准备(共2分。若在具体活动过程中用到但在活动准备环节没有体现扣1分)

(4)活动过程(共23分。①选择能吸引幼儿注意力的导入方式2分,若导入方式不能充分引发幼儿兴趣,在不偏离主题的情况下可酌情给1分;②活动过程步骤清晰、注重幼儿主动探究19分,写出大致活动过程,在不偏离主题的情况下可酌情给13~15分;③结束环节能让幼儿保持愉快情绪并强化活动效果2分,若仅是对活动做最后总结可酌情给1分)

(5)活动延伸(共1分。活动延伸环节具体可行并能渗透不同领域的教育1分,若仅是对活动的机械重复可酌情给0.5分)

2020年下半年中小学教师资格考试真题试卷(七)

一、单项选择题

1. D 【解析】本题考查幼儿游戏的类型。规则性游戏是一种由两人以上参加的,按一定规则从事的游戏。幼儿赛跑、下棋都需要遵循游戏的规则,属于规则游戏。故本题选D。

A项,表演游戏是儿童根据故事、童话的内容,运用动作、表情、语言,通过扮演角色,进行创造性表演的游戏。

B项,结构性游戏又称建构游戏或造型游戏,是指儿童运用积木、积塑、金属材料、泥、沙等各种材料进行建构或构造,从而创造性地反映现实生活的游戏。

C 项,角色游戏是学前儿童以模仿和想象,通过扮演角色,创造性地反映周围现实生活的一种游戏,又称想象性游戏。

2. C 【解析】本题考查《幼儿园工作规程》的内容。《幼儿园工作规程》中第五条指出,幼儿园保育和教育的主要目标是:(1)促进幼儿身体正常发育和机能的协调发展,增强体质,促进心理健康,培养良好的生活习惯、卫生习惯和参加体育活动的兴趣。(2)发展幼儿智力,培养正确运用感官和运用语言交往的基本能力,增进对环境的认识,培养有益的兴趣和求知欲望,培养初步的动手探究能力。(3)萌发幼儿爱祖国、爱家乡、爱集体、爱劳动、爱科学的情感,培养诚实、自信、友爱、勇敢、勤学、好问、爱护公物、克服困难、讲礼貌、守纪律等良好的品德行为和习惯,以及活泼开朗的性格。(4)培养幼儿初步感受美和表现美的情趣和能力。C 项训练幼儿的体育运动技能不属于幼儿园保育和教育的主要目标。

3. B 【解析】本题考查大班幼儿认知发展的特点。幼儿初期(3 ~4 岁)的思维很具体、直接,他们不会做复杂的分析综合,只能从表面去理解事物,他们的主要认知特点是直观行动性。幼儿中期(4 ~5 岁)的思维是典型的具体形象思维,即他们较少依靠行动来思维,但是思维过程还必须依靠实物的形象做支柱。幼儿晚期(5 ~6 岁)的思维已有了抽象概括性的萌芽,但主要认知特点还是具体形象性。因此大班幼儿认知发展的主要特点是具体形象性。

4. A 【解析】本题考查自我概念的发展。自我概念是指个体对自己的知觉。它是指自我系统中的认知方面或描述性内容,所表达的是人们关于自己身心特点的主观知识,所回答的是“我是谁”的问题。题干中的语言描述属于幼儿对自己的看法,故本题选 A。

B 项,形象思维是指利用头脑中的表象进行的思维。

C 项,性别认同是指对自己和他人的性别的正确认识。

D 项,道德判断是指运用已有的道德知识,对别人或自己行为的是非、好坏和善恶进行分析、评价的过程。

5. B 【解析】本题考查学前教育机构的产生与发展。1816 年,英国空想社会主义者欧文在苏格兰的纽兰纳克创办了一所幼儿学校,目的是寻求儿童特别是社会底层家庭儿童的生存、健康和幸福之路,这堪称是欧洲最早的幼儿教育机构。

方法技巧:考生注意区分世界及我国的学前教育机构。

1816 年,欧文在苏格兰创办幼儿学校,是世界上第一所幼儿教育机构。

1837 年,福禄贝尔在德国开办了一所儿童教育机构,1840 年命名为幼儿园。

1903 年，端方在湖北武昌创办我国第一所幼稚园——湖北幼稚园。

1923 年，陈鹤琴在南京创办我国第一所幼儿教育实验中心——南京鼓楼幼稚园。

1927 年，陶行知在南京创办我国第一所乡村幼稚园——南京燕子矶幼稚园。

6. D 【解析】本题考查气质特征。托马斯、切斯根据儿童活动水平、生理活动的规律性、对新异刺激反应的害怕或抑制等九个维度，把婴儿的气质分为三种类型。一个活动水平高的孩子爱动，总是喜欢跑来跑去；相反，一个活动水平低的幼儿，不怎么跑动，可以安静地坐很久。题干中幼儿跑来跑去，表现活跃是活动水平高的表现。故本题选 D。

A 项，趋避性表现为对新环境、新刺激、新食物、新玩具、新程序等是接近还是退缩。

B 项，反应阈限表现为对噪声、亮光和其他感觉刺激的敏感性，多少刺激量（如声音的大小）或周围变化达到多大程度，才引起反应。

C 项，节律性表现为睡眠、饥饿、大小便等生理机能活动是否有一定规律。

7. B 【解析】本题考查移情的发展。移情是指从他人的角度来考虑问题。移情的作用：一是可以使儿童摆脱自我中心，产生利他思想，从而形成亲社会行为；二是可以引起儿童的情感共鸣，使儿童产生同情心和羞愧感。题干中冰冰边擦眼泪边安慰田田，和田田有了情感共鸣，是移情能力的体现。故本题选 B。

A 项，依恋是婴儿寻求并企图保持与另一个人亲密的身体和情感联系的一种倾向。

C 项，自律是指儿童根据自己的主观价值标准所支配的道德判断，具有主体性。

D 项，他律是指儿童早期的道德判断只注意行为的客观后果，不关心行为的主观动机，是受自身以外的价值标准所支配的道德判断，具有客体性。

8. C 【解析】本题考查依恋的类型。焦虑—反抗型的幼儿在母亲要离开之前总显得很警惕，如果母亲要离开他，他就会表现出极度的反抗，但是与母亲在一起时，又无法把母亲当作他的“安全基地”。他们见到母亲回来会寻求与母亲接触，但同时又反抗与母亲接触，甚至还有点发怒的样子。

安全型依恋是较好的依恋类型，安全型依恋的幼儿与母亲在一起时能安逸地玩弄玩具，对陌生人的反应也比较积极，并不总是偎依在母亲身旁。当母亲离开时，其探索性行为会受影响，明显地表现出一种苦恼；当母亲回来时，他们会立即寻求与母亲的接触，但能很快平静下来。

焦虑—回避型的幼儿,母亲在场或不在场对他们影响不大。母亲离开时,他们并无特别紧张或忧虑的表现。母亲回来了,他们往往也不予理会。虽然有时会欢迎母亲的到来,但只是暂时的,接近一下又走开了。

紊乱型的幼儿往往表现出最大程度的不安全感。他们在与父母重逢时,会有一系列混乱、矛盾的行为。有的在父母抱起他时,他还看着别的地方;有的对父母的出现毫无表情,或者很沮丧;还有一些在平静后突然又哭起来或表情非常古怪,动作冷冰冰的。

9.A 【解析】本题考查班杜拉的社会学习理论。班杜拉认为,习得的行为是否被表现出来,会受到强化的影响。替代强化是指观察者通过观察他人行为所带来的后果而受到强化。题干中萌萌因为看到青青和小猫玩得很开心,从而降低了自己对小猫的恐惧,是观察他人行为所带来的后果受到强化,属于替代强化。故本题选 A。

B 项,自我强化是指学习者根据一定的评价标准进行自我评价和自我监督,来强化相应的学习行为。

C 项,斯金纳用自己设计的"斯金纳箱",以白鼠为实验对象进行了操作性条件反射的实验。操作条件反射是指在一定的刺激情境中,个体的某种反应结果能满足其某种需要,以后在相同或类似的情境中,该反应的反应概率就会提高的现象。操作性反射主要研究操作性行为(自主性行为),与操作性行为相应的是操作性反射(R–S 的联结过程)。

D 项,巴甫洛夫用狗进行了经典反射实验,发现了条件反射现象。经典条件反射是指个体在无条件反射的基础上,通过中性刺激与无条件刺激的多次结合,使个体在中性刺激下产生与无条件刺激相似的反应。经典条件反射主要研究应答性行为,与应答性行为相应的是应答性反射(S–R 的联结过程)。

易错提示:班杜拉的社会学习理论认为强化分为三种类型:直接强化、替代强化和自我强化。这三者的区别如下。

直接强化:自身表现出观察行为受到强化。直接强化强调的是观察者已经做出了观察的行为。

替代强化:观察他人行为的后果受到强化。替代强化强调的是观察者看到了他人行为所带来的后果,从而表现出观察行为。

自我强化:根据自己设立的标准评价自己的行为。自我强化强调的是自己和自己进行对比。

10. C 【解析】本题考查幼儿脉率的特点。幼儿的体育活动应有合适的运动量。运动量过小,达不到体育锻炼的目的,运动量过大,容易造成过度疲劳,影响幼儿身心发展。体育活动的运动量取决于活动的强度、密度和时间。活动强度指的是在单位时间内完成的功,常用脉搏的变化来表示,一般认为幼儿在运动时的平均脉搏为 140 次/分左右为宜。因此本题选择 C。

二、简答题(参考答案)

11. 简述社区在幼儿园教育中的作用。

(1)社区环境对学前儿童产生潜移默化的影响。社区环境或多或少地影响着学前儿童,一个自然环境优美的社区会让学前儿童产生美好的情感,和谐积极的社区人文环境会给学前儿童一种良好的情绪体验。

(2)社区资源为幼儿园提供了现实支持。幼儿园可以直接利用社区丰富的教育资源,让学前儿童走进社会的大课堂。

(3)社区文化是一种现存的教育资源。优秀的社区文化是幼儿园教育的宝贵资源。如一些少数民族地区的幼儿园会有意识地让地区文化渗透到幼儿园,使幼儿园赋予一种与汉文化不同的民族特色。

(共 15 分。从“社区环境潜移默化的影响”“社区资源提供现实支持”“社区文化是现存的教育资源”角度回答每点 5 分)

12. 简述幼儿工具性攻击和敌意性攻击的异同。

(1)相同点:

工具性攻击与敌意性攻击都属于幼儿的攻击性行为,最大的特点是目的性,都是为了其他目的而对他人造成伤害。

(2)不同点:

①工具性攻击行为指幼儿为了获得某个物品所做出的抢夺、推搡等动作,这类攻击本身指向于一个主要的目标或某一物品的获取;敌意性攻击则是以人为指向目标,其目的在于打击、伤害他人,如嘲笑、讽刺、殴打等。

②小班幼儿的工具性攻击行为多于敌意性攻击行为;而大班幼儿的敌意性攻击行为则显著多于工具性攻击行为。

(共 15 分。其中答出相同点“目的性”5 分;答出不同点“工具性攻击指向某一目标或物品,敌意性攻击指向人”“小班和大班工具性攻击行为与敌意性攻击行为的发展趋势”关键点每点 5 分)

三、论述题(参考答案)

13. 试述幼儿园班级管理工作的主要内容。

幼儿园班级管理是指班级教师通过计划、组织、实施、调整等过程协调班集体内外的人、财、物、时间、空间,以达到高效率实现保育和教育目的的综合性活动。具体内容如下:

(1)生活管理。幼儿园生活管理是为了保证幼儿身体正常发育、心理健康成长,保教人员围绕幼儿在园起居、饮食等生活活动的需要而进行的管理工作。生活管理包括睡眠、饮食、如厕、衣着等全部生活内容,是保育工作的重要内容,是教育工作的前提与基础,是班级管理的主要内容。生活管理可以满足幼儿在园生活的物质需要,为幼儿健康成长提供物质环境。

(2)教育管理。幼儿园班级教育管理是指保教人员在班主任教师带领下对班级幼儿进行调查研究,对教育过程精心设计、组织,对教育效果进行细致评估的一系列工作。教育管理对于明确教育目标、优化教育方法、保证教育效果起着重要作用。教育管理是幼儿园教师最经常和最基本的管理工作,也是幼儿园各项管理工作的核心内容。

(3)物品管理。人、财、物、时间、空间、信息是班级管理的重要因素,班级物品摆放得当,能给儿童一个整齐有序的环境,有利于儿童生活和活动,有利于儿童成长,同时也方便教师使用,班级物品包括小床、小被等生活用品,玩具、学具等学习用品以及钢琴、电视等教师教学物品。

(4)其他管理。幼儿园班级管理除了着重进行生活、教育管理外,还有许多与之相关的其他管理。如班级间交流管理、家庭教育管理、幼儿社区活动管理等,它们也是幼儿园班级常规管理的重要组成部分。

(共20分。答出“幼儿园班级管理”的含义得4分;从“生活管理”“教育管理”“物品管理”“其他管理”等角度,结合理论知识具体阐述每点4分,逻辑清晰、内容完整可得12~16分)

四、材料分析题(参考答案)

14. (1)学前儿童数概念的形成经历口头数数→给物说数→按数取物→掌握数概念四个阶段。《3~6岁儿童学习与发展指南》中幼儿数学认知发展的目标中提出,3~4岁的幼儿能通过一一对应的方法比较两组物体的多少;能手口一致地点数5个以内的物体,并能说出总数;能按数取物。①材料中的雪儿处于能够按物体的外部特征进行分类的阶段，她根据标签往不同车厢装与标签品种一样的“水果”时，只注意到了车厢上的“水果”品种，而没有注意到“水果”的数量体现了这一点。②材料中莉莉的数学能力达到了手口一致地点数的水平，她通过点数标签上的“水果”，念着数字最终拿出对应数量的水果体现了她处于按数取物的发展阶段。③材料中的明明处于按数取物和目测数数的阶段，目测数数是指用眼代替手指，在心中默数，并说出总数。明明看着标签就取出相应品种和数量的“水果”体现了这一点。

（共15分。答出“学前儿童数概念的发展阶段”得3分；答出三位幼儿的发展水平每点4分，逻辑清晰、贴合材料可得10～12分）

（2）①尊重幼儿发展的个体差异。每个幼儿在沿着相似进程发展的过程中，各自的发展速度和到达某一水平的时间不完全相同。要充分理解和尊重幼儿发展进程中的个别差异，支持和引导他们从原有水平向更高水平发展，按照自身的速度和方式到达《3～6岁儿童学习与发展指南》所呈现的发展“阶梯”，切忌用一把“尺子”衡量所有幼儿。②理解幼儿的学习方式和特点。幼儿的学习是以直接经验为基础，在游戏和日常生活中进行的。教师要珍视游戏和生活的独特价值，创设丰富的教育环境，合理安排一日生活，最大限度地支持和满足幼儿，通过直接感知、实际操作和亲身体验获取经验的需要。

（共5分。从“尊重个体差异”“理解学习方式和特点”的角度回答，逻辑清晰、内容完整可得4～5分）

15.（1）李老师的阻止行为不合适。

①李老师的阻止行为违背了幼儿游戏的自主性。游戏是儿童自主自愿的活动，游戏不要求务必达到外在的任务和要求，没有严格的程序和方式，儿童完全可以自由自在地进行游戏，玩什么、怎么玩，均由儿童自己决定。材料中幼儿玩得不亦乐乎，但李老师却加以阻止，违背了幼儿游戏的自主性特点。②李老师的阻止行为不利于幼儿想象力的发展。幼儿对游戏充满了兴趣，在游戏中，幼儿能够无拘无束地玩耍，产生许多新颖的想法和独特的行为，激发幼儿创造性的萌芽并发展。象征游戏是幼儿期幼儿的典型游戏，也是幼儿最喜爱的一种游戏，幼儿进行这种游戏，对其创造力水平的提高有直接的影响。材料中幼儿将玩具吹风机当“手枪”、仿真型灯箱当“大炮”，这都体现了幼儿在游戏中对于游戏材料的假想，而教师强调“吹风机”是“理发店”的玩具，阻碍了幼儿想象力的发展。③李老师对游戏的介入与指导不合理。教师对幼儿游戏的指导必须以保证幼儿游戏的特点为前提，在观察的基础上把握好介入时机，推动游戏的发

展。材料中李老师能及时发现幼儿在游戏过程中出现的情况是值得肯定的,但是选择以现实代言人的身份进行指导,介入的时机与方法是错误的,容易使幼儿丧失游戏的兴趣。

(共12分。其中答出“不合适”可得3分,答出“合适”扣3分;从“游戏的自主性”“想象力的发展”“介入与指导”角度回答每点3分,其中给出理论依据每点2分,结合材料具体阐述每点1分)

(2)教师应在保证幼儿游戏特点的前提下指导幼儿的游戏。①尊重幼儿游戏的自主性。幼儿在游戏中想象、探索、表现、创造的同时,是幼儿自主性得到极大提高和体现的时候,也是游戏功能正在实现的时候,所以教师应予以尊重、鼓励。②以间接指导为主。教师应该有观察幼儿游戏的意识,重视对幼儿游戏的观察,在观察的基础上,参与幼儿的游戏。③选择恰当的时机与方式介入幼儿的游戏。教师应根据幼儿游戏的性质及正在游戏的幼儿特征,进行仔细观察,不断变换所扮演的角色,推动游戏的发展。

(共8分。从“尊重游戏自主性”“以间接指导为主”“选择恰当的时机与方式介入”等角度,提出至少3条合理化建议的,可得5~8分)

五、活动设计题(参考答案)

16.　　主题活动:高高兴兴上幼儿园

主题活动目标

(1)认识幼儿园,了解幼儿园的环境;

(2)可以积极参与幼儿园的各项活动,敢于表达自己的想法;

(3)喜欢上幼儿园,体验幼儿园生活的乐趣。

【子活动一】

我爱上幼儿园(小班语言活动)

(一)活动目标

(1)了解幼儿园的环境;

(2)能用自己的语言讲述图片的内容,大胆表达自己的想法;

(3)乐于分享自己对幼儿园的喜爱之情。

(二)活动准备

《果果爱上幼儿园》的故事音频、幼儿园的环境图片。

(三)活动过程

1. 故事导入,引起幼儿的兴趣

教师播放《果果爱上幼儿园》的故事音频,引出课题——我爱上幼儿园。

师:小朋友们,故事听完了,你们都听到了什么?

2. 观察图片,初步感知幼儿园环境

教师引导幼儿观察图片,熟悉幼儿园环境。

师:你看到了什么?他们在做什么?这是哪里?

3. 幼儿交流讨论,深入理解

教师鼓励,请个别幼儿大胆说说自己对幼儿园的想法,增加幼儿对幼儿园的喜爱之情。

师:小朋友们,你们在幼儿园开心吗?为什么?

4. 讲述活动,加深对幼儿园环境的了解

教师组织讲述活动,引导幼儿用简短的语言描述幼儿园环境。

师:幼儿园里有什么?你们谁愿意说一说呢?

5. 活动结束,教师总结

教师总结活动情况,并激发幼儿对幼儿园的热爱之情。

(四)活动延伸

教师可以组织幼儿参观幼儿园,了解幼儿园的环境。

【子活动二】

我上幼儿园(小班音乐活动)

活动目标

(1)理解《我上幼儿园》歌词内容;

(2)能用自然的声音歌唱,并可以随音乐做动作;

(3)感受音乐活动的快乐。

【子活动三】

我爱我的幼儿园(小班社会活动)

活动目标

(1)了解幼儿园的环境,知道本班的位置;

(2)尝试用语言大胆地说出幼儿园的生活;

(3)体验在幼儿园生活中的快乐。

评分标准参考如下：

(1)主题活动名称(共1分。名称和年龄段适宜1分)

(2)主题活动目标(共3分。缺乏认知、行为、情感任意一方面的目标扣1分)

(3)一个具体子活动内容(共18分。①活动名称和年龄段适宜1分。②活动目标3分,认知、行为、情感各1分。③活动过程13分。选择能吸引幼儿注意力的导入方式1分;活动过程步骤清晰、注重幼儿主动探究10分,写出大致活动过程,在不偏离主题的情况下可酌情给6~8分;结束环节能让幼儿保持愉快情绪并强化活动效果2分,若仅是对活动做最后总结可酌情给1分。④活动延伸1分。活动延伸环节具体可行并能渗透不同领域的教育1分,若仅是对活动的机械重复可酌情给0.5分)

(4)两个子活动(共8分。活动名称和年龄段适宜各1分,活动目标各3分,缺乏认知、行为、情感任意一方面的目标扣1分)

2019年下半年中小学教师资格考试真题试卷(八)

一、单项选择题

1. D 【解析】本题考查皮亚杰的认知发展阶段理论。前运算阶段幼儿思维的一个特点是泛灵论。儿童认为,所有的物体都是有生命的、有意义的。题干中菲儿把无生命的小石头看作是有生命的物体,体现了菲儿泛灵论的思维特点。

幼儿思维的直觉行动性是指幼儿的思维很具体、直接。他们不会做复杂的分析综合,只能从表面去理解事物。

幼儿思维的自我中心性是指儿童还不能设想他人所处的情境,常以自己的经验为中心,从自己的角度出发来观察和理解世界。

幼儿思维的表面性是指幼儿只从表面理解事物,不理解词的转义。其思维往往只是反映事物的表面联系,而不反映事物的本质联系。

2. D 【解析】本题考查《3~6岁儿童学习与发展指南》。《3~6岁儿童学习与发展指南》科学领域指出,“幼儿的思维特点是以具体形象思维为主,应注重引导幼儿通过直接感知、亲身体验和实际操作进行科学学习,不应为追求知识和技能的掌握,对幼儿进行灌输和强化训练”。故排除A、B、C三项,本题选D。

3. C 【解析】本题考查幼儿数概念的发展阶段。幼儿数概念的形成经历口头数数→给物说数→按数取物→掌握数概念四个阶段。数概念发展的最低阶段为口头数数,唱数即我们常说的口头数数,故本题选C。

4. B 【解析】本题考查幼儿情绪的特点。题干中“一名幼儿哭会惹得周围的幼儿跟着一起哭”，表明幼儿的情绪容易受到周围人的影响，即具有易感染性。故本题选 B。

情绪的易冲动性是指幼儿的情绪常常处于激动状态，而且来势强烈，不能自制，往往全身心都受到不可遏制的威力支配。年龄越小，这种冲动越明显。随着年龄的增长、语言的发展，幼儿逐渐学会接受成人的语言指导，调节控制自己的情绪。

情绪的外露性是指婴儿期的孩子情绪完全表露在外，丝毫不加控制和掩饰。

情绪的不稳定性是指婴幼儿的情绪是非常不稳定的，容易变化，表现为两种对立的情绪在短时间内互相转换。如当幼儿由于得不到喜爱的玩具而哭泣时，成人递给他一块糖，他就会立刻笑起来。

5. B 【解析】本题考查幼儿的个性心理特征。在人的个性心理特征中，由于气质和儿童的生理特点具有最直接的关系，所以气质是最早出现的，也是变化最缓慢的。故本题选 B。

A 项，性格是人对现实的态度和惯常的行为方式中比较稳定的心理特征，是具有核心意义的个性特征。性格是后天形成的，受社会影响大，因此，性格特征出现的比较晚。

C 项，能力是指人们成功地完成某种活动所必需的个性心理特征。一般认为，能力有两种含义：其一是指已经发展出或是表现出的实际能力；其二是指可能发展的潜在能力。

D 项，兴趣是指人们探究某种事物或从事某种活动的心理倾向，不属于个性心理特征。

6. B 【解析】本题考查行动研究。行动研究是教育实践工作者为解决自身面临的问题、改进工作质量而进行的研究，其具有为行动而研究、在行动中研究、由行动者研究的三个基本特征，包括“计划”“行动”“考察”“反思”四个环节。由此可见，在学前教育中进行行动研究的主要目的是解决学前教育实践问题。故本题选 B。

7. A 【解析】本题考查儿童观。题干中“养儿防老、光宗耀祖、传宗接代”都是把儿童当作了家庭的附属品和工具，体现的是工具主义儿童观。故本题选 A。

C 选项，自然主义儿童观认为应该把儿童当做儿童看待，尊重儿童的人格。

D 选项，人文主义儿童观已经承认了儿童的自由与兴趣，但是并未意识到儿童本身便是具有自身的独特价值的存在。

B 选项为干扰项，排除。

8. D 【解析】本题考查幼儿园教育评价的类型。形成性评价是指在教育活动过程中评价活动本身的效果,目的在于及时了解教育活动过程中的情况,以便及时地获取反馈信息,适时调节控制,以缩小工作过程与目标之间的差距,并通过评价研究工作进程、总结经验教训,及时改进工作。题干中王老师在教学过程中随时观察和评价幼儿的行为表现,以便及时地获取反馈信息,适时调整指导策略,体现的是形成性评价。

诊断性评价是指在教育活动开始之前,为使其计划更有效地实施而进行的预测性评价,其目的在于了解评价对象的基本情况,为制订教育计划或解决问题搜集资料、做好准备。

终结性评价是指在完成某个阶段教育活动之后,对其成果做出价值判断,也就是以预先设定的教育目标为基准,对评价对象达到目标的程度进行评价。这种评价的目的在于全面了解该阶段的成果,以向决策者提供信息。

方法技巧:考生在面对诊断性评价、形成性评价和终结性评价的试题时,可通过以下方法进行区分。

诊断性评价——一般发生在教育活动开始之前;

形成性评价——在计划实施过程中不断进行的动态评价;

终结性评价——一般发生在完成某个阶段教育活动之后。

9. A 【解析】本题考查幼儿营养基础知识。锌是人体必需的微量元素之一,锌的缺乏会引起蛋白质合成障碍、细胞分裂减少,导致幼儿生长发育迟缓、停滞、性发育延迟、智能发育迟缓、伤口愈合不良、食欲减退,甚至发生异食癖。

方法技巧:矿物质的缺乏症是容易混淆的知识点,现将关键信息以表格的形式进行提炼,以帮助考生清晰记忆。

矿物质	生理功能	主要来源	缺乏症
钙	构成骨骼和牙齿等	牛奶、豆类、绿叶蔬菜等	佝偻病
铁	合成血红蛋白等	动物性食物	缺铁性贫血
锌	保持正常味觉、促进创口愈合等	高蛋白食物	食欲减退;异食癖
碘	合成甲状腺素	海产品	呆小症(克汀病)

10. C 【解析】本题考查维果斯基的“最近发展区”理论。维果斯基认为,儿童的发展有两种水平,其现有水平与可能达到的发展水平之间的差异就是“最近发展区”。首先,题干中俊俊能够通过主动询问的方式加入另两名幼儿的游戏,说明其已经达到“找到喜欢的玩伴”和“使用一定的策略加入游戏小组”的水平;其次,俊俊在询问中提

出“我来当爸爸炒点菜”表明俊俊已能够在游戏中讨论相应的角色行为。因此 A、B、D 三项均属于俊俊的现有水平。但从俊俊的社会性发展来看,题干中俊俊虽然加入了另两名幼儿的游戏,不过他们之间并没有合作,也没有共同的目标,所以尚未达到合作游戏的水平。因此,“在角色游戏中进行合作性互动”即为俊俊的最近发展区。故本题选 C。

二、简答题(参考答案)

11. 简述经济发展和学前教育发展的关系。

经济发展和学前教育发展的关系包括两个方面:

(1)经济发展是学前教育发展的基础。

①经济的发展促进学前教育机构的产生与发展。②经济发展水平制约学前教育事业发展的规模和速度。③经济发展水平影响学前教育的内容和手段的发展。

(2)学前教育对经济发展具有促进作用。

①早期教育开发儿童巨大的学习潜能,有利于提高国民素质,是促进经济和社会持续健康发展的需要。②学前教育还可以减轻家长养育幼小孩子的负担,使他们有充沛的精力投入工作和学习,从而为发展经济服务。③学前教育的发展影响国家经济发展的状况。

(共 15 分。答出“经济发展是学前教育发展的基础”“学前教育对经济发展具有促进作用”得 3 分,答出“促进学前教育机构的产生与发展”“制约学前教育事业发展的规模和速度”“影响学前教育的内容、手段的发展”“提高国民素质,促进经济和社会持续健康发展”“减轻家长负担,为经济发展服务”“影响国家经济发展状况”等关键点,每点 2 分)

12. 简述幼儿口语表达能力的发展趋势。

幼儿口语表达能力的发展趋势如下:

(1)从对话言语逐渐过渡到独白言语。儿童的语言最初是对话式的,只有在和成人共同交往中才能进行。到了幼儿期,由于独立性的发展,儿童常常离开成人进行各种活动,从而获得一些自己的经验、体会、印象等。因此,有必要向成人表达自己的各种体验和印象,独白言语也就逐渐发展起来了,但发展水平还很低。

(2)从情境性言语过渡到连贯性言语。随着儿童年龄的增长,情境性言语的比例逐渐下降,连贯性言语的比例逐渐上升。整个幼儿期都处于从情境性言语向连贯性言语过渡的时期。6~7 岁时儿童才能比较连贯地进行叙述,但叙述能力的发展还是不完善的。

(3)讲述逻辑性逐渐发展。主要表现为讲述的主题逐渐明确、突出,层次逐渐清晰。

(4)逐渐掌握言语表达技巧。儿童不仅可以学会完整、连贯、清晰且有逻辑地表述,而且能够根据需要恰当地运用声音的高低、强弱、大小、快慢和停顿等语气和声调的变化,使之更生动,更有感染力。

(共15分。答出“从对话言语逐渐过渡到独白言语”“从情境性言语过渡到连贯性言语”“讲述逻辑性逐渐发展”“逐渐掌握言语表达技巧”关键点得7~10分)

三、论述题(参考答案)

13. 试述科学安排幼儿园一日生活的原则。

科学安排幼儿园一日生活对幼儿的成长和发展具有重要的意义和影响,因此,教师在安排幼儿园一日生活时应遵循以下原则:

(1)时间安排应有相对的稳定性与灵活性,既有利于形成秩序,又能满足幼儿的合理需要,照顾到个体差异;

(2)教师直接指导的活动和间接指导的活动相结合,保证幼儿每天有适当的自主选择和自由活动时间,教师直接指导的集体活动要能保证幼儿的积极参与,避免时间的隐性浪费;

(3)尽量减少不必要的集体行动和过渡环节,减少和消除消极等待现象;

(4)建立良好的常规,避免不必要的管理行为,逐步引导幼儿学习自我管理。

(共20分。从“时间安排”“教师指导”“集体行动和过渡环节”“建立常规”等角度回答每点5分,逻辑清晰、内容完整可得15~20分)

四、材料分析题(参考答案)

14. (1)通过对材料的分析,我们可以看出小班幼儿上下楼梯的动作发展具有以下特点:

①幼儿上下楼梯的动作发展具有顺序性和规律性。幼儿动作的发展,先从粗大动作开始,而后才学会比较精细的动作。除此之外,幼儿在学习上下楼梯时,往往是先掌握上楼梯的动作,后掌握下楼梯的动作。材料中两名幼儿上楼时并没有借助扶手,而是双脚交替上楼梯,表明他们的大肌肉动作已经得到了一定程度的锻炼。同时,由于小班幼儿年龄较小,身体发育尚不完善,动作不够协调,所以部分幼儿还很难做到双脚交替灵活地下楼梯,两者都说明幼儿动作发展具有一定的规律和顺序。

②幼儿上下楼梯的动作发展具有个别差异性。《3~6岁儿童学习与发展指南》中

指出,3～4 岁幼儿应能做到双脚灵活交替上下楼梯。但是,每个儿童在沿着相似进程发展的过程中,各自的发展速度和到达某一水平的时间不完全相同。材料中两名幼儿下楼梯时的不同表现正体现了他们之间的个体差异性。

(共 10 分。从“动作发展的顺序性”“动作发展的个别差异性”等关键点,答出小班幼儿上下楼梯动作发展的特点每点 5 分,其中结合理论知识阐述每点 3 分,结合材料分析每点 2 分)

(2)两名幼儿表现的差异主要体现在下楼梯时,小明能够扶着扶手双脚交替下楼梯,而甘甘则没有借助扶手,每级台阶都是一只脚先下,另一只脚慢慢跟上。这表明,小明已能够借助外物去保持自己身体的平衡并且动作较协调、灵活,而甘甘的动作协调、灵活程度还有待提高。两名幼儿动作表现差异的可能原因如下:

①遗传因素的差异是造成学前儿童个体差异的原因之一,同时,遗传素质的成熟制约着身心发展的水平及阶段。小明和甘甘在下楼梯时表现出的动作差异会因二者的遗传素质和生理成熟水平不同而有所不同。

②教育在学前儿童的身心发展中起着主导作用,幼儿教育的实施直接影响学前儿童身心素质的发展。材料中小明和甘甘在下楼梯时采用的不同方法极有可能是受到了家长教育意识和方式的影响。

③幼儿的主观能动性是幼儿进行学习的心理基础,外部环境和教育的影响均要通过幼儿的主动选择和吸收才能转化为幼儿的身心素质。除此之外,幼儿的主观能动性对幼儿的身心发展也能起到一定的指导作用和调控作用。材料中小明敢于双脚交替下楼梯,一定程度上也是发挥自己主观能动性的结果。

(共 10 分。其中答出两名幼儿的表现差异 4 分;答出“遗传”“教育”“幼儿的主观能动性”等原因每点 2 分)

15. (1)从材料中可以看出幼儿从上述活动中获得了体力、认知、情感、社会性等方面的经验。

(共 8 分。答出“体力”“认知”“情感”“社会性”等关键点每点 2 分)

(2)①从体力方面来看,幼儿在游戏活动中能够锻炼身体,促进正常的生长发育。材料中,幼儿通过连接竹片可以训练手部肌肉,使手指活动变得越来越精确。除此之外,幼儿通过控制自己的动作使乒乓球从一头滚落到另一头,有利于增强自己的动作协调性和稳定性。

②从认知方面来看,通过游戏,幼儿开始认识世界,了解事物之间的关系,知识、能力都得到了相应的发展。首先,游戏丰富了幼儿的知识。材料中,幼儿通过调节连接的竹片,可以获得关于高低、远近、倾斜度等概念的认识;其次,通过解决游戏中遇到的诸多困难,幼儿提升了自己的问题解决能力;最后,幼儿在合作游戏中产生了交往的需要,通过游戏幼儿可以扩大自己的词汇量,加深对词义的理解,语言表达能力也得到了一定程度的提高。

③从情感方面来看,游戏能使幼儿充分体验到快乐之情。材料中的幼儿通过不断的尝试最终使球落到了竹筒里,这一结果有利于帮助他们获得成就感和自信心。

④从社会性方面来看,游戏为幼儿提供了大量交往的机会,使幼儿逐步学会了认识自己和同伴,并能正确地处理自己和同伴之间的关系,加快幼儿的社会化进程。材料中幼儿通过与同伴的交流、协商与合作积累了社会交往经验,在一定程度上提高了幼儿的社会交往能力。

(共12分。从"体力""认知""情感""社会性"等角度回答每点3分,其中结合理论知识阐述每点2分,结合材料分析每点1分)

五、活动设计题(参考答案)

16. 不懂分享的大白鹅(中班社会活动)

(一)活动目标

(1)能认真倾听大白鹅的故事并自由表达自己的看法;

(2)知道争抢玩具是不礼貌的行为,懂得玩别人的玩具要先征得对方同意;

(3)愿意和同伴分享自己的玩具,体会大家一起玩的快乐。

(二)活动准备

大白鹅玩偶、图片、PPT课件、少量玩具

(三)活动过程

1. 活动导入

情景导入,引起幼儿的兴趣

教师出示大白鹅的玩偶,并以大白鹅的口吻来介绍自己,引起幼儿的兴趣,从而引出活动主题。

师:小朋友们好,我是大白鹅,我现在很伤心,小朋友们都不愿意和我玩,你们愿意来帮帮我吗?

2. 活动展开

(1)教师讲述故事,初步感知故事内容

教师引导幼儿边看图片边听故事,引导幼儿了解大白鹅和其他动物之间的争抢玩具现象。

师:小朋友们,大白鹅身上发生了什么事情呢?为什么呢?

(2)展开讨论,深入理解故事内容

教师引导幼儿围绕怎么帮助大白鹅解决困难展开讨论,激发幼儿思考。

师:大白鹅的做法对吗?你喜欢它这种方式吗?你认为它应该怎么做?

(3)提供玩具,巩固提高幼儿的分享意识

教师把提前准备好的玩具(玩具数量少于幼儿数量)分发给幼儿,让他们自由结合,通过和其他小朋友一起玩玩具,让幼儿懂得分享的重要性,体会到分享的快乐。

3. 活动结束

教师总结:小朋友们,我们在玩玩具的时候呀,一定要文明、礼貌。如果我们想玩别人的玩具,一定要先问问他愿不愿意让我们玩。当他同意让我们玩了,我们要说"谢谢"。如果我们有玩具的话,也可以邀请别人跟我们一起玩。

(四)活动延伸

教师引导幼儿回家后,把在幼儿园学到的与人分享的道理,讲给爸爸妈妈听,让爸爸妈妈也来做一个懂得分享的人。

评分标准参考如下:

(1)活动名称(共1分。名称和年龄段适宜1分)

(2)活动目标(共3分。缺乏认知、行为、情感任意一方面的目标扣1分)

(3)活动准备(共2分。若在具体活动过程中用到但在活动准备环节没有体现扣1分)

(4)活动过程(共23分。①选择能吸引幼儿注意力的导入方式2分,若导入方式不能充分引发幼儿兴趣,在不偏离主题的情况下可酌情给1分;②活动过程步骤清晰、注重幼儿主动探究19分,写出大致活动过程,在不偏离主题的情况下可酌情给10~13分;③结束环节能让幼儿保持愉快情绪并强化活动效果2分,若仅是对活动做最后总结可酌情给1分)

(5)活动延伸(共1分。活动延伸环节具体可行并能渗透不同领域的教育1分,若仅是对活动的机械重复可酌情给0.5分)

2019年上半年中小学教师资格考试真题试卷(九)

一、单项选择题

1. A 【解析】本题考查我国幼儿园教育的任务。我国幼儿园具有为幼儿和幼儿家长服务的“双重任务”,其一是对幼儿实施保育和教育;其二是面向幼儿家长提供科学育儿指导,故本题选A。

2. C 【解析】本题考查幼儿注意的品质。幼儿能够认真完整地听完教师讲的故事,说明幼儿的注意力一直维持在教师的讲述活动中,体现了幼儿注意的稳定性。

注意的选择性是指注意具有选择信息的功能。(1)幼儿注意的选择性在很大程度上是由幼儿的兴趣和情绪引起的;(2)幼儿注意的选择性与幼儿的理解水平和幼儿的经验有密切关系;(3)幼儿注意的选择性受强化方式的影响,常见的强化方式有鼓励、表扬和批评、惩罚。

注意的广度也叫注意的范围,它是指一个人在同一时间内能够清楚地察觉和把握对象的数量。“一目十行”“眼观六路”,指的都是注意的范围。幼儿注意的范围比较小,但随着年龄的增长,注意的范围在逐渐扩大。

注意的分配是指在同一时间内,把注意分配到两种或几种不同的对象与活动上。在良好的教育条件下,随着年龄的增长,幼儿注意分配的能力逐渐提高。

3. A 【解析】本题考查幼儿思维的特点。具体形象思维是指幼儿依靠事物在头脑中的具体形象进行的思维,即依靠具体事物的表象以及对具体形象的联想而进行的思维。小红的计算需要依靠花生这一具体事物来进行,一旦脱离这一具体事物就无法进行计算了,说明小红的思维离不开事物的具体形象,因此具有具体形象性。

4. B 【解析】本题考查布卢姆教育目标分类学。布卢姆将教育目标划分为认知、情感、动作技能三大类,分别涵盖三个不同的方面。题干中“了解青蛙的生长发育过程”是知识的掌握和理解,因此属于认知目标。情感领域的目标主要包括兴趣、态度、习惯和价值观等方面的形成、发展。动作技能领域的目标主要包括神经肌肉协调的操作技能、动作技能和行动等方面。

方法技巧:幼儿园教育活动的目标表述可通过以下方法进行记忆。

在情感态度方面,包括兴趣、爱好、态度、习惯的养成和好奇心、价值观的培养等;

在认知方面,包括对知识的理解、记忆、掌握等;

在技能方面,包括操作、表达、交往、创造等能力的形成。

5. C 【解析】本题考查幼儿言语的作用。儿童的自言自语有着自我调节的功能，通过组织自身的行为以达到目的。通常表现在幼儿进行某些活动时，他们会用语言将自己的行为进行描述和确认。情感表达是指通过语言表达自己的情绪。自言自语就是婴幼儿调节自己情绪的方式之一，尤其是在愤怒、失望、伤心等情绪出现时，幼儿通过自言自语进行自我安抚。题干中幼儿通过自言自语来指导自己当前的行动，使行动与言语相配合，体现的是幼儿言语的自我调节功能。

6. C 【解析】本题考查幼儿身体发育的规律。在人体各大系统中，神经系统是发育最早的系统，妊娠3个月时，胎儿的神经系统就已经基本发育完善。淋巴系统的发育也比较早，10岁左右达到高峰，12岁左右淋巴系统几乎达到成人时期的200%；而生殖系统在出生头12年里几乎没什么发育，到青春期迅速发育，并很快达到成人水平。

7. D 【解析】本题考查活动区材料的投放。题干中教师在活动区提供多层次的活动材料让幼儿自选，既能满足全体幼儿的一般需要，又能够关注到幼儿的个体差异，使幼儿在原有水平上获得发展。因此，教师遵循的是幼儿心理发展的差异性原则，故本题选D。

8. D 【解析】本题考查幼儿园教师的角色。《幼儿园教育指导纲要》中提出，教师应成为幼儿学习活动的支持者、合作者、引导者。题干中"幼儿园教师要能够接住幼儿抛来的'球'，并用恰当的方式把'球'抛回给幼儿"是指教师要以伙伴的身份参与到幼儿的学习活动当中，与幼儿共同推动学习活动的进行。因此，该说法体现的是教师是幼儿学习活动的"合作者"，故本题选D。

9. B 【解析】本题考查《3～6岁儿童学习与发展指南》。《指南》中幼儿"表现与创造"的教育建议指出，"幼儿绘画时，不宜提供范画，特别不应要求幼儿完全按照范画来画"，故B项说法错误。

10. B 【解析】本题考查维果斯基的"最近发展区"理论。题干中芳芳在数积木的时候能够按物点数，并能在点数完成之后说出总数，说明C项属于芳芳的已有水平，故首先排除C项。A项，"认识和命名更多的几何图形"属于幼儿感知形状和空间关系的发展，与本题无关，故排除。D项，"通过实物操作进行10以内的加减法"是在幼儿按群计数能力的基础上才能得到发展的，对芳芳来说难度较大，故排除。B项，"接着数"强调的是幼儿的按群计数能力，恰好是芳芳现有水平的更高一级，因此B项最贴近芳芳的最近发展区，故本题选B。

方法技巧:维果斯基的"最近发展区"理论是考试的常考点,考查方式多为给出一个幼儿活动的案例,询问选项中哪一项最贴近幼儿的最近发展区。考生在遇到此类试题时,可先分析幼儿当前已有的水平,再根据幼儿的心理发展特点和年龄特点分析幼儿能在成人帮助下达到的水平,从而选出正确选项。需要注意的是,选项中有些表述是幼儿即使在成人的帮助下也很难达到的水平,迷惑性较大,在做题时需要辨别。

二、简答题(参考答案)

11. 列出幼儿园课程生活化的实施要求并分别举例说明。

(1)幼儿园课程内容选择的生活化。《幼儿园教育指导纲要(试行)》中指出:教育活动内容的组织应充分考虑幼儿的学习特点和认识规律,各领域的内容要有机联系,相互渗透,注重综合性、趣味性、活动性,寓教育于生活、游戏之中。例如:课程内容的安排可依据节日顺序来展开,或者依据时令、季节变化规律来组织等。

(2)幼儿园课程资源利用的生活化。陶行知先生主张"社会即学校",认为学前教育机构的教育不能局限于狭小的教室,应让幼儿回归大自然、大社会的怀抱。例如:主题活动"春天",教师可利用春天的树木、景色变化等自然资源组织活动;幼儿园中组织"安全防火活动"时,也可利用幼儿家长的职业进行课程组织。

(3)幼儿园课程教学实施的生活化。根据幼儿的年龄特点,将富有教育意义的生活内容纳入课程领域,课程实施中教师应为幼儿创设多种多样的生活化学习情境,加强教育同生活的联系,将学前儿童在各种情境中的经验加以整合。例如:为了了解秋天的变化,教师可组织"金色的秋天"主题活动,带领幼儿到户外摘果实、捡树叶,满足幼儿的探索心理,使幼儿真正了解秋天的特点。

(共15分。答出"课程内容选择的生活化""课程资源利用的生活化""课程教学实施的生活化"等关键点9分;举例恰当可得4~6分)

12. 教师可以从哪些方面观察幼儿的注意力是否集中?

幼儿在集中注意于某个对象时,常常伴随有特定的生理变化和外部表现。最显著的外部表现有下列几种:

(1)适应性运动。幼儿在注意听一个声音时,把耳朵转向声音的方向,即所谓"侧耳倾听"。幼儿在注意看一个物体时,把视线集中在该物体上,即所谓"目不转睛"。当幼儿沉浸于思考或想象时,眼睛朝着某一方向"呆视",周围的一切变得模糊起来,而不致分散注意。

(2)无关运动的停止。当注意力集中时,幼儿会自动停止与注意无关的动作。例如,幼儿在注意听故事时,他们会停止做小动作或交头接耳,表现得异常安静。

(3)呼吸运动的变化。幼儿在注意时,呼吸变得轻微而缓慢,而且呼吸时间也改变。一般来说,呼吸变得更短促,呼的更长。在注意紧张时,还会出现心跳加速、牙关紧闭、握紧拳头等,甚至出现呼吸暂停现象,这就是所谓"屏息"。

教师可以通过观察幼儿的外部表现来了解孩子们是否集中注意,但要真正了解幼儿的注意情况,还需要全面了解幼儿的一贯表现。

(共15分。从"适应性运动""无关运动停止""呼吸运动变化"等角度回答每点5分)

三、论述题(参考答案)

13. 幼儿园集体教学活动和游戏的涵义分别是什么?试述两者的区别与联系。

涵义:幼儿园集体教学活动一般是在教师直接指导下进行的活动。它的特点是全班幼儿在同一时间内做相同的事情,活动过程以教师的引导和组织为主;游戏是一种主动、自愿、愉快、假想的社会性活动,是学前儿童获得知识最有效的手段。

(1)区别:

①活动中的主体不同。游戏中幼儿是游戏的主人、是活动的真正主体,幼儿可以自由支配自己的活动,教师更多起到的是观察者和指导者的作用。而集体教学活动是在教师的引导与支持下所进行的教学活动,教师的参与支配程度相对更高。

②活动的形式不同。集体教学活动是在教师的引导下有目的、有计划、全体幼儿在同一时间所进行的活动,具有集中性和统一性的特征。而游戏中幼儿的活动是自主的,可以通过集体的形式进行,也可以以小组或个别的形式组织。

(2)联系:

①教育目的一致。游戏的内容与目的要围绕教学的目标进行,教师要使幼儿在游戏中获得的愉快体验与教学目标实现有机统一。因此,教师既要熟悉游戏的理论,了解幼儿的身心发展水平、年龄特点、兴趣爱好,又要安排与之相适宜的教学活动,并与游戏结合在一起。

②两者互为补充。游戏是顺利开展集体教学活动的"温床",集体教学活动又能提升和巩固儿童的知识经验。因此,教师在进行教学活动时要体现"寓教学于游戏"的教育理念,在课程游戏化的大背景下,幼儿园的游戏活动可以辅助集体教学活动,集体活动也可以用游戏的方式来开展,或者可以用游戏活动作为集体活动后的延伸,让

游戏活动与集体教学活动做到有效衔接。

（共20分。其中答出集体教学活动和游戏的涵义各2分；从“活动主体不同”“活动形式不同”角度答出两者的区别每点4分；从“教育目的一致”“两者互为补充”角度答出两者的联系每点4分）

四、材料分析题（参考答案）

14.（1）亮亮更可能是小班的幼儿。

（共6分。答出亮亮更可能是小班幼儿得6分，其他答案不得分）

（2）①材料中亮亮的思维体现的是以自我为中心的特点。以自我为中心是指幼儿认为他人都是以与自己相同的方法去观察、思考和感觉事物的，而不能从他人的立场去认识和判断事物。材料中亮亮在回答老师问题的时候，并没有站到欣欣的角度去考虑，而是从自己的立场出发，理所当然地认为自己知道的事情欣欣也会知道。自我中心性是前运算阶段幼儿思维的典型特征，因此，可推断出亮亮正处于前运算阶段。

②材料中亮亮不能很好地将自己的观点和他人的观点区分开，认为别人想的和自己所知觉到的一样，是基于自己的信念做出了错误判断，因此，说明亮亮还处于错误信念阶段。一般认为，儿童到四五岁左右时才能理解错误信念，成功地完成“错误信念”任务。显然，此时的亮亮还达不到这一水平，故亮亮的表现更倾向于小班幼儿。

（共14分。答出“以自我为中心”“错误信念”等关键点每点7分，其中给出理论依据每点4分，结合材料具体阐述每点3分）

15.（1）王老师的做法更恰当。

（共4分。答出王老师做法更恰当得4分，答出李老师做法更恰当不得分）

（2）①幼儿是独特的人，因而有着他们自己的意愿和兴趣。显然，幼儿在按自己的意愿和兴趣活动时，他们对活动有很高的自主性。教师应予以尊重，而不能因为不符合自己的想法、经验就不予理睬、批评，甚至强行制止。材料中，李老师直接为幼儿提供了烧烤材料，没有尊重幼儿游戏的自主性；王老师与幼儿提前商量，让他们自己寻找材料，尊重了幼儿游戏的自主性。

②幼儿游戏会随着幼儿年龄的增长、身心的发展变化而发展，教师对幼儿游戏的指导应考虑这种发展，如象征性游戏在小班处于萌芽期、中班处于高峰期、大班处于高水平期，因此，在小班应多丰富幼儿的生活经验、吸引幼儿参与到象征性游戏当中；中班应尽量多地为幼儿提供多种条件，对其游戏进行引导；大班则可以减少玩象征性游戏的时间，增加幼儿在游戏中面对问题、思考问题、解决问题的机会。材料中的幼儿处

于大班,但李老师在游戏前直接为幼儿准备各种设备和逼真的食材,代替幼儿解决了诸多问题,并不利于幼儿自主性的发挥和问题解决能力的提高。而王老师则充分考虑到了幼儿游戏发展水平的年龄特点,提供给幼儿自主选择、自主决定的机会,故指导较为适宜。

(共16分。从“幼儿是独特的人”“幼儿游戏的特点”等角度回答每点8分,其中理论知识阐述每点4分,结合材料分析王老师的做法每点2分,结合材料分析李老师的做法每点2分)

五、活动设计题(参考答案)

16.　主题活动:汽车

主题活动总目标

(1)认识不同类型的汽车及用途,知道基本的交通常识;

(2)能对汽车进行分类,运用流畅的语言表达自己的想法;

(3)愿意探索汽车的奥秘,体会与同伴交流、合作的乐趣。

【子活动一】

不一样的汽车(大班科学活动)

(一)活动目标

(1)认识不同类型的汽车及它们各自的用途;

(2)能够根据汽车的不同用途进行分类;

(3)愿意和同伴交流合作,体验与同伴一起探索的乐趣。

(二)活动准备

(1)经验准备:让幼儿在生活中观察不同的汽车

(2)物质准备:关于汽车的动画片的剪辑(从《汽车总动员》《四驱小子》等关于汽车的动画片中挑出不同种类的汽车画面和情节);不同汽车的图片

(三)活动过程

1. 观看视频,引出话题

给幼儿观看关于不同种类汽车的剪辑视频,激发幼儿的兴趣,引发谈话主题。

师:小朋友们在刚才的视频中,都看到了哪些汽车呢?这些汽车是用来干什么的?和其他汽车相比,它们哪里长得不一样?

2. 小组讨论,继续深入了解汽车

教师将不同的汽车图片发给每个小组,幼儿小组讨论“不一样的汽车”,探索不同汽车的功能。

(1)引导幼儿区分客车和货车

师:专门用来载乘客的汽车是客车(展示图片);专门用来装运货物的汽车是货车(展示图片)。

各组小朋友通过交流讨论小组内的图片,将客车、货车图片分好类,并向大家介绍小组讨论的结果。

(2)了解特殊用途的汽车

师:这是一辆什么汽车?你在哪里看见过?它有什么用途?(依次出示图片)这些车都有一个特殊的本领,你们还知道哪些特殊用途的汽车呢?

3. 幼儿小组合作,按照汽车的不同功用进行分类

师:小朋友们,我们已经知道了这么多不一样的汽车了,让我们一起将它们分分类吧!

(四)活动延伸

(1)“不一样的汽车”主题墙设计。鼓励幼儿在生活中发现其他不同的汽车,建议幼儿可以画下来,或者拍下来。将幼儿发现的不一样的汽车,以图画、照片的形式展示在主题墙上,引导幼儿分享、讲述。

(2)“送玩具车回家”活动。建议幼儿带来自己的汽车玩具,让幼儿将手中的玩具汽车按客车、货车、特殊功用的车分别停放进 1 号、2 号、3 号停车场。

【子活动二】

甜甜村(大班语言活动)

活动目标

(1)能认真倾听故事《甜甜村》,了解汽车与人类的关系以及汽车尾气带来的危害;

(2)体验身处无汽车尾气污染的清新环境中的快乐;

(3)能用流畅的语言积极表达自己理想中的环保汽车。

【子活动三】

小小交通员(大班社会活动)

活动目标

(1)了解基本的交通规则,学会简单的交通指挥手势;

(2)体验交通警察的工作内容,激发对交警的尊敬之情;

(3)能够自觉遵守交通规则。

评分标准参考如下：

(1)主题活动名称(共1分。名称和年龄段适宜1分)

(2)主题活动目标(共3分。缺乏认知、行为、情感任意一方面的目标扣1分)

(3)一个具体子活动内容(共18分。①活动名称和年龄段适宜1分。②活动目标3分,认知、行为、情感各1分。③活动过程13分。选择能吸引幼儿注意力的导入方式1分;活动过程步骤清晰、注重幼儿主动探究10分,写出大致活动过程,在不偏离主题的情况下可酌情给6~8分;结束环节能让幼儿保持愉快情绪并强化活动效果2分,若仅是对活动做最后总结可酌情给1分。④活动延伸1分。活动延伸环节具体可行并能渗透不同领域的教育1分,若仅是对活动的机械重复可酌情给0.5分)

(4)两个子活动(共8分。活动名称和年龄段适宜各1分,活动目标各3分,缺乏认知、行为、情感任意一方面的目标扣1分)

2018年下半年中小学教师资格考试真题试卷(十)

一、单项选择题

1. A 【解析】本题考查小班幼儿角色游戏的特点。小班幼儿角色游戏的特点：(1)幼儿处于独自游戏、平行游戏的高峰期,主要与游戏材料发生联系,与伙伴之间的交往较少;(2)角色意识不强,对操作游戏材料或模仿成人动作较感兴趣;(3)游戏主题单一、情节简单。题干中小班幼儿在玩“娃娃家”的游戏时,经常会出现多个同一角色,说明小班幼儿喜欢模仿其他人的行为,看到别人玩什么自己就会玩什么。

2. C 【解析】本题考查《3~6岁儿童学习与发展指南》。《指南》中明确指出,每个幼儿在沿着相似进程发展的过程中,各自的发展速度和到达某一水平的时间不完全相同。C项要求幼儿在同一时间达成同样目标,是无视幼儿发展的个体差异的表现。因此该观点不妥,故本题选C。

3. B 【解析】本题考查幼儿生活保健常识。幼儿期,儿童的骨骼发育还没有定型,鼓励幼儿睡硬床能够帮助幼儿骨骼正常发育,故本题选B。

4. B 【解析】本题考查《幼儿园教育指导纲要(试行)》。《幼儿园教育指导纲要(试行)》指出,“教师应成为幼儿学习活动的支持者、合作者和引导者”。

5. C 【解析】本题考查笑的类型。新生儿生来就会笑,用笑表达愉快之情,这是本能的笑,是生理性微笑。从第5周开始,婴儿对社会性物体和非社会性物体的反应不同。人的出现,包括人脸、人声,最容易引起婴儿的笑,即婴儿开始出现“社会性微笑”。题干中人脸引发婴儿的微笑,即属于社会性微笑。

6.C 【解析】本题考查幼儿园教育活动内容选择的原则。教育活动内容选择的生活性原则是指幼儿园教育活动应从现实生活中挖掘教育资源、选择教育内容,把各种教育内容与幼儿的现实生活联系起来,把教育活动和幼儿的生活结合起来。题干中教师在重阳节组织幼儿到敬老院探访老人,将教学内容与幼儿的生活实际相结合,体现了幼儿园教育内容选择的生活性原则。

A 选项,教育活动内容选择的兴趣性原则是指,幼儿的年龄特征决定了兴趣是直接支配他们学习的最大内在动力。教师要关注幼儿的兴趣,从他们感兴趣的事物中选择教育价值丰富的内容;教师要将必要的活动内容转化为幼儿的兴趣。

B 选项,教育活动内容选择的时代性原则是指,幼儿园教育应不断吸收、补充或更新教育内容,以适应时代发展变化的要求。这就要求教师在选择教育活动的内容时,要突破已有教材或内容的限制,选取反映现代幼儿特点的内容,这样才能培养出符合教育目标和社会发展的未来人才。

D 选项,教育活动内容选择的发展性原则是指,教育内容既要符合幼儿的现有水平,又要给予幼儿一定的挑战。

7.A 【解析】本题考查蒙台梭利的教育思想。在蒙台梭利教育中,感觉教育是重要内容。她认为 3 ~6 岁是幼儿身心迅速发展的时期,幼儿的各种感觉先后处于敏感期,因此必须对幼儿进行系统的和多方面的感官训练,使他们通过与外部世界的直接接触发展敏锐的感觉和观察力,为高级的智力活动和思维发展奠定基础。故本题选 A。

8.D 【解析】本题考查《幼儿园教育指导纲要(试行)》。《幼儿园教育指导纲要(试行)》指出,在日常活动和教育教学过程中应采用自然的方法进行评价,平时观察所获得的具有典型意义的幼儿行为表现和所积累的各种作品等,是评价的重要依据。

9.B 【解析】本题考查学前儿童实物概念的发展。幼儿初期,幼儿所掌握的实物概念主要是他们熟悉的事物。给物体下定义多属直指型。

幼儿中期,幼儿已能掌握事物某些比较突出的特征,由此获得事物的概念。他们给物体下定义多属列举型。

幼儿后期,幼儿开始初步掌握某一实物的较为本质特征,如功用的特征,或若干特征的总和。他们给物体下定义多为功用型,但仍有对事物的描述。因此,“理解功能性特征”与大班幼儿的实物概念发展水平最接近。故本题选 B。

方法技巧：学前儿童掌握实物概念的发展过程分为幼儿初期、幼儿中期和幼儿后期。考生在学习该知识点时，可通过以下口诀帮助记忆与区分"初期熟悉多直指""中期突出多列举""后期本质多功用"。

10. A 【**解析**】本题考查《3～6岁儿童学习与发展指南》。《指南》中指出，3～4岁幼儿能够"认识常见的动植物，能注意并发现周围的动植物是多种多样的"。因此，A项最符合小班幼儿的发展水平。

二、简答题（参考答案）

11. 请依据皮亚杰的理论，简述2～4岁儿童思维的特点。

皮亚杰提出了认知发展阶段理论，他把儿童的认知发展分为感知运动阶段、前运算阶段、具体运算阶段和形式运算阶段，2～4岁儿童处于前运算阶段（2～7岁）中的象征思维阶段（2～4岁）。

根据皮亚杰的理论，2～4岁儿童思维具有如下特点：

（1）思维开始运用象征性符号进行，出现表征功能，或称象征性功能。

（2）此阶段幼儿不能掌握部分与整体的关系，常常运用"转导推理"。

（3）象征思维是"中心化"的思维，或称为"自我中心思维"。此阶段儿童在一个时间只能考虑到事物的一种特征，不能同时照顾两种特征，不能依据事物的客观联系和关系来解决问题，只凭自己的个别经验、个体意义的象征或所谓"信号物"进行思考。

（共15分。答出"象征性功能""转导推理""自我中心思维"等关键点每点5分）

12. 简述幼儿园美育的意义。

（1）对幼儿个体发展的意义：

①美育通过艺术形象的魅力，潜移默化地感染和熏陶幼儿的心灵，使幼儿在感受美的同时，发展积极向上的精神和活泼开朗的性格，产生美好的情感和情绪体验。

②美育帮助幼儿开阔视野、增长知识、发展智力。幼儿在艺术活动中实现着内在的认知活动和外在的表现活动的统一。

③美育通过艺术活动帮助幼儿借助形象化的方式认识世界，弥补了用语言和逻辑推理的方式进行学习的不足，有利于促进幼儿大脑左右半球的均衡发展。

（2）对社会的意义：

①美育是培养人良好的精神面貌的方法之一。人高尚的道德情操和道德行为与

对美的追求常常是统一在一起的。因此,美育是建立文明社会不可缺少的部分。

②对幼儿实施美育有利于促进幼儿形成健全的人格,这就为提高全民族的素质奠定了基础。

(共15分。从个体发展角度答出“感染和熏陶心灵”“开阔视野”“认识世界”等关键点得9分;从社会角度答出“培养良好精神面貌”“形成健全人格”等关键点得6分)

三、论述题(参考答案)

13. 什么是幼儿园一日生活常规?试述培养幼儿一日生活常规的意义和方法。

(1)幼儿园一日生活常规指的是幼儿园为了培养幼儿良好的生活习惯和生活基本能力,确保幼儿健康成长而制定的幼儿园生活各环节的基本规则与要求。幼儿园一日生活常规是多方面的,具体包括:卫生常规、行为习惯常规、学习活动常规等。

(2)培养幼儿一日生活常规的意义:

①一日生活常规可以培养幼儿的生活规律,养成良好的行为习惯。幼儿园里的幼儿来自不同背景的家庭,有些幼儿由于各种原因生活作息没有规律,而幼儿园则会按照幼儿生理和心理的需要做出符合科学的合理安排。因此,幼儿生活在其中,能逐渐养成有规律的生活习惯、时间观念和有组织、有条理的办事能力,并逐步适应幼儿园的环境。

②一日生活常规可以帮助幼儿适应幼儿园环境,学习在集体中生活。幼儿园一日活动是为满足幼儿自身需要进行的,但在活动过程中,需要幼儿具备一定的知识技能以适应集体生活。幼儿园一日生活常规可以帮助幼儿在自身需要和客观要求的交互作用下,使幼儿逐步获得适应幼儿园环境的能力并且不断学习在集体中生活的方法。

③一日生活常规可以培养幼儿的自律能力,维持班级的秩序。幼儿能够通过遵守一日生活常规而逐渐培养自律能力,同时使班级秩序得以维护、幼儿园正常的游戏活动和教育活动得以进行。

④一日生活常规能够增强幼儿的安全感,有助于幼儿健康成长。幼儿在有规律的环境里生活才会感到安全,合理的常规有助于为孩子创造一种有序的、和谐的生活环境,使他们在心情愉快的情境中自然地形成一种符合其身心发展水平的规则意识和规范行为,同时促进幼儿身心健康发展。

(3)培养幼儿一日生活常规的方法有:

①榜样示范法;②渗透教育法;③评价激励法;④成果欣赏法;⑤图示观察法;⑥游戏练习法;⑦家园共育法。

（共20分。其中答出幼儿园一日生活常规的概念2分；答出培养幼儿一日生活常规的意义每点3分；答出7条培养幼儿一日生活常规方法得6分）

四、材料分析题（参考答案）

14.（1）该材料体现出石头的同伴交往类型主要是被拒绝型。材料中石头有主动交往意愿，但是缺乏交往的技巧和方法，影响其同伴交往的因素有如下几方面：

①幼儿自身的特征。首先，性别、长相、年龄等生理因素影响着幼儿被同伴选择和接纳的程度。不同性别的儿童交往方式是不同的，石头是男孩子，而材料中的林琳有可能是女孩子，则其交往的手段、方法都有一定的差异。石头的行为更加的直接、豪放，林琳相对来说比较文静、内敛，对于这样的交往方式难以接受。其次，幼儿的气质、能力、性格等个性特征和情感特征影响着他们对同伴的态度和交往中的行为特征。材料中石头的年龄特征为活泼好动、易冲动、喜欢交往，喜欢从事结伙和合作的游戏与活动，但是其交往的技能技巧欠缺，影响了幼儿之间的同伴关系；材料中石头的气质类型倾向于胆汁质，精力旺盛、好冲动，做事情前不善于进行一定的思考。

②活动材料和活动性质。活动性质对同伴交往的影响主要体现在自由游戏的情境下，不同社交类型的幼儿表现出交往行为上的巨大差异。材料中的林琳独自玩游戏，说明林琳处于独自游戏阶段，而石头交往中并没有掌握社会性交往的技巧，直接“抱住”林琳，这样的举止打断了林琳的游戏进程，使得林琳出现反感、不舒服的现象，因此推开了石头。

（共10分。答出石头是被拒绝型得2分；答出“幼儿自身特征”“活动材料和活动性质”的原因每点4分，其中给出理论依据每点2分；结合材料分析每点2分）

（2）帮助儿童建立良好同伴关系，应从如下几方面入手：

①教会儿童合作，增强儿童的自信感。对于那些因为有鲁莽行为而遭到同伴拒绝的儿童，教师需要教他们如何用积极的方式解决冲突；而对于那些害羞和孤僻的儿童，可以引导他们与更小的儿童活动，从而增强其交往的信心，提高他们的社会交往能力。

②教会儿童游戏，提高儿童的参与度。一些不会游戏或对参与游戏缺乏方法的儿童，通过游戏可以学到被同伴群体接受的必要的社交技能，并能在游戏中改善与其他儿童的关系，从而进一步提高其交往技能。

③教会儿童接纳，融洽儿童的同伴关系。帮助被忽略型儿童和被拒绝型儿童积极和适当地对待同伴的参与，接纳他人的加入。

④教会儿童表达,培养儿童的积极情感。教师在幼儿的一日生活中应当注意引导幼儿说话礼貌,对同伴表示赞赏,微笑、拥抱、轮流做事(玩)、共享一些东西以及互相帮助等。

(共10分。从"教会儿童合作""教会儿童游戏""教会儿童接纳""教会儿童表达"等角度提出至少4条合理化建议的,逻辑清晰、表述合理可得8~10分)

15.(1)更赞同B教师的想法。该教师支持幼儿的新玩法,这一理念符合游戏的基本特征。

①游戏是儿童主动的自愿的活动,自主性是游戏的最本质属性。材料中针对幼儿自发生成的"运病人"游戏,教师应予以充分的尊重,并支持幼儿进行游戏。

②游戏在假想中反映现实生活,重在过程,没有外在强加的目的,能够给幼儿带来愉悦的情绪体验。部分幼儿虽然没有按照教师的预设进行体育锻炼游戏,但他们在"运病人"游戏中有的拖、有的推、有的抬,玩得不亦乐乎,在这一过程中不知不觉获得了全方位的发展,得到了极大的满足感。因此,教师应当给予支持。

(共10分。答出赞同B老师做法得2分,答出"游戏的自主性""没有外在强加的目的"等原因每点4分)

(2)"运病人"游戏是角色游戏,是幼儿通过扮演角色、运用想象,创造性地反映个人生活经验的一种游戏,属于创造性游戏。

"运病人"游戏的教育作用如下:

①促进幼儿认知和语言的发展。在"运病人"游戏中,幼儿可以增加关于照顾、运送病人方面的"医护"知识,并且促进其交流表达能力和思考问题、解决问题能力的提高。

②促进幼儿社会性的发展,在游戏中幼儿通过增加对"病人"这一角色的了解,体会爱护病人和关爱病人的情感,有利于克服自我中心化,学会理解他人。此外,在与同伴共同"推""抬"的过程中也提高了幼儿与同伴合作的能力。

③促进幼儿创造力的发展。"运病人"游戏是幼儿自发的游戏活动,并且幼儿在游戏中可以思考"运送"病人的多种方法,从而促进其创造性的发展。

④促进幼儿情感的发展。在"运病人"游戏中,幼儿可以体验各种情感,如友好、同情、责任心等。除此之外,幼儿在成功运送病人的过程中也会产生成就感和自豪感。

(共10分。答出"'运病人'游戏是创造性游戏"得2分;从"认知和语言""社会性""创造力""情感"角度结合材料回答每点2分)

五、活动设计题(参考答案)

16.　　　　　　　　　　　主题活动:我要上小学

主题活动总目标

(1)初步感受小学生活的内容,并能通过多种形式进行表达;

(2)能理解指令、完成任务,具备初步的纪律意识和任务意识;

(3)发自内心地对小学生活充满期待之情。

【子活动一】

我要上小学(大班社会活动)

(一)活动目标

(1)了解小学生活的主要内容,懂得小学生活与幼儿园生活的不同;

(2)萌发对小学生活的好奇与向往之情;

(3)能听懂指令、完成任务,积极流畅地表达自己的想法。

(二)活动准备

音乐《早上好》、幼儿园毕业照、开学典礼和上课的小视频、小学校服。

(三)活动过程

1. 活动导入

音乐导入,引出活动主题

教师播放音乐《早上好》,幼儿跟着音乐热身,激发幼儿活动的兴趣。

师:小朋友们,跟着老师一起来活动一下吧。

2. 活动展开

(1)图片形式,初步感知小学的生活

教师出示往年幼儿园大班小朋友的毕业照,通过观察图片引导幼儿思考,提问小朋友们幼儿园毕业之后要做什么,通过幼儿的回答引出"小学"的主题。

师:小朋友们,你们幼儿园毕业之后要做什么呢?

(2)视频形式,深入理解小学生活的内容与变化

观看小学开学典礼和上课的小视频,通过升旗仪式让幼儿直观感知小学生活的内容与变化。

师:哪位小朋友能来说一说小学生活和幼儿园生活有什么区别呢?

(3)谈话形式,巩固提高幼儿对小学生活的向往

教师请小朋友试穿小学校服,并请小朋友围绕小学生活谈论自己的感受。

3. 活动结束

以小组为单位，到角色区畅想小学生活。

（四）活动延伸

带领幼儿参观小学。

【子活动二】

我上小学啦（大班艺术活动）

活动目标

（1）自然、真实地呈现自己心目中向往的小学生活内容；

（2）懂得欣赏并评价自己及同伴的作品，从中感受创作的快乐；

（3）绘画技能能够实现主题分明，内容丰富。

【子活动三】

安全小能手（大班健康活动）

活动目标

（1）具备安全意识和一定的警惕性；

（2）具备初步的自我保护能力；

（3）能够牢记并准确说出家庭中主要人员的信息和家庭住址，记住常用的报警电话。

评分标准参考如下：

（1）主题活动名称（共1分。名称和年龄段适宜1分）

（2）主题活动目标（共3分。缺乏认知、行为、情感任意一方面的目标扣1分）

（3）一个具体子活动内容（共18分。①活动名称和年龄段适宜1分。②活动目标3分，认知、行为、情感各1分。③活动过程13分。选择能吸引幼儿注意力的导入方式1分；活动过程步骤清晰、注重幼儿主动探究10分，写出大致活动过程，在不偏离主题的情况下可酌情给6~8分；结束环节能让幼儿保持愉快情绪并强化活动效果2分，若仅是对活动做最后总结可酌情给1分。④活动延伸1分。活动延伸环节具体可行并能渗透不同领域的教育1分，若仅是对活动的机械重复可酌情给0.5分）

（4）两个子活动（共8分。活动名称和年龄段适宜各1分，活动目标各3分，缺乏认知、行为、情感任意一方面的目标扣1分）

国家教师资格考试

历年真题详解及预测试卷

保教知识与能力·幼儿园(预测答案本)

目 录

国家教师资格考试预测试卷(十一)

一、单项选择题

1. D 【解析】注意的分配是指人在进行两种或多种活动时能把注意指向不同对象的现象。事实证明,注意的分配是可行的,人们在生活中可以做到"一心二用",甚至"一心多用"。"幼儿在上课时对老师讲的内容用眼看、用耳听、用心记、用嘴说"体现的是注意的分配。因此,这样做可以提高幼儿注意的分配能力。

A 项,注意的转移是人们根据新的活动任务,及时、有意地调换注意对象,即把注意从一个对象转换到另一个对象上。

B 项,注意的起伏是指注意并没有离开当前的事物或活动,只是注意集中的程度一会儿加强一会儿减弱。一般情况下,注意的起伏不会影响当前的学习与工作活动。

C 项,注意的分散是与注意的稳定相反的一种状态,它是指幼儿的注意离开了当前应该指向的对象,而被一些与活动无关的刺激物所吸引的现象,俗语叫做分心。注意的分散不利于当前学习、工作的顺利进行。

2. C 【解析】环境创设的目的是引发和支持幼儿与周围环境的积极作用,因此,幼儿是环境创设中不可缺少的参与者。幼儿参与到环境创设中不仅能给他们提供参与活动的机会,培养动手操作的能力,满足自我表现的愿望,还能促进学前儿童与环境、教师之间的沟通,使他们更加爱护环境。题干中教师在布置自然角时,让幼儿讨论决定饲养何种动物,体现了教师对幼儿的尊重,遵循了幼儿园环境创设的幼儿参与性原则。

3. C 【解析】表演游戏是儿童根据故事、童话的内容,运用动作、表情、语言,通过扮演角色,进行创造性表演的游戏。这种游戏是以想象为基础的。题干中幼儿根据《猫和老鼠》的情节,运用道具扮演各种角色,这属于表演游戏。

易错提示:考生易混淆角色游戏和表演游戏,在做此类试题时,可通过以下关键点进行区分。

表演游戏中,幼儿扮演的角色以一定的故事或童话为依据,情节内容也是对故事或童话情节内容的反映;

在角色游戏中,幼儿扮演的角色既是生活印象的再现,又是幼儿自由创造的表现。

4. D 【解析】幼儿有时候会误吞骨头、纽扣等异物,这些异物有时会卡在食道里,有时还会沿着食道进到胃里。一旦发生食道异物,应立即送患儿到医院医治,禁止采用吃东西把异物顶到胃中的做法。

5. B 【解析】实验法是研究者通过有目的地控制一定的条件以观测儿童的行为反应,从而揭示一定条件与某种行为之间关系的方法。题干描述的是实验法。

A 项,观察法是研究者有目的、有计划地观察学前儿童在日常生活、游戏、学习和劳动等自然状态下的言语、表情、动作、行为等,并做详细的记录,然后分析儿童身心发展特点的方法。

C 项,调查法是研究者通过学前儿童的家长、教师或其他熟悉儿童的人去了解儿童的心理表现。

D 项,测验法是研究者利用一定的测验项目和量表,来了解学前儿童发展水平的方法。

6. B 【解析】家长开放日指幼儿园定期或不定期地向家长开放,届时邀请家长来园观摩和参观幼儿园的活动。家长观摩或参观幼儿园的活动,可以从中具体了解幼儿园教育工作的内容、方法;可亲眼看到自己孩子在各方面的表现,得知孩子的发展水平与交友状况,特别是可以看到自己的孩子在与同龄幼儿相比较中显示出的优势与不足,从而有助于家长深入了解孩子,与教师合作有针对性地教育孩子。故本题选 B。

A 项,大部分幼儿园都设有家园联系栏或家教园地,有面向全体家长的,也有各班办的。面向全体家长的家园联系栏一般都是介绍有关家教新观念、家教好经验、保健小常识、季节流行病的预防、亲子游戏等。

C 项,举办家长学校主要是向家长系统地宣传先进的教育理念,指导家长教育孩子的正确方法,通过家长学校组织家长参与学习和活动,提高家长的学前教育认识水平和教育能力。

D 项,家长会有全园的、年级的、班级的。全园性的家长会议要求全体家长都参加,一般安排在学年(或学期)初与学年(或学期)末。如开学初幼儿园要开展课程改革,进行全园部署,就必须向家长传达课改精神,宣传教育新理念,指导家长配合,做好合作共育,共同促进儿童发展。

7. C 【解析】具体形象思维是以直观形象和表象为支柱的思维过程。题干中的幼儿在计算 1 + 1 时,需要借助棒棒糖这种表象材料来完成运算,这表明该幼儿的思维是具体形象思维。

8. C 【解析】影响学前儿童攻击性行为的因素主要包括父母的惩罚、榜样、强化和挫折。题干中描述的家长对幼儿的攻击性行为置之不理,这等于强化了幼儿的攻击性行为。

9. C 【解析】《3～6岁儿童学习与发展指南》社会领域社会适应目标3"具有初步的归属感"中，5～6岁幼儿学习与发展目标包括：(1)愿意为集体做事，为集体的成绩感到高兴；(2)能感受到家乡的发展变化并为此感到高兴；(3)知道自己的民族，知道中国是一个多民族的大家庭，各民族之间要互相尊重，团结友爱；(4)知道国家一些重大成就，爱祖国，为自己是中国人感到自豪。故本题选C。

10. D 【解析】学前儿童对物体进行比较，先学会找物体的不同处，后学会找物体的相同处，最后学会找物体的相似处。

二、简答题(参考答案)

11. 简述幼儿期攻击性行为的特点。

(1)幼儿攻击性行为频繁，主要表现为为了玩具和其他物品而争吵、打架，行为更多是直接争夺或破坏玩具和物品。(2)幼儿更多依靠身体上的攻击，而不是言语的攻击。(3)从工具性攻击向敌意性攻击转化，小班幼儿的工具性攻击行为多于敌意性攻击行为；而大班幼儿的敌意性攻击则显著多于工具性攻击。(4)幼儿的攻击性行为有着明显的性别差异，幼儿园男孩比女孩更多地怂恿和卷入攻击性事件。

12. 简述幼儿记忆力的培养措施。

(1)明确记忆目的，增强记忆的积极性；

(2)通过各种感官参与识记；

(3)教授幼儿运用记忆的方法和策略；

(4)引导幼儿按照遗忘规律进行复习；

(5)培养幼儿对学习的兴趣和信心；

(6)选择最佳的记忆时间。

三、论述题(参考答案)

13. 幼儿园为什么要为幼儿入小学做准备？应做哪些准备？

(1)①幼儿园为幼儿入小学做准备，是学前儿童身心健康发展的需要。尽管幼儿园和小学是两个不同性质、不同教育任务和不同教育要求的独立机构，但儿童身心发展的内在规律决定了教育应从连续性、整体性出发，为幼儿生理、心理等各方面做好充分准备，实现从一个教育阶段到另一个教育阶段的自然、顺利过渡。

②幼儿园为幼儿入小学做准备，是儿童入学适应不良现状的实践要求。幼儿园阶段和小学阶段在主导活动、生活环境、规章制度、师生关系和社会要求等方面均存在较大差异，这些差异导致儿童入学后出现诸多身体、精神、社会适应等方面的不良反应和不适应状态。这些现实决定了学前儿童从幼儿园进入小学并开始新的生活之前应接

受一定的调整和准备工作,建立一系列过渡性的行为方式,以满足新的教育阶段的新要求。

③幼儿园为幼儿入小学做准备,是幼儿园教育内容的重要组成部分。《幼儿园工作规程》与《幼儿园教育指导纲要(试行)》都曾指出,做好幼儿园与小学的衔接工作,是幼儿园阶段的一项基本教育任务,是教育内容的重要组成部分。

④幼儿园为幼儿入小学做准备,符合世界幼儿园教育的发展潮流。幼儿园与小学的衔接问题,是世界性的问题。教育者加强幼小衔接工作的研究和实践,可以进一步推动这一世界性问题的解决与发展,同时也是对世界学前教育工作的一大贡献。

(2)幼儿园为幼儿入小学应做的准备:

①培养幼儿对小学生活的热爱和向往:建立积极的入学期待;帮助幼儿初步了解小学生活。

②培养幼儿对小学生活的适应性:培养幼儿的独立性;发展幼儿的人际交往和合作能力;培养幼儿的规则意识和任务意识;培养幼儿的运动习惯。

③帮助幼儿做好入学前的学习准备:保护幼儿的好奇心;培养幼儿养成良好的学习习惯;激发幼儿的学习兴趣,培养学习能力。

④构建良好的家园幼小衔接协作体系:幼儿园的幼小衔接工作离不开家长的密切配合。幼儿园应该基于幼小衔接的实际情况和家长进行沟通协作。

四、材料分析题(参考答案)

14.(1)《3~6岁儿童学习与发展指南》语言领域小班幼儿倾听与表达的目标包括:①认真听并能听懂常用语言:别人对自己说话时能注意听并做出回应;能听懂日常会话。②愿意讲话并能清楚地表达:愿意在熟悉的人面前说话,能大方地与人打招呼;基本会说本民族或本地区的语言;愿意表达自己的需要和想法,必要时能配以手势动作;能口齿清楚地说儿歌、童谣或复述简短的故事。③具有文明的语言习惯:与别人讲话时知道眼睛要看着对方;说话自然,声音大小适中;能在成人的提醒下使用恰当的礼貌用语。材料中小苏没有做到别人对自己说话时能注意听并做出回应、能听懂日常会话、愿意讲话并能清楚地表达、能大方地与人打招呼、愿意表达自己的需要和想法。

(2)如果我是陈老师,我的教育建议:

①与幼儿交谈时,要用幼儿能听得懂的语言。

②对幼儿提要求和布置任务时要求他注意听,鼓励他主动提问。

③每天有足够的时间与幼儿交谈。如谈论他感兴趣的话题,询问和听取他对自己事情的意见等。

④尊重和接纳幼儿的说话方式，无论幼儿的表达水平如何，都应认真地倾听并给予积极的回应。

⑤鼓励和支持幼儿与同伴一起玩耍、交谈，相互讲述见闻、趣事或看过的图书、动画片等。

⑥和幼儿讲话时，自身的语言要清楚、简洁。

15.（1）教师的行为是不恰当的。材料中，幼儿正饶有兴致地布置堵车场景，说明幼儿已能将生活经验迁移到活动中，有一定的想象力及创造力。但教师没有仔细观察幼儿的游戏行为，反而凭借自己的主观臆想介入到幼儿的游戏活动中，硬是打断了幼儿正在进行的想象活动，让他们按照车的颜色和大小摆放成一个停车场练习分类。虽然教师的出发点是好的，但是这一举动并没有关注到幼儿的兴趣和需要，忽视了幼儿的主体性，也违背了游戏指导的启发性原则。

（2）教师应从以下方面进行有效指导：

①在幼儿游戏活动时，教师应注意观察幼儿，准确了解幼儿游戏的意图。教师只有对观察到的幼儿的游戏行为进行认真分析，才能决定指导的对象和方式，进而给予幼儿及时的帮助和引导，从而促进幼儿游戏的发展。

②游戏过程中，教师应把握合适的介入时机，注重指导艺术，切不可直接、盲目地介入幼儿正常的游戏中，应该尽可能选择平行介入的方式，通过扮演游戏中的角色间接指导幼儿。

方法技巧：教师对幼儿游戏的指导是常考点，主要以材料分析题的形式考查。考生在做题时需要注意以下关键点。

（1）教师对幼儿游戏的指导要符合幼儿的发展水平，不能只考虑游戏对幼儿某方面的促进作用；

（2）教师对幼儿游戏的指导要符合幼儿游戏的特点，要体现幼儿在游戏中的自主性，不能以教师的意愿为主；

（3）教师要把握合适的介入时机，在介入之前，教师一定要仔细观察，选择适宜的时机再介入。

五、活动设计题（参考答案）

16.　　　　春雨的吉他（中班语言活动）

（一）活动目标

（1）能听懂并理解诗歌的内容，了解诗歌中“竖起”“伸长”“停止”等动词；

（2）能够尝试替换诗歌中的词句，进行简单仿编；

(3)萌发热爱春天、热爱大自然的情感。

(二)活动准备

教学挂图、背景音乐、下雨的声音的音频。

(三)活动过程

1. 活动导入——谈话导入,激发幼儿兴趣。

(1)师:小朋友们,春天来了,春天都有哪些美丽的景色呢?用好听的词语形容一下。

(2)播放春雨的声音。

师:咦,你们听,这是什么声音?

引导幼儿模仿下雨的声音。

师:你见过春天的雨吗?春雨是怎样的呢?(词语渗透:细密的、春雨绵绵、柔风细雨、细雨如丝)

小结:春天的雨细细的、小小的,像在演奏一首美妙的乐曲。

2. 活动展开

(1)播放背景音乐,教师完整朗诵诗歌,幼儿初步感受诗歌的美妙。

师:今天老师带来了一首好听的诗歌,让我们一起来听一听!

教师有感情地朗诵诗歌。

提问:你听到了什么?听完之后有什么感受?

(2)教师出示挂图引导幼儿观察,帮助幼儿理解诗歌的内容和意境。

师:为什么说春雨在弹吉他?是谁在听春雨弹吉他?

师:花婆婆听到了春雨弹吉他的声音是什么反应?蜗牛弟弟、蝴蝶姐妹又是什么反应?

小结:春雨弹吉他的声音美妙动听,让花婆婆情不自禁地竖起了耳朵,蜗牛弟弟伸长了脖子,蝴蝶姐妹停止了飞舞,陶醉地欣赏春雨的吉他声。

(3)再次完整欣赏诗歌,体会诗歌的意境。

(4)伴随优美的背景音乐,师幼一起朗诵诗歌。

(5)引导幼儿尝试替换诗歌中的词语,仿编诗歌。

师:春天里不仅有"滴滴答"的春雨的声音,还有许多动听的声音,如果把这些声音编进诗歌里,一定很好听。那春天里还有哪些动听的声音呢?我们一起来试一试。

如:"呼呼呼,呼呼呼,春风在弹吉他……他们都陶醉在春风的吉他声中";"喳喳喳,喳喳喳,小鸟在弹吉他……他们都陶醉在小鸟的吉他声中"等。

3. 活动结束

师：让我们一起去寻找更多春天美妙的声音，把它们编进诗歌里吧！

（四）活动延伸

将这首美妙的诗歌——春雨的吉他，画成一幅美丽的画。

国家教师资格考试预测试卷（十二）

一、单项选择题

1. B **【解析】**深度知觉是距离知觉的一种。为了了解婴幼儿深度知觉的发展状况，吉布森和沃克设计了“视崖”实验。“视觉悬崖”是一种测查婴儿深度知觉的有效装置，这种装置把婴儿放在厚玻璃板的平台中央，平台一侧下面紧贴着方格图案。实验时，母亲轮流在两侧呼唤婴儿。结果发现大多数婴儿只爬到浅滩，即使母亲在深滩一侧呼喊，婴儿也不过去，或因为想过去又不能过去而哭喊。该实验说明婴儿已有深度知觉，但无法判断深度知觉是否是先天的。故本题选B。

方法技巧：考生在做题时，需要记忆和区分的实验有以下几个。

“视崖”实验——研究儿童的深度知觉；

点红实验——研究儿童自我意识的发展；

三山实验——研究儿童的自我中心思维；

双生子爬楼梯实验——验证儿童的学习取决于生理成熟，在生理成熟之前的早期训练对发展没有显著作用；

延迟满足实验——研究儿童的自我控制能力和行为。

2. B **【解析】**再造想象是根据语言文字的描述或图形、图解、符号等非语言文字的描绘，在头脑中形成相应的新形象的过程。选项中只有B项体现了幼儿的再造想象。

易错提示：考生易混淆创造想象和再造想象，遇到此类试题时，可通过以下关键点进行区分。

再造想象强调记忆表象的丰富，以丰富的表象为基础，利用词语思维的组织作用，在头脑中形成新形象；

创造想象强调想象的首创性、新颖性，根据一定的目的、任务，对感性材料进行分析、综合、加工、改造，创造出新形象。

3. D **【解析】**幼儿生长发育具有不均衡性，体现在以下三个方面：(1)生长发育的速度不均等,各年龄阶段生长发育的速度不同,有快有慢,呈波浪式;(2)身体各部分的生长速度不均等;(3)人体各系统的发育不均衡。题干中所述体现了幼儿生长发育的不均衡性。

易错提示:“幼儿身心发展的规律”在考试时经常以选择题的形式进行考查,考生在做此类试题时,可根据以下关键词进行区分和记忆。

(1)程序性强调由低级到高级、由简单到复杂,不能逾越,也不会逆向发展。即“由……到……”。

(2)连续性和阶段性强调在某一年龄阶段,儿童生理和心理都会表现出一些一般的、典型的、本质的特征。即“某一阶段的特征”。

(3)不平衡性一方面是指身心发展的同一方面的发展速度,在不同的年龄阶段是不平衡的;另一方面是就个体身心发展的不同方面而言的。即“不同的年龄阶段、不同方面”。

(4)个别差异性强调不同个体之间的身心发展存在着发展程度和速度的不同。即“不同个体、发展程度和速度不同”。

4. D 【解析】南京燕子矶幼稚园是中国第一个乡村幼稚园,由陶行知主办,张宗麟、徐世璧、王荆璞主持。该园的办园宗旨是建设中国的、省钱的、平民的幼稚园。

5. C 【解析】好奇心是一种认识兴趣,它是人在认识事物过程中表现出来的短暂的探索性行为。幼儿的好奇心很强,主要表现在探索行为和提出问题两个方面。题干中辉辉拆卸遥控汽车是为了弄清楚汽车行驶的原理,说明他具有探索欲望。

6. A 【解析】幼儿教师应培养幼儿对小学生活充满向往,有上小学的愿望,这是幼儿开启小学学习生活的情感动力,也是重要的入学心理准备。题干中的活动可以培养幼儿对小学生活的向往之情,激发幼儿良好的入学动机。

7. C 【解析】游戏法是以游戏形式组织幼儿进行身体锻炼的方法。在幼儿园体育教学中,游戏法是最常用、最有效的一种主要方法。它突出的优点是能引起学前儿童浓厚的兴趣,产生强烈的练习欲望,提高教学的效果。题干中,“将骑脚踏车的动作练习活动变成有趣的模仿活动,激发幼儿练习的兴趣”便是游戏法的具体体现。故本题选C。

A项,比赛法是在比赛条件下进行练习的方法,一般在中、大班采用。

B项,讲解法是指教师用语言组织幼儿的活动,指导幼儿理解活动的名称和练习的内容,掌握动作要领和做法。

D项,信号法是用口令、哨音、音乐、鼓声、拍手等声响来帮助和指导幼儿进行身体锻炼的方法。

8. A 【**解析**】再认是指识记过的事物重新出现时，感到熟悉，确知是以前感知过或经历过的。题干中当鹏鹏听到《粉刷匠》时，记得老师教他唱过，这种记忆现象是再认。

易错提示：考生易混淆再认和回忆，可根据以下方法区分。

再认是指识记过的事物重新出现时，感到熟悉，确知是以前感知过或经历过的。

回忆是指识记过的事物并没有再次出现，但由于其他事物的影响而使这些事物在头脑里再次呈现出来。

9. C 【**解析**】游戏在幼儿的情感发展中有着重要作用。它不仅能满足幼儿表达自己情感的需要，而且还能使幼儿的良好情感发扬光大，不良情感得到控制和矫正。题干中幼儿能够控制自己的欲望，轮流当“切西瓜的人”，体现了游戏能促进幼儿情感的发展。

10. A 【**解析**】眼内异物多由灰沙落入眼中所致。幼儿会因异物刺激感到疼痛、睁不开眼。处理眼内异物，不能用手或手帕揉擦，可让幼儿用力眨眼，利用泪水将异物带出；也可用温水或生理盐水冲洗眼睛，还可翻开上、下眼睑，找到异物后用干净的棉签、纱布擦去。本题为选非题，故选 A。

二、简答题(参考答案)

11. 简述幼儿园一日生活的教育意义。

(1)促进幼儿的生长发育和身体健康；

(2)有利于幼儿心理的健康发展；

(3)培养幼儿良好的生活习惯；

(4)促进幼儿的学习与发展。

12. 简述培养学前儿童想象力的措施。

(1)丰富幼儿的表象，发展幼儿的语言表现力；(2)在文学艺术等多种活动中，创造幼儿想象发展的条件；(3)在游戏中，鼓励和引导幼儿大胆想象；(4)在活动中进行适当的训练，提高幼儿的想象力；(5)抓住日常生活中的教育契机，引导幼儿进行想象；(6)引导幼儿的想象符合客观规律。

三、论述题(参考答案)

13. 教师应如何引导幼儿感受美和表现美？

(1)对于引导幼儿对美的感受与欣赏，《3 ~ 6 岁儿童学习与发展指南》的教育建议如下：

①和幼儿一起感受、发现和欣赏自然环境和人文景观中美的事物。如：让幼儿多接触大自然，感受和欣赏美丽的景色和好听的声音；经常带幼儿参观园林、名胜古迹等人文景观，讲讲有关的历史故事、传说，与幼儿一起讨论和交流对美的感受。

②和幼儿一起发现美的事物的特征，感受和欣赏美。如：让幼儿观察常见动植物以及其它物体，引导幼儿用自己的语言、动作等描述它们美的方面；让幼儿倾听和分辨各种声响，引导幼儿用自己的方式来表达他对音色、强弱、快慢的感受；支持幼儿收集喜欢的物品并和他一起欣赏。

（2）对于引导幼儿对美的表现与创造，《3～6岁儿童学习与发展指南》的教育建议如下：

①创造机会和条件，支持幼儿自发的艺术表现和创造。提供丰富的便于幼儿取放的材料、工具或物品，支持幼儿进行自主绘画、手工、歌唱、表演等艺术活动；经常和幼儿一起唱歌、表演、绘画、制作，共同分享艺术活动的乐趣。

②营造安全的心理氛围，让幼儿敢于并乐于表达表现。如：欣赏和回应幼儿的哼哼唱唱、模仿表演等自发的艺术活动，赞赏他独特的表现方式；在幼儿自主表达创作过程中，不做过多干预或把自己的意愿强加给幼儿，在幼儿需要时再给予具体的帮助；不简单用“像不像”“好不好”等成人标准来评价等。

四、材料分析题（参考答案）

14.（1）①利用自然和实际生活机会，引导幼儿通过观察、比较、操作、实验等方法，学习发现问题、分析问题和解决问题，帮助幼儿不断积累经验，并运用于新的学习活动，形成受益终身的学习态度和能力。材料中，林老师借助自然界中的蚯蚓，引导幼儿通过做计划、观察、搜索资料等方式帮助幼儿自己建构经验，并将不断积累的经验运用到新的交流讨论活动中。

②支持和鼓励幼儿在探究过程中积极动手动脑探究问题的答案，为自己的想法搜集证据。材料中，林老师利用家园合作，动员家长和孩子一起上网搜集蚯蚓各方面的资料，引导幼儿自己发现问题、寻找答案。

③鼓励引导幼儿学习做简单的计划和记录，并与他人交流。材料中，林老师采用间接引导的方式，引导幼儿设计记录表，并进行长期系统的观察，在观察中不断认识蚯蚓。

④为幼儿提供宽松的心理氛围，教师在探究活动中以间接指导为主，重在激发幼儿的探索欲望。材料中，针对幼儿的偶发性观察，教师接纳幼儿的各种奇思妙想，并采

用一系列的支持措施,引导幼儿通过多种方式进行探索,激发幼儿自主科学学习。

(2)①蚯蚓喜欢什么样的生活环境?②蚯蚓喜欢吃什么?③蚯蚓的本领有哪些?④蚯蚓的运动方式是什么?

15.(1)幼儿教师采用的是内部干预的介入方式,以顾客的身份参与到了幼儿的游戏中。虽然教师没有直接建议幼儿他们该怎么做,但通过与幼儿角色的互动起到了指导幼儿游戏的作用。

(2)①幼儿游戏指导要以观察为依据,确定合适的指导时机,并及时介入幼儿游戏。材料中,教师通过观察发现幼儿在游戏区无所事事时才介入了游戏。

②幼儿游戏指导要尊重幼儿游戏的自主性。幼儿作为游戏的发起者和承担者,是游戏中的主要角色。因此,教师的指导要建立在尊重幼儿游戏自主性和保障幼儿作为游戏主动者的前提下进行。材料中,教师拿了一个盒子过去,对宁宁说:“我想把东西寄到超市去,你能帮我称一下吗?”,可以看出教师尊重了幼儿游戏的自主性,并在教师的引导下,游戏得以顺利进行。

③幼儿游戏指导要以间接指导为主。游戏往往反映着幼儿的自主创造性,教师应以间接的、辅助的、引导者的身份出现,而不应以指导作为幼儿游戏的主导。材料中,教师以游戏参与者即“顾客”的身份支持、引导幼儿的游戏,体现了教师的间接指导。

④幼儿游戏指导要遵照幼儿游戏发展的特点进行。幼儿的游戏形式随着幼儿认知的发展、社会性水平的提高而不断发展和变化,因此对幼儿游戏的指导应符合幼儿的认知发展水平和游戏发展特点。材料中,教师考虑到班级幼儿的身心发展特点,在引导幼儿做“邮局”游戏时,并没有过多要求,而是能够进行简单的称重和完成基本流程为主,体现了该原则。

五、活动设计题(参考答案)

16.　　主题活动:我们毕业了

主题活动目标

(1)珍惜自己在幼儿园的生活经历,通过回忆谈话、制作纪念册、学唱毕业歌等形式,表达自己的离园之情及对老师的谢意。

(2)意识到自己是一名即将上小学的大班小朋友,激发对小学的向往之情和热爱幼儿园、热爱老师的情感。

(3)初步了解小学生上课、学习的基本情况,了解应该为入小学做好哪些准备工作,激发做一名小学生的强烈愿望。

(4)能大胆表现自己毕业在即的感受和体会,展现个人的能力和才艺。

(5)发挥主人翁意识,积极参与活动,体验自信,感受快乐。

【子活动一】

毕业诗(大班语言活动)

(一)活动目标

(1)感受诗歌意境,初步理解诗歌内容。

(2)理解诗歌所用的比喻手法,学会有感情地朗诵诗歌。

(3)愿意交流,清楚明白地表达自己的想法。

(二)活动准备

(1)与诗歌内容相符的照片。

(2)欢快的背景音乐和舒缓的背景音乐各一段。

(三)活动过程

1. 谈话导入,引发幼儿回忆。

(1)再过几天,你们就要离开幼儿园了,在幼儿园的三年里,你觉得最有趣或印象最深刻的是什么事情?

(2)马上就要离开亲爱的老师和小朋友们,你心里是怎么想的?你有什么话要对大家说?

(3)三年来,你觉得自己哪方面有进步?

2. 欣赏并学习毕业诗。

(1)小朋友们,你们马上就要毕业了,大家心里都有什么感受,有没有什么想说的话?引导幼儿说说毕业前夕的心里话。

(2)出示图文结合的诗歌图,朗诵诗歌,帮助幼儿记忆诗歌内容。

3. 根据诗歌的感情色彩,选择适合的背景音乐进行匹配。

(1)教师分别播放欢快的背景音乐和舒缓的背景音乐,请幼儿为诗歌选择背景音乐,并说出理由。

(2)根据幼儿的选择,配上音乐再次朗诵。

(3)选择舒缓音乐作为背景音乐,带领幼儿有表情地进行朗诵,让幼儿体会其中的意境,并选择合适的语速、表情进行表现。

(四)活动延伸

在美工区画一画自己在幼儿园最快乐的时光,并分享给大家。

【子活动二】

我的毕业照(大班美术活动)

活动目标

(1)了解版画的制作步骤和方法,尝试制作自己的毕业照。

(2)培养幼儿动手操作的能力,并能根据所观察到的现象大胆地与同伴交流。

(3)让幼儿体验自主、独立、创造的能力。

【子活动三】

毕业歌(大班音乐活动)

活动目标

(1)认识歌曲 ABA 的结构,能用欢快、跳跃的方法演唱 A 段,用抒情、舒展的方法演唱 B 段。

(2)学会轮唱、领唱、齐唱等演唱方式。

(3)乐意参加音乐活动,体验音乐活动中的快乐。

国家教师资格考试预测试卷(十三)

一、单项选择题

1. B **【解析】**情绪情感的丰富和深刻化是指从情绪所指向的事物来看,其发展趋势是越来越丰富和深刻。幼儿情绪、情感的逐渐丰富化表现在以下方面:幼儿情绪过程越来越分化;情感指向的事物不断增加,有些先前不引起幼儿情绪体验的事物,随着幼儿年龄的增长,能够引起其情绪体验。而情绪的深刻化即指向事物性质的变化,从指向事物的表面到指向事物更内在的特点。题干中中大班的幼儿对比小班的幼儿,关注点更集中于内在因素,这是情绪情感发展逐渐深刻化的表现。

2. B **【解析】**活动区材料投放的层次性原则是指每个幼儿都是一个独特的个体,教师提供的材料要能满足不同发展水平的幼儿的需要,满足不同幼儿自由选择的需要。在选择和投放操作材料时,要将所投放的材料与所要达成的目标之间,按照由浅入深、从易到难的要求,分解出若干个能与幼儿认知发展相吻合的层次,投放角度不同、难度不同的材料,满足幼儿个体操作和学习的需要,从而更高效地实现教育目标。题干中用画有直线、曲线、不规则图形的纸张进行剪纸,对幼儿来说难度是不同的,体现了材料投放的层次性原则。故本题选 B。

A 项,活动区材料投放的丰富性原则是指为满足幼儿操作需要,要提供数量充足,形式、功能多样的活动区材料。

CD 选项为干扰项,排除。

3. C **【解析】**从发展心理学的观点来看,幼儿期被认为是感觉敏锐、反应强烈的时期。儿童在绘画中,会把他们的强烈感觉略带夸张地表达出来,构成儿童画中一个特殊的世界。题干中幼儿画的西瓜比人还大,牙齿也占了人脸的大部分,体现了幼儿感觉的强调和夸张。

方法技巧:学前儿童绘画中的特殊表现主要有以下几种。

(1)抽象性——一般不能如实地模拟客观物体形象,舍弃了客观对象在形体上许多具体的特征,仅仅保留了对象最基本的形体特征。如,儿童开始学画人的全身像时,一般是在"介"字上面画个圆圈。

(2)"透明"式——往往把从外面看不见的,而里面有的东西也画出来,全然不考虑透视的绘画现象。如,画小朋友睡觉,要把被子里面的身体画出来。

(3)展开式——往往把从不同角度看到的东西,生活中知道的东西,头脑中想到的东西,无所顾虑地统统摆到画面上,既不肯缺画某个部分,也不能让两部分重叠。如,儿童画侧视的汽车,一定要画出四个车轱辘。

(4)夸张性——在绘画中常常不自觉地把自己关心的事物,或认为重要的事物画得很仔细、很突出,而没注意到事物的整体结构。如,儿童画人时,一般头部画得比较大,整个身体却画得比较矮小,不合比例。

(5)拟人化——把无生命的物体或有生命的动植物画得和人一样,不仅赋予它们以生命,而且赋予它们一切人所具有的特点和本领。如,给太阳画上眼睛、鼻子和嘴巴,使之成为"太阳公公"。

(6)动态性——喜欢画动的形象。如,儿童画火车时,就一边画,一边模仿火车"轰隆隆!轰隆隆!"的声音。

4. A 【解析】情境性言语只有在结合具体情境时,才能使听者理解说话人所要表达的思想内容,而且往往还需要说话人运用一定的表情和手势作为自己言语活动的辅助手段。题干中的这种言语被称为情境性言语,故答案选 A 项。

对话言语是指两个人或几个人直接交际时的言语活动。独白言语是指个人独自进行的,与叙述思想、情感相联系的、较长而连贯的言语。内部言语是一个人自己对自己发出的声音,是自己默默无声地思考问题的言语活动。

5. D 【解析】儿童发生鼻出血时,应首先安慰儿童不要紧张,让儿童安静坐下,头略向前低,不能仰卧位,也不能头向后仰,以免血液呛入呼吸道。将患儿衣领、腰带松开,用口呼吸,并用拇指和食指捏住患儿的鼻翼,同时用湿毛巾冷敷鼻部或前额,一般压迫 5 ~ 10 分钟即可。若出血较多,用上述方法不能止血,可用 0.5% 麻黄碱或 1/1000 肾上腺素湿棉球填塞出血侧鼻孔,一定要达到出血部位。止血后,2 ~ 3 小时内不能做剧烈活动,避免再出血。本题为选非题,故本题选 D。

6. B 【解析】幼儿动作发展的近远规律是指儿童动作的发展先从头部和躯干的动作开始，然后发展双臂和腿部的动作，再后是手的精细动作。也就是靠近中央部分（头和躯干，即脊椎）的动作先发展，然后才发展边缘部分（臂、手、腿）的动作。题干描述的从身躯的中央部位再到远离身躯中央的边缘部位的发展规律，即“近远规律”。

方法技巧：幼儿动作发展的五大规律具体如下。

规律	表现
从整体到局部规律	儿童最初的动作是全身性的，以后动作逐渐分化、局部化、准确化和专门化
首尾规律	儿童动作的发展，先从上部动作开始，然后到下部动作。如儿童先学会抬头，然后能俯撑、翻身、坐和爬，最后学会站和行走，也就是离头部最近的部位的动作先开始发展
近远规律	靠近中央部分（头和躯干，即脊椎）的动作先发展，然后才发展边缘部分（臂、手、腿）的动作
大小规律	儿童动作的发展，先从粗大动作开始，而后才学会比较精细的动作
无有规律	最初的动作是无意的，以后越来越多地受到心理有意的支配

7. A 【解析】幼儿的思维是根据自己的生活经验来进行的。题干中幼儿知道人生病时要打针吃药，所以认为小树生病也需要打针吃药，说明幼儿的思维借助了已有经验，体现了幼儿思维的经验性。故本题选 A。

B 项，幼儿思维的固定性表现为幼儿的思维缺乏灵活性，较难掌握相对性的概念。在日常生活中，幼儿常常“认死理”。

C 项，思维的抽象性是指思维能从许多个别事物的各种属性中，舍去其表面的、个别的、非本质的属性而抽取出其中内在的、共同的、本质的属性加以把握。

D 项，幼儿思维的近视性表现为幼儿认识事物时只能考虑到事物眼前的关系，而不会更多地去思考事情的后果。

8. B 【解析】陶行知先生是我国伟大的人民教育家。在教育救国的思想影响下，他毕生从事旧教育的改革，推行生活教育、大众教育，为我国教育做出了重大贡献。在教育实践中，他创立了生活教育理论和教、学、做合一的教育方法。

9. C 【解析】幼儿园实施幼小衔接工作的指导思想的长期性而非突击性指出，对幼儿园来讲，在时间上要把幼小衔接工作贯穿于幼儿园教育的各个阶段而不仅仅是大班后期；在内容上要涉及幼儿发展的各个方面而不仅仅是知识准备；在人员上要包括幼儿园全体人员、家长及有关成人而不仅仅是大班老师。本题选 C。

10. C 【解析】回避型依恋的幼儿,母亲在不在场都影响不大。母亲离开时,他们并无特别紧张或忧虑的表现,当母亲回来时,也往往不予理会。虽然有时会欢迎母亲的到来,但只是暂时的,接近一下就又走开了。故题干描述体现的是回避型依恋。

二、简答题(参考答案)

11. 简述制定幼儿园一日生活日程的依据。

(1)根据幼儿的年龄和体质安排活动;(2)根据幼儿的生理活动特点安排活动;(3)根据地区特点及季节变化做适当的调整;(4)根据家长的需要,安排幼儿入园和离园的时间。

12. 如何结合大班幼儿一日生活组织实施劳动教育活动,请至少提出5条建议。

(1)在餐饮活动中,指导幼儿自洗碗勺、擦拭饭桌;

(2)在睡眠活动中,指导幼儿收拾被子、穿脱衣服、叠放衣物;

(3)在盥洗活动中,指导幼儿自取毛巾、使用牙刷、洗刷杯子;

(4)在如厕活动中,指导幼儿自脱裤子、使用厕纸、会用厕具;

(5)在区角活动中,指导幼儿收拾和存放玩具、图书、器材。

三、论述题(参考答案)

13. 试述幼儿园创设活动区的要求。

(1)多样而丰富的内容。为适应幼儿个别差异,要根据幼儿的兴趣和身心发展水平或配合教育任务,设置多种活动区,并要经常更换活动区的内容。

(2)要易于观察或记录。无论活动区布置在室内任何角落,都必须方便教师的观察或记录。

(3)合乎安全原则。设备、材料的放置应合乎幼儿的身高,并坚固耐用。

(4)类似的活动安排在一起,注意动静交替。如将安静的图书区、自然区放在一起,以免其它活动干扰。

(5)活动时所需材料应置于附近。各种设备、材料应尽量放在幼儿伸手可及之处,刺激并便于幼儿充分利用其开展活动。切忌束之高阁,限制幼儿利用。

(6)有足够的自由活动空间。如果空间有限,可根据幼儿兴趣和教育的需要轮流安排活动区,不必同时设置所有的活动区。

(7)注意活动区之间的相对封闭与分割。活动区之间形成间隔,使每个区域独成一体,有利于幼儿在区域内的活动,特别是对于一些独立操作性较强的活动区更应如此。但应注意的是,封闭的程度要以幼儿之间互不干扰活动、教师置身于活动区外又能观察到幼儿的活动为原则。

(8)注意光线的明暗。对于需要光线的活动区,如图书区、观察区,要将其安排在光线充足、照明好的位置上，使幼儿在活动的过程中，不仅在知识、技能上能得到发展，而且在健康上也能得到保障。

四、材料分析题(参考答案)

14.(1)材料中杨老师在幼儿游戏时的三次介入分析如下：

①材料中杨老师第一次介入的时机是不适宜的。幼儿在确定结构游戏的主题时，教师使用的是指令性语言“那你们就搭个幼儿园吧！”，并且对幼儿游戏介入指导的过早，因此介入的方式不合理，导致幼儿“迟疑了一下说：‘好吧’”。

②第二次介入的时机是适宜的，在幼儿游戏出现困难时，杨老师及时介入，通过语言指导“班上有什么东西能让我们迅速长高呢?”，引发了豆豆的思考，使豆豆想出了用凳子垫脚的方法。

③材料中杨老师第三次介入的时机是适宜的，老师和幼儿一起游戏，帮忙扶好凳子，可以确保幼儿的安全。同时也帮助幼儿取得成功，有利于幼儿获得成就感和满足感。

(2)教师介入幼儿游戏的适宜性策略：

①介入的角色定位。教师应以支持性角色介入幼儿的游戏，包括：旁观者；舞台管理者；共同游戏者；游戏带头人。

②介入的时机。教师对游戏干预时机的选择主要取决于两个因素：第一，幼儿客观的需要，即看幼儿的游戏行为是否自然顺畅，是否需要帮助；第二，教师的主观心态和状况，即教师希望幼儿在游戏中表现出的水平、态度和情绪体验，也包括教师是否具备投入幼儿游戏的热情和精力。当幼儿游戏出现困难时介入；当必要的游戏秩序受到威胁时介入；当幼儿对游戏失去兴趣或准备放弃时介入；在游戏内容发展或技能方面发生困难时介入。

③介入的方式。教师介入游戏的方式主要有以下两种：外部干预和内部干预。外部干预是指教师并不直接参与游戏，而是以一个外在的角色，引导、说明、建议、鼓励游戏中幼儿的行为；内部干预是指教师以游戏中的角色身份参与幼儿的游戏，以游戏情节需要的角色动作和语言来引导幼儿的游戏行为。

④介入的注意事项。教师介入幼儿游戏时应注意：分层次指导；慎扮“现实代言人”角色；及时退出。

15.材料中教师的做法是正确的，遵循了以下几个原则：

(1)保教合一的原则。教师应从学前儿童身心发展的特点出发，在全面、有效地对儿童进行教育的同时，重视对儿童生活上的照顾和保护，保教合一，确保儿童真正能健康、全面地发展。材料中，教师发现幼儿洗手的方法不正确之后，通过一系列的教育手段，最终教会了幼儿按照正确的步骤洗手，说明教师做到了保教结合。

(2)生活化和一日活动整体性的原则。教师应充分认识和利用一日生活中各种活动的教育价值，通过合理组织、科学安排，让一日活动发挥一致的、连贯的、整体的教育功能，寓教育于一日活动之中。材料中，教师充分认识到了洗手活动的教育价值，在一日活动的盥洗环节或者角色游戏中来帮助幼儿巩固洗手的方法，体现了该原则。

(3)直观性原则。教师应利用儿童形象思维的特点，通过各种直观手段吸引儿童注意力，有助于儿童理解、接受和记忆，进而达到丰富其经验和知识的目的。材料中，教师画了一些洗手的小图示来帮助幼儿掌握洗手的方法，就是直观性原则的体现。

五、活动设计题(参考答案)

16.【活动总目标】

(1)感知树木的特征，了解树的作用以及树和人类的关系；

(2)能够用记录表和绘画的形式表现树木的主要特征，能够合作进行植树活动；

(3)积极探究树木的秘密，愿意和树木做朋友，对树木感兴趣。

【子活动一】

(一)活动名称

树木的秘密(中班科学活动)

(二)活动目标

(1)通过观察和比较认识幼儿园中的树木，了解树的年轮；

(2)学会做简单的记录表，记录树木的不同特征；

(3)积极参与有关树木的探索活动，乐意与同伴交流分享有关树木的知识和经验。

(三)活动准备

物质准备：记录表，常绿树和落叶树的叶子若干，不同年轮的树桩的图片若干(年轮数量不超过 10 个)。

(四)活动过程

1. 活动导入——情境导入，引出活动主题

教师带领幼儿到院子中散步，在散步的过程中让幼儿观察身边高低不同、颜色各异的树，从而引出本次活动的主题。

2. 活动展开

(1)引导幼儿认识常绿树和落叶树

教师通过多种角度引导幼儿讨论、交流两种树叶的特征(大小、厚薄、形状等)。

师:常绿树的叶子是硬硬的、光滑的、厚厚的、有水分的,表面有蜡质;落叶树的叶子是软软的、粗糙的、薄薄的、没有水分的。

(2)引导幼儿了解树的年轮

教师出示树桩图片,引导幼儿探讨树的年轮,并教给幼儿数年轮的方法。幼儿学会后将幼儿分组,分发记录卡片,给每组分发不同年轮的树桩的图片,引导幼儿将树的年龄和特征记录下来。

(3)游戏形式,巩固幼儿对树木的认识

带领幼儿玩"树叶找家"的游戏。教师分发树叶,让幼儿把树叶贴到相对应的树上,并找出幼儿园中哪些是常绿树,哪些是落叶树。

3. 活动结束

幼儿交流大树的秘密还有哪些,通过本次活动学到了什么。

(五)活动延伸

引导幼儿回家和爸爸妈妈一起探索树木的其他奥秘。

【子活动二】

(一)活动名称

树的想象(中班美术活动)

(二)活动目标

(1)知道常见树木的主要特征,了解基本的绘画手法;

(2)能自主选择各种材料,用自己喜欢的方式描绘出大树;

(3)乐意参与绘画活动,愿意和其他小朋友分享自己的绘画作品。

(三)活动准备

树的图片;颜料;画板。

(四)活动过程

1. 谈话导入,引起幼儿兴趣

教师提问小朋友们知道哪些大树?它们是什么样子的?通过谈话引发幼儿回忆,引出活动内容。

2. 讲解示范,掌握绘画方法

(1)教师出示树木的图片,提问幼儿图片上有什么,并引导幼儿观察图片上树木的特征。

(2)教师示范作画的手法,在示范的过程中,依次讲解描画、吹画、点画的方法,引导幼儿注意画面布局,并带领幼儿观察绘画用材,进一步了解不同绘画材料的使用方法。

3. 幼儿作画,教师巡回指导

(1)请小朋友们画出自己在生活中看到的树木,鼓励幼儿大胆选用自己喜欢的颜色作画。

(2)教师巡回指导,对绘画能力较弱的幼儿适时地予以帮助。对想象力丰富的幼儿,教师要适时予以表扬,保护其创造力。

4. 作品展示,幼儿欣赏

教师提醒先画好的幼儿写好名字,将作品贴在展板上,引导幼儿互相欣赏。

(五)活动延伸

引导幼儿回家与爸爸妈妈分享自己的作品,并和爸爸妈妈共同进行新的创作。

【子活动三】

(一)活动名称

和大树做朋友(中班社会活动)

(二)活动目标

(1)知道树木与人类的关系,了解植树节和植树的具体做法;

(2)能正确使用工具完成植树活动;

(3)体验动手劳作的乐趣,愿意与同伴共同合作。

(三)活动准备

有关树木的视频和图片;一些小树苗、铁锹。

(四)活动过程

1. 活动导入——视频导入,激发幼儿的兴趣

教师播放和树木有关的视频,将幼儿的注意吸引到活动中来。通过提问,激发幼儿对树木的思考。

师:为什么树木是人类的好朋友? 树木对人类有哪些帮助?

2. 活动展开

(1)图片形式,初步感知树木与人类的关系

教师出示与环境相关的树的图片,帮助幼儿认识树的作用。

师:树木具有美化环境、净化空气、调节气温的作用,我们每个人都要爱护树木。

(2)视频形式,引导幼儿了解植树活动和植树节

通过观看人们植树的视频,让幼儿了解每年的 3 月 12 日是植树节,并引导幼儿讨论植树的步骤和注意事项,教师对讨论结果进行总结。

(3)动手操作，让幼儿亲自体验植树活动的乐趣

教师分发给幼儿一定数量的铁锹和树苗，引导幼儿到已挖好的树坑旁进行植树活动。

3. 活动结束

幼儿休息，教师提醒幼儿定期养护自己的小树苗。

(五)活动延伸

引导幼儿回到家后和爸爸妈妈分享自己的植树体验。

国家教师资格考试预测试卷(十四)

一、单项选择题

1. B 【解析】扭伤后首先检查是否骨折，如果没有骨折，立即对伤处进行冷敷，使血管收缩止血，并达到止痛的目的。

方法技巧：学前儿童发生突发人为伤害时，需要先注意幼儿的皮肤有无破损，若无破损，一般可采用先冷敷，后热敷的方法；若有破损，应先止血、消毒，后再进行包扎等处理。

2. B 【解析】儿童数概念的形成，经历口头数数──→给物说数──→按数取物──→掌握数概念四个阶段。

3. A 【解析】前运算阶段儿童的思维具有泛灵论的特点，即将人类的特征赋予无生命的物体，认为任何物体都是有生命的。题干中小伟认为妈妈把小熊摔疼了，说明小伟将小熊视为了有生命的物体，认为小熊能感受到疼，这体现了小伟泛灵论的思维特点。

4. D 【解析】幼儿初期(3 ~4 岁)，已能初步辨认红、橙、黄、绿、蓝等基本色，但在辨认紫色等混合色和蓝与天蓝等近似色时往往较困难，也难以说出颜色的正确名称。

易错提示：考生在记忆幼儿期颜色视觉的发展特点时，可以通过以下关键点进行记忆。

幼儿初期(3 ~4 岁)——初步辨认基本色，难以辨认混合色和近似色；

幼儿中期(4 ~5 岁)——能辨认基本色和近似色，并能说出基本色的名称；

幼儿晚期(5 ~6 岁)——能正确说出颜色的名称，并能调配出需要的颜色。

5. A 【解析】替代强化是指学习者通过观察他人行为所带来的后果而受到强化。题干中，小红因为看到了小龙帮助他人而得到荣誉称号，因此自己也主动帮助别人，说

明她受到了替代强化。故本题选 A。

B 项,外部强化是由外部或他人给予行为者的强化,如奖赏、赞扬、评分、等级和竞赛等,是激发动机不可缺少的手段。

C 项,直接强化是指个体直接体验到自己的行为后果而受到的强化。

D 项,自我强化是学习者根据一定的评价标准进行自我评价和自我监督,来强化相应的学习行为。

6. B 【解析】学前教育目标制定的依据包括:(1)社会要求,学前教育目标必须适应社会发展的要求;(2)幼儿身心发展特征和规律;(3)具体学科性质和幼儿学习的特点。故本题选 B。

7. B 【解析】幼儿园环境是潜在的幼儿园课程。幼儿园环境的教育性就体现在环境作为一种教育影响的存在,在创设时要依据教育目标的需要,有目的、有计划、有组织地提供更多的刺激或可供幼儿模仿学习的因素,使幼儿得到全面的发展。题干中徐老师布置主题墙,目的是实现幼儿了解和认识蔬菜的目标,使幼儿得到更全面的发展,故体现的是环境创设的教育性原则。

8. A 【解析】幼儿园主题活动的特点中的学习内容之间的有机关联体现在,主题活动强调从幼儿的认知水平、经验和兴趣出发,加强学科、领域之间的横向联系。题干中教师将社会、科学、健康、语言等领域有机联系在一起,加强了领域间的联系,体现了学习内容的有机关联。故本题选 A。

B 项,各种教育资源的整合体现在,幼儿园主题活动的开展需要充分开发和利用幼儿身边的一切资源,如人力资源、环境资源、人文资源等。

C 项,活动具有动态生成性体现在,从主题活动的目标及内容来看,有教师预设的目标与内容,也有随活动开展生成的目标与内容。不断动态生成的主题活动目标与不断丰富的活动内容赋予了主题活动动态生成的特性。

D 项,多种活动形式的运用体现在,主题活动的形式丰富多样,有集体教学、区域活动、生活活动、游戏活动、亲子活动、参观游览、表演、汇报等。

9. B 【解析】《3 ~6 岁儿童学习与发展指南》指出,4 ~5 岁幼儿“能通过实际操作理解数与数之间的关系,如 5 比 4 多 1;2 和 3 合在一起是 5”。AD 选项是 3 ~4 岁幼儿的发展目标,C 选项是 5 ~6 岁幼儿的发展目标。

10. C 【解析】象征性游戏是处于前运算阶段(2 ~7 岁)儿童常进行的一类游戏。它是把知觉到的事物用它的替代物来象征的一种游戏形式。儿童将某物体作为一种信号物来代替现实的客体,这就是象征性游戏的开始。题干中幼儿用“海绵条”代替

"头发"体现的便是象征性游戏。故本题选 B。

A 项,练习性游戏又称为感觉机能性游戏,它是儿童发展中最早出现的一种游戏形式,其动因来自感觉器官所获得的快感,由简单的重复运动组成。

B 项,结构性游戏又称建构游戏或造型游戏,是指儿童运用积木、积塑、金属材料、泥、沙等各种材料进行建构或构造,从而创造性地反映现实生活的游戏。

D 项,规则性游戏是一种由两人以上参加的,按一定规则从事的游戏。

二、简答题(参考答案)

11. 根据《幼儿园教师专业标准(试行)》,简述幼儿园教师进行保育和教育的态度与行为。

(1)注重保教结合,培育幼儿良好的意志品质,帮助幼儿形成良好的行为习惯。

(2)注重保护幼儿的好奇心,培养幼儿的想象力,发掘幼儿的兴趣爱好。

(3)重视环境和游戏对幼儿发展的独特作用,创设富有教育意义的环境氛围,将游戏作为幼儿的主要活动。

(4)重视丰富幼儿多方面的直接经验,将探索、交往等实践活动作为幼儿最重要的学习方式。

(5)重视自身日常态度言行对幼儿发展的重要影响与作用。

(6)重视幼儿园、家庭和社区的合作,综合利用各种资源。

方法技巧: 在幼儿园保教知识与能力的考试中有时会出现以《3~6 岁儿童学习与发展指南》《幼儿园教育指导纲要(试行)》和《幼儿园教师专业标准(试行)》等法律法规为命题点的试题,考生在学习时,注意对相关知识进行理解和记忆。

12. 简述影响学前儿童注意稳定性的因素。

(1)注意的对象是否新颖、生动,形象鲜明;

(2)活动是否游戏化;

(3)注意是否与幼儿操作活动相结合;

(4)幼儿的身体状况是否良好。

三、论述题(参考答案)

13. 试举例说明感知觉规律在幼儿教育中的运用。

(1)适应现象。适应现象是指相同的刺激物持续地作用于某一感觉器官而使感受性发生变化的现象。教师在组织教育活动和生活活动中,要有效利用幼儿的各种适应现象。由光线较强的户外进入光线较暗的室内时,要让幼儿有暗适应的过程,以避免幼儿发生摔跤、踩踏等安全事故。在教育活动中应避免单一的刺激持久作用于幼儿,否则会使幼儿对其变得不敏感,影响儿童参与活动的兴趣。

(2)对比现象。各种感觉不是孤立存在,而是相互联系,相互制约的。不同感觉之间的相互作用,可以使感受性发生变化,同一分析器的各种感觉会因彼此相互作用而使感受性发现变化,这种现象叫做感觉的对比。教师在制作和使用直观教具时,掌握对比现象的规律,对提高幼儿感受性具有重要的意义。例如,白底的贴绒教具上面贴黑色的图形便很突出。考虑到颜色对比,可以使教室的美术装饰互相衬托,演示的场所利用照明遮光设备,可使幼儿看得更清楚。

(3)知觉中对象与背景的关系。人在感知事物时,对面前所有的刺激并不都能同时清楚地反映,人总是清晰地感知一些刺激,这些刺激便成为知觉对象;而另一些刺激物,人们对它们的知觉较为模糊,好像是衬托在知觉对象的后面似的,成为知觉的背景。幼儿园中,教师在绘制挂图时,为了突出需要观察的对象或部分,周围最好不附加类似的线条或图形,注意拉开距离或加上不同的色彩。凡是说明事物变化与发展的挂图,更应注意每一个演进图的距离,不要将它们混淆在一起。教师讲课的声调应抑扬顿挫,如果教师的讲课平铺直叙,很少变化,毫无停顿之处,幼儿听起来就不容易抓住重点。

(4)过去经验和对对象理解的规律。在知觉事物时,不仅反映对象整体,也反映对象的意义,而且往往只要感知对象的某些部分或一些主要属性,就可以把整个对象完整地反映出来。要使幼儿对当前的知觉对象能够正确而迅速地理解,平时就必须从各方面丰富幼儿的生活经验。例如,组织幼儿参观、游览,扩大幼儿视野。在教学中,尽量充实材料内容,并与幼儿的实际生活相结合,丰富幼儿的生活经验,这样有利于幼儿对知觉对象的理解。

四、材料分析题(参考答案)

11.(1)老师对洋洋游戏的干预是不合适的。材料中,洋洋用小椅了代替自行车,来实现他“摸特等奖”的情节构思。这表明:①幼儿能独立完成角色、分配任务;②游戏的目的性、计划性较强,幼儿能自觉表现故事内容;③幼儿具有一定的表演意识;④幼儿具备一定的表演技巧,能灵活运用多种表现手段,只不过表现水平有待提高。这一阶段,幼儿能够成功地以物代物,表明幼儿象征思维的发展。替代物与被替代物越不像,越具有抽象符号的意义。而教师以角色身份对洋洋所选择的替代物提出了质疑,认为小椅子不像自行车,试图引导幼儿按真实的样子加以改装,结果阻碍了幼儿的游戏想象,中断了幼儿原来的游戏进程,因此这种干预是不恰当的。

(2)老师正确的做法应是:①为幼儿提供较多种类的游戏材料,鼓励和支持他们进行多样化探索;②在游戏初期应尽可能减少干预;③随着游戏的展开,及时给幼儿提供反馈,提高其表现故事、塑造角色的能力;④通过反思性谈话和小组讨论来帮助幼儿丰富游戏情节。

15.(1)从材料中可以看出徐老师的教育行为是恰当的。材料中,徐老师在看到沐子被阳阳拒绝后伤心地哭泣时,连忙询问沐子的情况,抚慰沐子的情绪,直到沐子情绪逐渐平稳,说明徐老师关爱幼儿,并能在幼儿需要时及时给予安慰和帮助,因此,徐老师的教育行为是恰当的。

(2)帮助儿童建立良好同伴关系的策略包括:

①教会儿童合作,增强儿童的自信感。材料中徐老师应该教给沐子与同伴交往和合作的策略,培养沐子的自信心,从而促进沐子同伴交往能力的发展。

②教会儿童游戏,提高儿童的参与度。材料中徐老师应该引导沐子用巧妙的方式参与阳阳的游戏,并在游戏的过程中引导沐子逐渐学会处理与同伴之间的问题。

③教会儿童接纳,融洽儿童的同伴关系。材料中徐老师应引导阳阳接纳沐子,而不是把沐子排斥在外,从而促进幼儿同伴关系的友好发展。

④教会儿童表达,培养儿童的积极情感。材料中徐老师应当教给阳阳和沐子沟通交流的方法,培养他们的积极情感。

五、活动设计题(参考答案)

16.　　中班健康活动《真高兴》

(一)活动目标

(1)懂得微笑能给他人带来快乐。

(2)学会用微笑为他人带来快乐。

(3)经常保持愉快的心情,萌发热爱生活的情感。

(二)活动准备

创设花丛、树木、池塘、小房子等情境,小鸟、青蛙、蝴蝶、小猫、蚂蚁等手偶。

(三)活动过程

1. 活动导入

引导幼儿结合生活经验,玩游戏“谁笑得最甜”。

师:小朋友们,还记得你们最开心的时候是什么样子的吗?我们一起来看看谁笑得最甜。

2. 讲述故事,引导幼儿理解微笑能带来快乐

(1)结合教具,讲述故事《真高兴》。

师:小猫今天有点不高兴,我们一起来看看发生了什么吧。

(2)以提问、讨论等形式,引导幼儿理解微笑能带来快乐。

师:故事中哪些小动物是好朋友?它们在讨论什么事情呢?小猫为什么不高兴呢?小猫想出什么方法让大家高兴地笑了?

(3)讨论自己和朋友高兴的事情,引导幼儿体验他人的情绪。

师:你们什么时候最高兴呢?你的朋友什么时候最高兴呢?当你的朋友不高兴的时候,你会做些什么呢?当你的朋友看到你的微笑时,他会不会也很高兴呢?

3. 组织幼儿表演故事

引导幼儿扮演故事中的各种角色,表现小动物们的对话、动作、表情,以及使用不同的方法为朋友们带来快乐。

(四)活动延伸

将创设的情境移入表演区,并投放不同的小动物,引导幼儿在表演区创编《真高兴》的故事。

国家教师资格考试预测试卷(十五)

一、单项选择题

1. A 【解析】感觉机能性游戏又称为练习性游戏或机械性游戏。它是儿童发展中最早出现的一种游戏形式,其动因来自感觉器官所获得的快感,由简单的重复运动组成。例如,奔跑、跳跃、攀登、摇拨浪鼓、骑木马、敲打和摆弄物体等。题干中“幼儿刚能灵活上下楼梯,就开始在楼梯上玩跑上跑下的游戏”属于感觉机能性游戏。故本题选 A。

象征性游戏是处于前运算阶段(2 ~7 岁)的儿童常进行的一类游戏。它是把知觉到的事物用它的替代物来象征的一种游戏形式。

结构性游戏又称建构游戏或造型游戏,是指儿童运用积木、积塑、金属材料、泥、沙等各种材料进行建构或构造,从而创造性地反映现实生活的游戏。

规则性游戏是一种由两人以上参加的,按一定规则从事的游戏。

2. B 【解析】工具性攻击行为指幼儿为了获得某个物品所做出的抢夺、推搡等动作,敌意性攻击则是以人为指向目标,其目的在于打击、伤害他人,如嘲笑、讽刺、殴打等。小班幼儿的工具性攻击行为多于敌意性攻击行为,而大班幼儿的敌意性攻击行为则显著多于工具性攻击行为。

3. D 【解析】“形象记忆占优势，语词记忆逐渐发展”是幼儿记忆发展的特点之一。形象记忆是根据具体的形象来识记各种材料。在儿童语言发生之前，其记忆内容只有事物的形象，即只有形象记忆。儿童语言发生后，直到整个幼儿期，形象记忆仍然占主要地位。故本题选 D。

4. B 【解析】前运算阶段（2～7 岁）的儿童还没有“守恒”能力或没有形成“守恒”的概念。此阶段的儿童通常被事物的表面现象所蒙蔽，认识不到在事物的表面特征发生某些改变时，其本质特征并不发生变化。

具体运算阶段（7～11 岁）的儿童思维有守恒的特征（即儿童认识到客体在外形上发生了变化，但特有的属性不变），能够去自我中心化并能逆向运算，因此守恒能力迅速发展。

题干中 6 岁的小明看到杯子大就认为饮料多，不能推断事实，说明他处于前运算阶段；8 岁的小光能够认识到饮料的多少并没有随着容器的变化而改变，有守恒的意识，说明他处于具体运算阶段。故本题选 B。

5. B 【解析】心脏受交感神经和迷走神经双重支配。前者对心脏具有兴奋作用，后者对心脏具有抑制作用。由于小儿支配心脏的迷走神经发育尚未完善，对心脏的抑制作用较弱，而以交感神经支配为主。至 5 岁左右，随着迷走神经的发育，心脏的神经支配开始具有成人的特征，至 10 岁时完全成熟。因此，幼儿年龄越小，心率越快。

6. C 【解析】病毒性肝炎是由多种肝炎病毒引起的一种传染病。主要表现为食欲减退、恶心、乏力，或偶尔呕吐、腹泻，肝大并有压痛、肝功能异常，不喜欢吃油腻食物等。题干中小天的症状表明其可能患了病毒性肝炎。

7. A 【解析】《3～6 岁儿童学习与发展指南》社会领域指出，幼儿的社会性主要是在日常生活和游戏中通过观察和模仿潜移默化地发展起来的。成人应注重自己言行的榜样作用，避免简单生硬的说教。

方法技巧：幼儿园应以游戏为基本活动，寓教育于各项活动之中。幼儿主要的学习方式之一就是模仿。模仿性强是幼儿期的典型特征，小班幼儿表现尤为突出。幼儿往往没有主见，常常随外界环境影响而改变自己的意见，易受暗示。幼儿模仿的对象可以是成人，也可以是其他小朋友。

8. B 【解析】幼儿基本上是对自己的外部行为进行自我评价，而不能深入到对自己的内心品质进行评价。题干中幼儿在回答自己是好孩子的理由时，倾向于以外部行为作答，体现的是对自己外部行为的评价。

易错提示：依从性评价是指幼儿初期对自己或别人的评价带有依从性，往往都是对成人评价简单的复述。例如，要幼儿评价他是好孩子时，他会说："妈妈说我是好孩子。""老师说我乖。"

9. B 【解析】被誉为20世纪初的"幼儿园改革家"的蒙台梭利是意大利的幼儿教育学家，蒙台梭利教育法的创始人。她原是一名精神病学的医生，在对智障儿童的治疗实践中取得了显著的成绩。她认为，"如果这些(残障)儿童能达到正常儿童的学业水平，那么在正常儿童的教育中应该存在着可怕的错误"。她相信把自己的方法和经验用于正常幼儿的教育一定会更有效，于是她就转向了正常幼儿的教育，于1907年在罗马贫民区创办了一所"儿童之家"。故本题选B。

10. C 【解析】教师在指导幼儿的区域活动时，应加强区域间的配合、渗透，加强横向联系。不同区域虽然是相对独立的，但它们之间可以相互联系起来，这可以增强活动的趣味性，使儿童保持活动的兴趣。

二、简答题(参考答案)

11. 如何防止幼儿注意分散？

学前儿童无意注意发展占优势，有意注意初步发展，为防止幼儿注意分散，教师组织活动时应注意：(1)防止无关刺激的干扰；(2)制定合理的作息制度；(3)养成良好的注意习惯；(4)适当控制幼儿的玩具和图书的数量；(5)使幼儿明确活动的目的和要求；(6)灵活地交互运用无意注意和有意注意；(7)提高教学质量；(8)对幼儿进行有意注意的训练。

12. 简述幼儿良好的社会适应能力主要表现在哪些方面。

《3~6岁儿童学习与发展指南》社会领域中提出，幼儿良好的社会适应能力主要表现在：(1)喜欢并适应群体生活；(2)遵守基本的行为规范；(3)具有初步的归属感。

三、论述题(参考答案)

13. 试述幼儿同伴关系的类型，并分析如何帮助幼儿建立良好的同伴关系。

(1)根据幼儿同伴关系的不同，一般将儿童划分为受欢迎型、一般型、被拒绝型、被忽视型和矛盾型五种。受欢迎型儿童喜欢与人交往，主动积极并表现较好，被大多数同伴所接纳、喜欢；他们在同伴中的交往地位高，影响力大。一般型儿童表现一般，既不主动、友好，也不消极、敌对，既不为同伴特别喜爱，也不令人讨厌。被拒绝型儿童交往活跃，但常做出不友好的、攻击性的举动(如强行加入、争夺玩具、大声喊叫等)，为大多数同伴所不喜欢或常被拒绝。被忽视型儿童不喜欢交往，常一个人玩，在群体交往中显得退缩、害羞、不起眼，常常被冷落。矛盾型儿童被某些同伴喜爱，同时又被其他同伴所不喜欢。

(2)①教会儿童合作,增强儿童的自信感。对于那些因为有攻击性行为而遭到同伴拒绝的儿童,教师需要教他们如何用积极的方式解决冲突,小组讨论、木偶表演、角色扮演等活动和阅读一些相关的儿童读物,都会有利于减少儿童的攻击性行为。而对于那些害羞和孤僻的儿童,可以引导他们与更小的儿童提前活动,从而增强其交往的信心,提高他们的社会交往能力。

②教会儿童游戏,提高儿童的参与度。一些不会游戏或对参与游戏缺乏方法的儿童,可以在游戏中学到被同伴群体接受的必要的社交技能,并能在游戏中改善与其他儿童的关系,从而进一步提高其交往的技能。因为,游戏来自友谊而友谊也来自游戏,同伴关系在这两种方式中都起作用,而且作用一样大。

③教会儿童接纳,融洽儿童的同伴关系。帮助被忽略型儿童和被拒绝型儿童积极和适当地对待同伴的参与,接纳他人的加入,有助于帮助他们形成良好的人际关系。那些在早期能接受同伴加入、善于接纳他人的儿童,在以后的成长中也更能被其他儿童所接受和接纳。

④教会儿童表达,培养儿童的积极情感。教师在幼儿园的一日活动中应当注意引导儿童,例如说话礼貌,对同伴表示同意和赞赏,微笑、拥抱、轮流做事(玩)、共享一些东西,以及互相帮助等。对于这些行为,教师不但要教给儿童,更重要的是教师自己要亲身示范,以示榜样,对儿童有效交往行为的培养始终是十分必要的。

四、材料分析题(参考答案)

14.(1)在整个学前期,幼儿的无意记忆占优势,影响幼儿无意记忆的因素有:①客观事物的性质,客观事物与幼儿主体的关系;②幼儿认知活动的主要对象或活动所追求的事物;③活动中感官参加的数量以及活动的动机等。

(2)幼儿对看到的某个电视广告的广告词记忆效果较好是因为对广告词的记忆是一种无意记忆,电视画面具有具体生动、形象的特点,给予幼儿视觉、听觉等多种感官刺激。童谣、广告词等语言简洁明了,符合儿童的兴趣和需要,很容易成为儿童无意记忆的对象,而教师要求记忆的任务属于有意记忆。有意记忆是指有明确记忆目的和意图的记忆。有意记忆的发展,是幼儿记忆发展中最重要的质的飞跃。幼儿的有意记忆是在成人的教育下逐渐产生的,有意记忆的效果依赖于对记忆任务的意识和活动动机。幼儿最初学儿歌是出自对新生事物的好奇心,但如果使用教师唱一句,幼儿跟学一句的机械记忆方法,幼儿的新奇感就会慢慢消退,即使努力可能也记不住歌词。

15.(1)①能初步感受并喜爱环境、生活和艺术中的美;②喜欢参加艺术活动,并能大胆地表现自己的情感和体验;③能用自己喜欢的方式进行艺术表现活动。

(2)①引导幼儿接触周围环境和生活中美好的人、事、物,丰富他们的感性经验和审美情趣,激发他们表现美、创造美的情趣。材料中林老师启发他们观察蝴蝶的色彩和形态,激发幼儿的兴趣。

②在艺术活动中面向全体幼儿,要针对他们的不同特点和需要,让每个幼儿都得到美的熏陶和培养,对有艺术天赋的幼儿要注意发展他们的艺术潜能。材料中丽丽等一群孩子要表演《三只蝴蝶》,林老师就提议他们自己做头饰装扮,还扮演其中的角色参与游戏,发展了幼儿的艺术潜能。

③提供自由表现的机会,鼓励幼儿用不同艺术形式大胆地表达自己的情感、理解和想象,尊重每个幼儿的想法和创造,肯定和接纳他们独特的审美感受和表现方式,分享他们创造的快乐。材料中林老师在美工区提供画笔、颜料、彩泥等材料,让幼儿自主表现蝴蝶,提供幼儿自由表现的机会,尊重了幼儿的想法,发展了幼儿的想象力。

④在支持、鼓励幼儿积极参加各种艺术活动并大胆表现的同时,帮助他们提高表现的技能和能力。材料中,在语言活动中,林老师讲了《三只蝴蝶》的故事,并和孩子们一起玩《花儿和蝴蝶》的音乐游戏。林老师在美工区提供画笔、颜料、彩泥等材料,让孩子们自主表现蝴蝶。林老师鼓励幼儿用不同艺术形式来表现蝴蝶,加深了他们的认识,提高了他们的表现技能。

⑤指导幼儿利用身边的物品或废旧材料制作玩具、手工艺品等来美化自己的生活或开展其他活动。材料中林老师投放美术材料供幼儿操作,并提议幼儿自己做头饰装扮,培养幼儿的动手能力和创造能力。

⑥为幼儿创设展示自己作品的条件,引导幼儿相互交流、相互欣赏、共同提高。材料中林老师引导孩子和家长一起收集蝴蝶的照片和标本并展示出来,还经常和孩子们一起欣赏、交流蝴蝶美在哪里,使孩子们相互交流,共同提高。

五、活动设计题(参考答案)

16. 主题活动:我的祖国

主题活动总目标

(1)感受祖国的美景和科技的发展,萌发爱国之情;

(2)知道我国主要的风景名胜,认识国旗;

(3)能用语言或绘画的形式表达自己的所思所想,抒发对祖国的热爱之情。

【子活动一】

美丽的祖国(大班社会活动)

（一）活动目标

（1）感受祖国的壮丽山河，萌发爱国之情；

（2）了解祖国主要的风景名胜，知道我国是一个多民族国家；

（3）能够用有序、连贯、清楚的语言描述自己的所见所闻。

（二）活动准备

中国地图、介绍我国地理知识和民族风情的视频；故宫、长城、西湖、布达拉宫等风景名胜的图片。

（三）活动过程

1. 活动导入

提问导入，引出活动主题

师：小朋友们知道自己是哪个国家的人吗？你对我们国家有什么了解呢？

2. 活动展开

（1）教师向幼儿介绍我国的国土面积和民族特色

教师播放介绍我国地理知识和民族风情的视频，引导幼儿初步了解我国的基本情况。

（2）教师结合地图和图片讲解几个有代表性的风景名胜区

（3）教师引导幼儿自由交谈自己去过的风景名胜区

师：小朋友们，那除了老师刚才讲的这几个，你还去过我们国家的其他地方吗？可以跟其他小朋友分享一下。

（4）教师请幼儿讲述自己的游玩见闻

鼓励幼儿大胆讲述自己的游玩见闻，并尽可能引导幼儿在地图上指出景点的位置。

3. 活动结束

幼儿投票选出最有趣、最特别的故事。

（四）活动延伸

教师引导幼儿回到家里和爸爸妈妈一起观看《乡土中国》，了解更多的信息。

【子活动二】

认识国旗（大班社会活动）

活动目标

（1）萌发身为中国人的自豪之情，愿意守护国旗；

（2）知道我国国旗的组成部分及含义；

(3)能通过绘画、粘贴等形式表达出自己对祖国的热爱之情。

【子活动三】

四大发明(大班科学活动)

活动目标

(1)感受我国古代科学技术的发展,萌发民族自豪感;

(2)知道我国古代的四大发明,了解其基本情况;

(3)能用完整、连贯的语言表述自己对四大发明的认识。

国家教师资格考试预测试卷(十六)

一、单项选择题

1. B **【解析】**道德感是因自己或别人的言行举止是否符合社会道德标准而引起的情感体验。中班孩子不但关心自己的行为是否符合道德标准,而且开始关心别人的行为,并由此产生相应的情感。题干中,小凡的告状行为就是他对别人行为的评价,是基于一定的道德标准产生的,故本题选 B。

> **易错提示:**考生易混淆理智感与道德感。理智感与认知(认识事物、探索知识)有关;道德感强调依据道德标准对人产生评价时的情感。

2. B **【解析】**评价幼儿生长发育的指标,包括形态指标、生理功能指标、心理指标。常用的形态指标是身高、体重、头围、胸围和坐高。其中,身高和体重是最基本的指标,不但测定简单,而且能较为准确地评定幼儿的生长发育状况。

3. D **【解析】**性别的自我认同是个体对性角色的自我体验。要让学前儿童逐渐能够以自己的性别角色适应社会生活,家长或老师在给学前儿童起名字、买衣服、选玩具、安排活动、与儿童交流时,要注意体现性教育的意义。但是,不是要将男孩、女孩彻底分开,要注意很多事情并没有性别的差别。本题为选非题,故本题选 D。

4. B **【解析】**福禄贝尔认为游戏中玩具是必需的,幼儿通过玩具"可直觉到不可观的世界"。他制作的玩具取名为"恩物",意为"神恩赐之物"。

5. D **【解析】**模仿性强是幼儿期的典型特征,小班幼儿表现尤为突出。幼儿往往没有主见,常常随外界环境影响而改变自己的意见,易受暗示。幼儿模仿的对象可以是成人,也可以是其他小朋友。题干中教师表扬了小刚之后,其他幼儿立即照着小刚的样子挺起腰来坐直,体现了幼儿爱模仿的特点。故本题选 D。

A 项，好奇心是一种认识兴趣，它是人在认识事物过程中表现出来的短暂的探索性行为。儿童的好奇心很强，主要表现在探索行为和提出问题两个方面。

B 项，易冲动，自制力差是儿童性格的一个非常突出的特点。儿童很容易受外界情景或他人的影响而情绪激动，或者因自己主观情绪或兴趣的左右而行为冲动。

C 项，活泼好动是儿童的天性，也是幼儿期儿童性格最明显的特征之一。

6. C 【**解析**】适宜的介入时机有：(1)当幼儿游戏出现困难时介入；(2)当必要的游戏秩序受到威胁时介入；(3)当幼儿对游戏失去兴趣或准备放弃时介入；(4)在游戏内容发展或技能方面发生困难时介入。教师在介入时，应该尊重幼儿游戏的想象、探究、表现和创造性。C 项描述的现象是游戏秩序受到威胁，教师应该在此时介入。故本题选 C。

7. D 【**解析**】展开式又称求全式，指儿童作画时，往往把从不同角度看到的东西，生活中知道的东西，头脑中想到的东西，无所顾虑地统统摆到画面上，既不肯缺画某个部分，也不能让两部分重叠。题干描述的是展开式的特征。

A 项，拟人化指儿童把无生命的物体或有生命的动植物画得和人一样，不仅赋予它们以生命，而且赋予它们一切人所具有的特点和本领的绘画现象。

B 项，“透明”式指儿童在画外界各种物体形象时，往往把从外面看不见的，而里面有的东西也画出来，全然不考虑透视的绘画现象。

C 项，夸张性又称稚拙性，指儿童在绘画中常常不自觉地把自己关心的事物，或认为重要的事物画得很仔细、很突出，而没注意到事物的整体结构的现象。

8. B 【**解析**】幼儿的骨头韧性强、硬度较小，可塑性强，容易发生变形，一旦发生骨折，很可能出现折而不断的现象，称为“青枝骨折”。

9. B 【**解析**】演示是指教师向幼儿展示各种实物、直观教具或做实验，引导幼儿通过观察获得感性认识的方法。题干中，教师通过示范性的实验让学生观察水的“三态”变化，是对演示法的运用。

10. B 【**解析**】注意不稳定表现为注意的分散，也叫分心。注意的分散是指注意离开了当前应当完成的任务而被无关的事物所吸引。题干中小红在上课时爱开小差，这就是一种分心现象，故体现了注意的分散。

易错提示：注意的分配、注意的转移与注意的分散不同。注意的分配是主动的、有目的的，注意力仍集中在当前任务上。注意的转移是主动的、有目的的、符合当前活动需要的过程。注意的分散却是受无关事物吸引，心理活动离开了当前的任务，是被动的、不符合当前活动需要的过程。

二、简答题(参考答案)

11. 简述如何在实践中提高幼儿的言语能力。

(1)有目的、有计划的幼儿园语言教育活动是发展幼儿言语能力的重要途径;

(2)创设良好的语言环境,提供给幼儿交往的机会;

(3)把言语活动贯穿于幼儿的一日活动之中;

(4)教师良好的言语榜样;

(5)注重个别教育。

12. 简述幼儿园教育活动内容选择的原则。

(1)时代性原则;(2)生活性原则;(3)兴趣性原则;(4)内容和目标相一致的原则;(5)因地制宜原则。

三、论述题(参考答案)

13. 试述幼儿情绪发展的特点,并分析教师应如何培养幼儿的情绪控制能力。

(1)特点:

①情绪的易冲动性。幼儿的情绪常常处于激动状态,而且来势强烈,不能自制,往往全身心都受到不可遏制的威力支配。年龄越小,这种冲动越明显。

②情绪的不稳定性。婴幼儿的情绪是非常不稳定的,容易变化,表现为两种对立的情绪在短时间内互相转换。

③情绪的外露性。婴儿期的孩子的情绪完全表露在外,丝毫不加控制和掩饰。幼儿晚期,幼儿调节自己情绪表现的能力已有一定的发展。在正确的教育下,随着幼儿对是非观念的掌握,幼儿对情绪的调节能力会很快发展起来。

④情绪的易感性。情绪的易感性是指幼儿的情绪容易受到周围的环境和人的影响。随着幼儿年龄的增长,他们的情绪会渐趋稳定,但还是容易受到身边亲近的人的感染。

(2)培养幼儿情绪控制能力的措施:

①营造良好的情绪环境。婴幼儿情绪发展主要依靠周围情绪气氛的熏陶。因此,在幼儿园教育中应注意营造和谐的气氛,并且与幼儿之间建立良好的师生情。

②成人情绪自控的示范。为人之师,也要学会控制自己的情绪。优秀教师能够做到把自己的一切忧伤留在教室之外,情绪饱满地走进课堂,这样才能使幼儿保持良好的情绪状态。教师还要理智地对待每个幼儿,自觉地控制自己的情绪,主动关心幼儿,给予耐心帮助。

③采取积极的教育态度。正面肯定和鼓励;耐心倾听幼儿说话;正确运用暗示和

强化。

④教会孩子调节自己的情绪表现。帮助幼儿控制不良情绪的方法主要有:行为反思法;想象法;自我说服法。

⑤在活动中帮助幼儿克服不良情绪。成人要善于发现与辨别孩子的情绪;从幼儿的情绪表现来分析幼儿的内心情感世界;注意幼儿的个别差异,对不同的孩子采取不同的方法;注意孩子积极情感的引导,让积极情感成为幼儿情感的主旋律,减少消极情感的产生。

四、材料分析题(参考答案)

14.(1)①这一现象说明家长对学前阶段与小学阶段的不同教育特点理解不到位。幼儿园以游戏作为基本活动,所学的内容是与幼儿生活紧密相关的浅显知识,教学随意性较强;小学的教育内容是以符号为媒介的学科知识,有严格的教育要求。材料中,家长认为贝贝整天沉浸在搭积木、画画、看图画书中,什么都不会,说明家长没有理解两个阶段中幼儿的发展状况是不同的。

②这一现象说明在家园合作中教师与家长的沟通出现了问题。教师没有做好家长工作,导致家长产生了错误观念,认为孩子在幼儿园整天玩,进入小学后不能很快适应小学生活,把入学准备片面地理解为学拼音和算术。由此造成的来自家长的压力,对幼儿园的幼小衔接工作造成了很大的冲击。

③这一现象说明部分学前教育机构一味地迎合应试教育的需求,教育大环境浮躁。同龄的小兰上培训班学写字和数学,是学前教育“小学化”倾向的典型表现,部分机构不考虑幼儿的发展规律和特点,提前进行小学课程,造成幼儿间差距的增大,加深了家长们的焦虑。

(2)①帮助家长分析幼儿园“小学化”倾向的危害。幼儿园教育倾向于小学化的问题最后危害的还是幼儿,幼儿教育与小学教育是不同的概念,因此在幼儿教育过程中若是使用小学的内容不仅仅违背了幼儿的成长原则,同时也是一种教育资源的浪费,属于重复性教育,压缩了幼儿本身应该动手动脑的活动和游戏时间。

②明确幼小衔接内涵,解除家长后顾之忧。幼小衔接是全面素质教育的重要组成部分,做好幼小衔接工作,必须促进幼儿的体、智、德、美的全面发展,培养入学的适应性而非小学化。

③帮助家长转变教育观念,树立正确的幼儿教育观。幼儿的发展是一个持续、渐进的过程,具有阶段性特征,同时要充分理解和尊重幼儿发展进程中的个别差异,支持和引导他们从原有水平向更高水平发展。幼儿的学习是以直接经验为基础,在游戏和

日常生活中进行,幼儿在活动过程中表现出的积极态度和良好行为倾向是终身学习与发展所必需的宝贵品质,家长应该理解幼儿的学习方式和特点,重视幼儿的学习品质。

15.(1)幼儿园开展的“照相馆”游戏属于角色游戏。教师组织幼儿开展游戏活动时应注意以下几点:

①作为幼儿教师要激发与引导幼儿。材料中老师准备了照相馆角色游戏的材料,但是却呈现出混乱的场面,老师为了找出问题带领幼儿参观社区的照相馆,以积累儿童的生活经验。

②参观后,老师让幼儿讨论照相馆中缺什么或者有哪些放的不对的地方,进行调整,为幼儿创设了一个适宜的游戏环境。

(2)①社区环境对学前儿童产生潜移默化的影响。社区环境或多或少地影响着学前儿童,一个自然环境优美的社区会让学前儿童产生美好的情感,和谐积极的社区人文环境会给学前儿童一种良好的情绪体验。具体而言,社区中的邻里关系、同伴关系、风土人情以及社区的建筑、活动设施、人文景观等都会对学前儿童产生各种各样的影响。可以说社区中的一人一景一物都具有一定的教育意义。

②社区资源为幼儿园提供了现实支持。幼儿园可以直接利用社区丰富的教育资源,让学前儿童走进社会的大课堂。社区的积极参与将会使幼儿园教育变得更生动、更富有时代气息。

③社区文化是一种现存的教育资源。优秀的社区文化是幼儿园教育的宝贵资源。无论是幼儿园的环境布置、教师的服饰,还是幼儿园的生活课程、人际交往方式等等,都反映出当地民族文化对幼儿园教育的影响。

五、活动设计题(参考答案)

16. 主题活动:我的身体

主题活动目标

(1)在活动中感知自己头、手、脚的结构和功能,激发探索身体奥妙的兴趣。

(2)养成良好的清洁卫生习惯。

(3)初步领会四肢会随着人体的长大而长大,激发幼儿对生活及自己成长的热爱之情。

【子活动一】

我的身体(小班健康活动)

(一)活动目标

(1)初步认识自己的身体器官,并了解身体各部位的名称、功用。

(2)培养自信心。

(3)培养初步的发散性思维和手口一致的能力。

(二)活动准备:

身体挂图,音乐《我的身体》。

(三)活动过程

1. 儿歌导入,引出主题

(1)播放儿歌《我的身体》,教师带幼儿做律动

师:刚才这首儿歌中都唱了什么?

(2)出示布偶安安

师:小朋友们听得真仔细,今天我们班来了一位小朋友,他叫安安,安安有一件事情,想让我们来帮帮他,让我们一起来听听他说的事情是什么。

师:刚才你们表演得真棒,可是我还是分不清我身体各个部位的名称,请你们帮帮我吧。

2. 引导幼儿了解身体的各个部位

(1)出示挂图,一起认识身体的各个部位

师:我们要怎么来帮他呢,咦!这里有一副身体挂图,让我们和安安一起来找一找身体的各个部位吧。

要求:指一下图片上的一个部位,摸一下自己身体的相应部位,并说一句完整的话:这是他/她/它的鼻子(或其他),我自己的在这儿!

(2)游戏:你说我指

师:刚才我们已经通过挂图认识了我们身体的各个部位,现在老师要来检查一下,小朋友们是不是真的知道了。要求幼儿迅速准确地指出五官及身体部位。

师:嘘!安安在说话呢,小耳朵仔细听一听。小朋友们你们真棒,现在我知道了身体各部位的名称了,可是它们都能做什么呢?谁来帮帮安安,想一想我们的手可以干什么,脚可以干什么。

(3)律动《我的身体最神气》

师:小朋友们说了那么多,安安都快记不住了,现在我们一起来跳身体操来帮帮他吧。

3. 活动结束

师:好累啊,安安都累了,小朋友们累了没有啊,让我们带安安一起去休息吧。

【子活动二】

我的身体,这是什么(小班语言活动)

活动目标

(1)看看、说说、动动,感知自己的身体部位。

(2)尝试用“洗洗洗,洗 XX, XX 洗得真干净”的话来表述画面内容,提升表达能力。

(3)感受熊宝宝与熊爸爸之间的亲情以及快乐洗澡的乐趣。

【子活动三】

我的身体会说话(小班社会活动)

活动目标

(1)尝试用多种肢体语言表示对同伴的友好。

(2)体验和同伴一起做游戏的快乐。

(3)愿意大胆尝试,并与同伴分享自己的心得。

国家教师资格考试预测试卷(十七)

一、单项选择题

1. D 【解析】拟人性是指幼儿往往把动物或一些物体当人来对待。他们赋予小动物或玩具以自己的行动经验和思想感情,和它们说话,把它们当作好朋友。

2. B 【解析】被忽视型幼儿不喜欢交往,常一个人玩,在群体交往中显得退缩、害羞、不起眼,常常被冷落。被拒绝型儿童交往活跃,但常做出不友好的、攻击性的举动(如强行加入、争夺玩具、大声喊叫等),为大多数同伴所不喜欢或常被拒绝。题干中欣欣不喜欢和别人说话,会因为没有小朋友和她一起玩而大哭等是被忽视型幼儿的表现。

3. D 【解析】要建立良好的师幼关系,教师必须树立正确的教育观念:(1)关爱幼儿;(2)与幼儿经常性的平等交谈;(3)参与幼儿的活动;(4)与幼儿建立个人关系;(5)积极回应幼儿的社会性行为。A、B、C 选项中的教师行为并没有做到尊重幼儿,关爱幼儿,没有体现师幼关系平等。D 选项教师用幼儿能理解的语言及时回应体现了平等的师幼关系。

4. C 【解析】陈鹤琴的活教育方法论的基本原则是“做中教、做中学、做中求进步”。陈鹤琴主张把儿童作为幼儿园课程系统的中心,让幼儿充分与物、人接触,获得感性经验,“凡儿童自己能够做的,应当让他自己做”,强调以“做”为中心。

5. A 【解析】幼儿常将想象的东西和现实进行混淆,表现在三个方面:(1)把渴望得到的东西说成已经得到。(2)把希望发生的事情当成已发生的事情来描述。

(3)在参加游戏或欣赏文艺作品时,往往身临其境,与角色产生同样的情绪反应。题干中幼儿的表现是想象与现实混淆。

6. A 【解析】游戏可以促进幼儿创造力的发展。游戏是幼儿园的基本活动,也是培养儿童创新精神与创新意识的主要方式。在游戏中,幼儿能够无拘无束地玩耍,产生许多新颖的想法和独特的行为,进一步发展创造力。

7. A 【解析】蜜蜂的毒液是酸性的,被蜜蜂蜇伤后应用碱性的液体中和,选项中肥皂水呈碱性,故本题选 A。

方法技巧:考生注意区分蜂的种类及采取正确的应对措施。

蜜蜂蜇伤要涂弱碱性液体,可记忆为:蜜饯——蜜(蜜蜂)饯(弱碱性液体)。

黄蜂蜇伤要涂弱酸性液体,可记忆为:磺酸——磺(黄蜂)酸(弱酸性液体)。

8. C 【解析】3 ~4 岁的幼儿由于生理上不够成熟,不能恰当地支配发音器官。他们发出的元音错误较少,错误往往在辅音上,这是因为辅音的准确发出对唇、齿、舌等部位的动作要求较高,小班由于唇和舌的运动不够有力,下颚不灵活,因而发出辅音时往往分化不明显。他们的发音往往不够清楚,说出来的常常是两个语音之间的音,而不是用一个语音代替另一个语音。

9. A 【解析】最近发展区是指儿童在成人的帮助和指导下所能达到解决问题的水平与在独立活动中所达到的解决问题的水平之间的差异。A 选项中小军在妈妈的指导下逐渐学会自己叠衣服是运用“最近发展区”理论的表现。故本题选择 A 选项。

10. D 【解析】《3 ~6 岁儿童学习与发展指南》指出,重视幼儿的学习品质。幼儿在活动过程中表现出的积极态度和良好行为倾向是终身学习与发展所必需的宝贵品质。要充分尊重和保护幼儿的好奇心和学习兴趣,帮助幼儿逐步养成积极主动、认真专注、不怕困难、敢于探究和尝试、乐于想象和创造等良好学习品质。题干中幼儿通过反复尝试最终取出了海洋球,这体现了幼儿敢于探究和尝试的学习品质。

二、简答题(参考答案)

11. 简述学前儿童判断的发展趋势。

(1)判断形式间接化;(2)判断内容深入化;(3)判断根据客观化;(4)判断论据明确化。

12. 简述游戏对幼儿社会性发展的作用。

(1)游戏有助于克服幼儿的自我中心;

(2)游戏培养了幼儿的合群行为;

(3)游戏发展了幼儿遵守规则的能力。

三、论述题（参考答案）

13. 试述维果斯基的“最近发展区”理论及其对教学的启示。

维果斯基认为，儿童的发展有两种水平：一种是已经达到的发展水平，表现为个体能够独立解决问题的现有水平；另一种是儿童可能达到的发展水平，表现为儿童还不能够独立地完成任务，但在成人的帮助下，在集体活动中，通过模仿等形式能够完成这些任务。这种儿童在成人的帮助和指导下所能达到解决问题的水平与在独立活动中所达到的解决问题的水平之间的差距就是“最近发展区”。

“最近发展区”理论对教学工作的启示在于：指导教育者不应只看到儿童今天已达到的发展水平，还应看到仍处于形成中的状态，正在发展的过程。所以，维果斯基强调教学不能只适应发展的现有水平，还应适应最近发展区，从而走在发展的前面，最终跨越“最近发展区”而达到新的发展水平。

四、材料分析题（参考答案）

14. (1)能吃完饭菜固然是最好。能把饭菜吃完的幼儿占大多数，这些幼儿没有挑食的习惯，能牢记老师的话，是小朋友们的好榜样。对于这种孩子，应该在其他幼儿面前加以鼓励，起到正面教育的作用。这样能激励类似于博伦的幼儿继续保持这种好习惯，还能给其他幼儿一种目标的定向。

(2)不能把老师的意愿强压于幼儿的身上。为什么会有那么多幼儿一到吃饭就会那么痛苦，不难发现一是有的幼儿确实挑食，二是有的幼儿确实是胃口不好，有的幼儿胃容量不大，吃到一定限度就是吃不下了。如果一味地对幼儿说：“不行，一定都要吃完。”对于这些幼儿来说无疑就是一种压力。如果吃饭带着一种压力，那么本身很愉快的事情就变得痛苦。

(3)针对幼儿进餐应采取的措施：①进餐的准备。由教师带领值日生布置好餐桌，准备好餐具，为幼儿创设一个干净、安静的进餐环境。

②进餐过程。要观察幼儿的食量，及时添饭，注意培养幼儿文明进餐的习惯；教给幼儿正确的坐姿和使用餐具的方法；教育幼儿不挑食、不偏食；提醒幼儿细嚼慢咽，不撒饭菜，不弄脏衣服，不东张西望，不大声讲话。为保证幼儿进餐时的良好情绪，教师在幼儿进餐前后不要处理问题或批评孩子。教师要保证幼儿心情愉快，绝对不能让幼儿哭、叫，以免将食物吸进气管，更不能用禁止吃饭作为体罚的手段。

③进餐结束。幼儿吃完最后一口饭才能离开座位，并把餐具、椅子整齐地放在指定的地方。要养成饭后擦嘴、漱口的习惯。幼儿进餐期间，工作人员不应打扫活动室，以免污染吃饭的环境。

15.(1)材料中的游戏类型是角色游戏。角色游戏的特点有:①与幼儿的社会生活密切联系。角色游戏是幼儿对现实生活积极主动的再现活动,游戏的主题、角色、情节、材料与规则均与幼儿的社会生活经验有密切关系。幼儿自身社会经验的丰富程度直接决定着游戏内容的丰富程度和游戏情节变换的可能性。②角色游戏是富有创造性的想象活动。想象活动是角色游戏得以进行和发展的重要支撑。角色游戏过程是创造性想象的过程,幼儿可以在角色游戏中自由地发挥其想象力和创造力,因而他们对角色游戏的兴趣最为浓厚。

(2)材料中幼儿在游戏中出现不善于分配角色的问题。硕硕认为自己是男生不能当妈妈,但是洋洋要当爸爸,这就需要再创建一个适合男生的角色。老师引导他们想出了“叔叔”这个角色,使游戏能顺利进行。在角色游戏过程中,幼儿往往非常关注自己扮演的角色,但由于自身发展水平的限制,幼儿会出现不善于分配角色的问题。为保证游戏顺利进行,教师在指导角色游戏时要适当引导幼儿学会如何较好地分配角色,让幼儿明白角色的意义及轮换角色的必要性。这不仅可以提高幼儿的游戏能力,也有助于幼儿社会性的发展。

五、活动设计题(参考答案)

16.　　　　主题活动:春雨

主题活动总目标

(1)了解关于春雨的一些科学现象;

(2)感受大自然的变化,激发探索大自然的兴趣。

【子活动一】

中班科学活动《下雨的秘密》

(一)活动目标

(1)自己尝试做小实验,初步感知“水蒸气蒸发”以及“雨是怎样形成的”等一些科学现象;

(2)了解雨与人类的关系;

(3)激发观察、发现、探索自然的兴趣。

(二)活动准备

(1)木偶小兔、兔妈妈;

(2)提前准备的热水、玻璃片、玻璃杯;

(3)故事《小水滴旅行记》、有关幻灯片、配套音乐。

（三）活动过程

1. 木偶表演，提出问题

教师：兔妈妈带小兔出去玩，忽然，天下雨了，小兔问妈妈："天上为什么会下雨？"

根据木偶表演，提出问题："小朋友，你们知道天上为什么会下雨吗？"

2. 做小实验

（1）教师将热水倒入玻璃杯，引导幼儿观察；

（2）教师提出问题：仔细观察一下，你发现了什么？

（3）小结：水热了就会有水蒸气，许多水蒸气向上跑的现象叫作"蒸发"。

（4）讨论：你平时看到过"蒸发"现象吗？

3. 观察水蒸气遇冷变成小水珠的现象

（1）请你摸一下，玻璃片是冷的还是热的？

（2）把玻璃片盖在杯上，会出现什么？为什么玻璃片上会有小水珠？得出实验结果：水蒸气遇冷就会变成小水珠。

4. 放幻灯片（通过直观教学，重点理解"为什么会下雨"的科学现象）

（1）太阳是一个大火球，又像一个奇怪的炉子，衣服、手帕、江河、土地里的水被太阳一晒，都变成了水蒸气，这么多的水蒸气都到哪里去了呢？

（2）请小朋友听一个有趣的故事《小水滴旅行记》（结合幻灯片）。

（3）请小朋友把"天上为什么会下雨"的小秘密告诉兔妈妈和小兔。

5. 了解雨与人类的关系

（1）请幼儿试着说出雨的好处。

（2）请幼儿试着说出雨的危害。

【子活动二】

春雨沙沙（中班音乐活动）

活动目标

（1）注意力集中地欣赏歌曲，知道歌曲名字，初步理解歌曲的内容；

（2）感受和表现音乐力度的强弱，会用自然声音唱歌；

（3）大胆运用肢体表演春雨，感受春雨悄悄下的意境和种子发芽的喜悦。

【子活动三】

春天到了（中班语言活动）

活动目标

（1）欣赏并理解散文故事，把图片贴到相应的匹配位置上；

（2）感受春天里大自然变化的美丽景象。

国家教师资格考试预测试卷(十八)

一、单项选择题

1. D **【解析】**皮亚杰认为,8～12 个月时,儿童开始出现主动寻找的情况,能够寻求完全遮盖起来的客体。皮亚杰认为,婴儿的客体永久性真正出现了。但此阶段儿童的客体永久性有局限性。儿童只注意到客体的位移,并没有注意到客体的连续性位移。

2. B **【解析】**幼儿园环境创设的幼儿参与性原则是指幼儿参与到环境创设中,不仅能给他们提供参与活动的机会,培养动手操作的能力,满足自我表现的愿望,还能促进学前儿童与环境、教师之间的沟通,使他们更加爱护环境。题干中黄老师在组织全班幼儿参观小学后,不仅让幼儿用绘画的方式表达自己的感受、体会等,还与幼儿共同创设主题环境,体现了幼儿园环境创设中的幼儿参与性原则。故本题选 B。

A 项,丰富性原则是指幼儿园要为全体幼儿提供足够的、多种多样的能获取丰富知识信息、情感体验以及活动技能等富含教育价值的物质条件。

C 项,安全性原则不仅指幼儿园的园舍建筑、设施设备、活动场地、玩具教具等物质条件必须符合国家颁布的相关卫生标准和安全标准,还包括保教人员要为幼儿提供安全的心理环境,以确保幼儿在园时身体和心理两方面都没有危险和安全隐患。

D 项,动态性原则是指幼儿园物质环境创设要从空间、内容、材料、规则等方面关注环境的不断变化和生成。

3. B **【解析】**《幼儿园教师专业标准(试行)》专业能力维度,教育活动的计划与实施领域指出,制定阶段性的教育活动计划和具体活动方案;在教育活动中观察幼儿,根据幼儿的表现和需要,调整活动,给予适宜的指导;在教育活动的设计和实施中体现趣味性、综合性和生活化,灵活运用各种组织形式和适宜的教育方式;提供更多的操作探索、交流合作、表达表现的机会,支持和促进幼儿主动学习。故本题选 B。

4. C **【解析】**在个体之间,生长类型的差异明显地反映在身体生长发育的各项指标上。题干中,斌斌和轩轩虽然出生时身高、体重差不多,但随着幼儿年龄的增长,两者就出现了明显差异,这体现的是幼儿生长发育的个体差异性。故本题选 C。

A 项,生长发育的连续性和阶段性是指身体发育从幼稚到成熟是一个连续、统一的过程。在这个连续的过程中,还存在着阶段性,每一阶段有其自身的特点。这些阶段之间相互联系,前一阶段是后一阶段发育的基础,后一阶段是前一阶段发育的延续,如果前一阶段出了问题,就会影响后一阶段的发育。

B 项,生长发育的不均衡性表现在三个方面:(1)不同年龄段身体发育的速度不均等;(2)身体各部分的生长速度不均等;(3)各系统的发育不均衡。

D 项,生长发育的相互关联性是指学前儿童身体各系统的发育时间和速度虽然各有不同,但作为一个整体,各系统的发育并非孤立地进行,而是互相联系、互相影响、互相适应的。

5. D 【解析】陈鹤琴强调以幼儿的经验、身心发展特点和社会发展需要作为选择教材的标准,反对实行分科教学,提倡综合的单元教学、以社会自然为中心的"整个教学法"。故本题选 D。

6. A 【解析】评价幼儿身体发育的指标,包括形态指标、生理功能指标、心理指标。常用的形态指标是身高、体重、头围、胸围和坐高。故本题选 A 项。

方法技巧:评价幼儿身体发育的指标有以下几类。

指标	具体内容
形态指标	身高、体重、头围、胸围和坐高
生理功能指标	①身体发育的功能指标,呼吸系统常用的指标是肺活量和呼吸频率;循环系统常用的指标是心率、脉搏和血压;运动系统常用的指标是握力和背肌力。②生化和临床检验指标
心理指标	通过感觉、知觉、语言、记忆、思维、情感、意志、能力和性格等进行观察

7. B 【解析】幼儿被蜂蜇后,毒物进入体内,会引起被蜇处表面皮肤红肿,并伴有剧烈疼痛,而后奇痒无比。一旦遭蜂蜇后,首先要找到并取出昆虫的毒刺,然后在蜇伤处涂些液体。黄蜂毒液呈碱性,可在伤口涂食醋等弱酸性液体,若蜇伤后还伴有中毒症状,应立即送往医院。

8. B 【解析】幼儿园环境是潜在的幼儿园课程。幼儿园环境的教育性就体现在环境作为一种教育影响的存在,在创设时要依据教育目标的需要,有目的、有计划、有组织地提供更多的刺激或可供幼儿模仿学习的因素,使幼儿得到全面的发展。题干的描述说明教师将教育主题落实到了幼儿园的环境创设中,体现了环境创设的教育性原则。

方法技巧:幼儿园环境创设的教育性原则体现在两个方面,具体如下。

(1)环境创设要有利于教育目标的实现。幼儿园环境创设要兼顾幼儿体、智、德、美等各方面的发展,不能顾此失彼,更不能片面发展;

(2)依据幼儿园教育目标,对环境创设做系统规划,即应把教育目标落实到月计划、周计划、日计划及每一个具体的活动中。

9. B 【解析】口头数数是指 3 ~4 岁的幼儿一般能从 1 数到 10,但一般都像背儿歌似的背诵这些数字,带有顺口溜的性质,并没有形成每一个数词与实物间的一对一的联系,幼儿尚不理解数的实际意义。按物计数要求幼儿在口头数数的基础上,将数字与客观事物的数量联系起来,建立数与物之间的一对一的联系,做到口手一致地点数。按群计数就是计数时不以单个物体为单位,而是以多个物体(数群)为单位。题干中幼儿用的数数方法是按物计数。

10. D 【解析】自制力是善于控制自我的能力,如善于控制自己的行为和情绪反应的能力等。自制力是意志的抑制功能。在意志行动中,与目标不一致的欲望的诱惑、消极的情绪(如厌倦、懒惰、恐惧)等都会干扰人们做出决定和执行决定。题干中描述的"木头人"游戏促进了幼儿意志品质中自制力的发展。故本题选 D。

A 项,独立性表现为自己有能力做出重要的决定并执行这些决定,有责任并愿意对自己的行为所产生的结果负责,深信这样的行为是切实可行的。

B 项,坚定性表现为长时间地相信自己的决定的合理性,并坚持不懈地克服困难,为执行决定而努力。

C 项,果断性表现为一个人善于明辨是非,能及时、坚决地采取决定和执行决定的品质。

二、简答题(参考答案)

11. 结合《3 ~6 岁儿童学习与发展指南》科学领域的内容,谈谈如何支持和鼓励幼儿在科学探索的过程中积极动手动脑寻找答案或解决问题。

(1)鼓励幼儿根据观察或发现提出值得继续探究的问题,或成人提出有探究意义且能激发幼儿兴趣的问题。如:皮球、轮胎、竹筒等物体滚动时都走直线吗?怎样让橡皮泥球浮在水面上?

(2)支持和鼓励幼儿大胆联想、猜测问题的答案,并设法验证。如:玩风车时,鼓励幼儿猜测风车转动方向及速度快慢的原因和条件,并实际去验证。

(3)支持、引导幼儿学习用适宜的方法探究和解决问题,或为自己的想法收集证据。如:想知道院子里有多少种植物,可以进行实地调查;想知道球在平地上还是在斜坡上滚得快,可以动手试一试;想证明影子的方向与太阳的位置有关,可以做个小实验进行验证等。

12. 简述学前儿童的记忆策略。

(1)视觉复述策略。儿童在记忆过程中使用的一个最为简单的策略,就是将自己的注意力有选择地集中在所要记住的事物上,不断地注视目标刺激,以加强记忆,这可以视为一种“视觉复述”。

(2)特征定位策略。儿童对目标刺激“贴上”某种特定的标签以便于记忆。

(3)复述策略。在记忆过程中,儿童不断重复需要记忆的内容,以便准确、牢固地记住这些信息。

(4)组织性策略。主体在记忆过程中将记忆材料按不同的意义组织成各种类别,编入各种主题,使它们产生意义联系,或对内容进行改组,以便于记忆的方法。

(5)提取策略。个体在回忆过程中,将贮存于长期记忆中的特定信息回收到意识水平上的方法和手段。

三、论述题(参考答案)

13. 试述积极师幼关系的意义,并联系实际谈谈教师应如何建立积极的师幼关系?

积极师幼关系的意义:

(1)幼儿从与教师的关系中获得关爱。教师对幼儿的关爱是在一定师幼关系中实现的,脱离一定的师幼关系就不可能存在对幼儿真正的关爱。

(2)幼儿获得来自教师的安全感。教师充满期待和关爱的眼神、目光、微笑、点头等都是幼儿学习和发展的动力。幼儿从良好的师幼关系中可以获得心理上的安全感。

(3)教师的榜样作用来自一定的师幼关系之中。教师要发挥应有的榜样作用,需要与幼儿建立平等交往的关系,教师以关怀、接纳、开放的态度与幼儿相处,可以让幼儿深深感受到教师的行为方式和态度。

(4)良好的师幼关系有助于教师给予幼儿更多的理解与关注。如果教师与幼儿建立了一种良好的关系,教师自然会理解孩子们的所作所为,并会对孩子们的行为做出适当的反应。

(5)良好的师幼关系有助于教师指导幼儿之间的同伴关系。帮助幼儿建立良好的伙伴关系是教师的职责,教师与幼儿的关系也会影响幼儿之间的同伴关系。

构建良好师幼关系的策略:

(1)关爱幼儿。关爱幼儿是对幼儿教师的基本要求,也只有在关爱幼儿的基础上才有可能与幼儿建立良好的关系。关爱给幼儿带来自信、安全、信任感,同时也形成了幼儿对教师的依赖关系。但是,需要注意的是,教师对幼儿的关爱不是体现在一时一事之中,而是体现在教师与幼儿互动的整个过程之中。

(2)与幼儿经常性的平等交谈。教师应在日常生活中就幼儿感兴趣的事物、话题与幼儿平等、亲切地交谈,这种形式的互动有利于良好师幼关系的形成。此外,教师面对幼儿要注意坦白诚实。

(3)参与幼儿的活动。在幼儿园的教育活动中,有许多是幼儿自主的活动,如游戏活动、区域活动以及幼儿的个别活动等,教师应该积极地参与到幼儿自主的活动中去。这要求教师做到:①以普通的活动参与者心理参与;②积极主动地与幼儿交往;③对幼儿和幼儿的活动真正关注并感兴趣。

(4)与幼儿建立个人关系。教师与个别幼儿的关系,尤其是与班级里特殊幼儿的关系,常常会影响着教师与其他幼儿的关系。教师应该设法与个别幼儿建立良好的个人关系,并以个人关系影响与其他幼儿的关系。

(5)积极回应幼儿的社会性行为。教师应该对幼儿的行为做出适当的反应,尤其是一些良好的社会性行为,如具有合作、谦让、互助、负责、正直、友好、勇敢等特征的行为,教师更应给予积极的关注和回应。这要求教师做到:①理解与宽容地对待幼儿的错误;②帮助幼儿形成良好的同伴关系;③帮助幼儿摆脱不良行为习惯。

此外,教师应对幼儿一视同仁,因人施教,应做到以身作则,为人师表。

四、材料分析题(参考答案)

14.(1)丁老师投放材料的方式不适宜。原因如下:

①收集材料时,丁老师没有参考幼儿的意见,幼儿并未参与材料的选择,没有体现幼儿的主体地位;

②投放材料时,丁老师直接将材料放在美工区,没有分批次、分层次地投放材料,导致材料无序;

③幼儿操作材料时,丁老师并未指导幼儿的操作活动,导致幼儿漫无目的地操作材料,不能与材料进行有效的互动。

(2)活动区材料投放时应注意的问题:

①按目标投放材料。材料是为目标服务的,需完成的目标决定着投放的材料。

②按主题投放材料。主题内容是由若干个相关目标构成的。所以投放材料的目的是确保相关目标的达成。即保证主题内容的完成。

③投放不同层次的材料。由于不同年龄班幼儿的发展水平不同,同一年龄班幼儿的发展也存在着差异。因此,投放的材料要有一定的层次性。

④分期分批投放材料。材料是幼儿在活动区活动的物质支柱,是幼儿学习的基本工具。创设每个活动区时,教师都会为它准备很多种不同的材料,但切勿全部投放到区域中,而应根据各个阶段的教育目标及目标的完成情况分阶段、分批、由易到难地进行投放。

⑤有些材料需随时投放。出现随时投放材料这种情况，一方面可能是幼儿的临时需要，另一方面也可能是活动进行不下去，需要提供一种新材料以促进活动情节的发展。因此，需要教师细心观察，根据幼儿的临时需要及时投放材料或补充材料，以使活动顺利进行。

15. 在幼儿游戏过程中，教师不仅是观察者、记录者，而且还应该是幼儿游戏的尊重者、支持者、参与者和引导者。教师作为幼儿游戏的引导者，应注意以下几个方面：

(1)教师要引发幼儿游戏的兴趣。教师可以通过在游戏场地放置一些新材料、新设备等来引起幼儿开展某种游戏的兴趣。材料中教师在“动动巧手”的活动里提供许多大小、形状都不同的螺丝，孩子们爱不释手，兴趣很浓厚。

(2)教师要适时提出开放性问题。在幼儿游戏的过程中，教师要善于把握时机，提出启发性的问题，以促进幼儿游戏的发展。材料中当吴艳楠向老师展示自己做的“蛋糕”时，老师表扬了她并用提问的方式引导她再搭一个不一样的东西。

(3)教师要及时提出合理化建议。当幼儿的游戏未能向前发展时，教师应给予提示、提供建议，以帮助幼儿更好地开展游戏。材料中老师表扬顾洋螺丝拧得好，并让他表演给其他小朋友看，一些小朋友也跟着拧螺丝，间接地为小朋友们提供了游戏的方式，引导了更多的小朋友参与到游戏中去。

(4)教师要以间接方式为主指导幼儿的游戏。材料中，老师没有直接教孩子们怎么玩螺丝，而是让幼儿自主发现螺丝游戏的乐趣。

五、活动设计题(参考答案)

16. 主题活动：神奇的数字

主题活动目标

(1)加强对10以内数的认知和按不同用途进行分类的能力。

(2)尝试运用多种方法来改变数字形象，构建出新事物，从中体验事物千变万化的乐趣，促进想象力的发展。

(3)通过游戏发现数字在生活中的作用，初步形成乐于关注身边事物的情感态度。

【子活动一】

有趣的数字(大班数学活动)

(一)活动目标

(1)感知数字在生活中的运用，体验数字的不同组合带来的乐趣。

(2)学习对数字进行不同的排列组合。

(3)乐于与同伴、老师交流自己的发现,能在讨论的基础上发现问题。

(二)活动准备

汽车牌照、公共汽车站牌、居民住宅楼、钟楼、红绿灯等图片。0~9数字卡若干套,水彩笔等。

(三)活动过程

1. 找一找:发现物品上的数字

(1)通过参观展览的形式让小朋友发现物品上的数字。

(2)相互交流。

你发现这些物品上都有什么?(数字—出示字卡)

你发现了哪些数字?(出示0~9数字)

2. 猜一猜:了解数字的用途

(1)这些物品上的数字有什么用呢?

(幼儿结合具体的物品,凭借自身生活经验,互相交流、猜测这些物品上数字的用途)

教师小结:原来,数字就在我们身边,我们的周围到处都有数字,小朋友们还在哪些地方看到过数字呢?

(2)幼儿回忆、讲述生活中见过的数字。

(3)观看图片,了解生活中更多的数字。

教师:你们还看到过这些地方的数字吗?这些数字又表示什么意思呢?

①幼儿再次发现、寻找并思考:数字的用途。

②交流:鼓励幼儿积极提问,老师和幼儿一起解答疑问并出示相关的图片。

(4)教师小结:原来,数字的用处还真多呢!它们有的用来编号,有的用来表示时间、地址,有的用来表示商品的价格,说明物品的生产日期、保质期、重量等等,给我们的生活带来了许多方便。数字的用处还有好多呢,我们以后再去找一找,好吗?

3. 玩一玩:数字组合游戏

教师:其实,这些数字早就悄悄地来到小朋友们的椅子底下,小朋友们把它请出来吧!

(1)游戏准备:看一看,你拿到的是哪两个数字?

把小卡片上的数字贴在椅子上,大卡片上的数字拿在手里,数字朋友要来跟我们玩游戏呢!

(2)游戏:找座位。

要求找到比手里的数字多1的座位号坐下。

(3)发现问题:“9”找不到座位,怎么办?

(4)导出数的组合:

发现1和0可以组合成“10”,让9找到组合成的数字“10”的座位。

4.想一想:数字的其他组合法:

“1、1、0”可以组合成“110”表示特殊的电话号码。

“0、1、2、5、8”可以组合成58210285的电话号码。

“1、4、6、8”可以组合成数字1468,表示数的多少,也可以表示家庭电话号码,还可以表示生日呢!

(四)活动延伸

幼儿制作我的名片,学习在“名片”上写上自己的生日、家庭电话、住址和姓名。

【子活动二】

数一数(大班音乐活动)

活动目标

(1)学唱歌曲,尝试用添加语气词的唱法表现歌曲的诙谐有趣。

(2)运用重组法改编歌词,并能大胆地唱出新歌词。

(3)敢于迎接绕口令的拗口和歌词的不断变化带来的挑战,体验成功的快乐。

【子活动三】

身边的数字(大班社会活动)

活动目标

(1)发现生活中的数字,初步了解它们的不同用途。

(2)学习运用数字解决生活中的一些实际问题,从中体验活动的乐趣。

(3)激发对数字的兴趣,培养幼儿积极关注身边事物的情感态度。

国家教师资格考试预测试卷(十九)

一、单项选择题

1.A 【解析】角色游戏是指学前儿童以模仿和想象,通过扮演角色,创造性地反映周围现实生活的一种游戏,又称想象性游戏。题干中小明通过扮演医生来模仿现实生活中爸爸的角色,属于角色游戏。

2.B 【解析】儿童数概念的形成,经历口头数数→给物说数→按数取物→掌握数概念等四个阶段。按数取物指教师说出一个数,或出示一个数字卡片,让幼儿取出相应数量的东西来。它是巩固幼儿对数的实际含义的理解的一种方法。故本题选B。

A 项，口头数数即 3 ~4 岁的幼儿一般能从 1 数到 10，但一般都像背儿歌似的背诵这些数字，带有顺口溜的性质，并没有形成每一个数词与实物间的一对一的联系，幼儿尚不理解数的实际意义。

C 项，按物计数要求幼儿在口头数数的基础上，将数字与客观事物的数量联系起来，建立数与物之间的一对一的联系，做到口手一致地点数。

D 项，说出总数即幼儿在按物点数后，能够说出所数物体的总数。

3. D 【解析】抑郁质的人以敏锐、稳重、体验深刻、外表温柔、怯懦、孤独、行动缓慢为特征。题干中扬扬内心腼腆，不善于交际，能察觉到其他小朋友不易察觉的问题等，说明其气质类型倾向于抑郁质。

4. D 【解析】理智感是在认知客观事物的过程中所产生的情感体验，它与人的求知欲、认识兴趣、解决问题的需要等满足与否相联系。幼儿的理智感有一种特殊的表现形式，即好奇好问。另一种表现形式是与动作相联系的“破坏”行为。题干中幼儿拆卸玩具的行为，是因为幼儿对玩具产生了好奇，是理智感发展的原因。道德感是因自己或别人的言行举止是否符合社会道德标准而引起的情绪体验。美感是人对事物审美的体验，它是根据一定的美的标准而产生的。

5. B 【解析】单词句阶段儿童言语的发展主要反映在言语理解方面。同时，他们开始主动说出有一定意义的词。这一阶段儿童说出的词有以下特点：第一，单音重叠。这阶段的孩子喜欢说重叠的字音。第二，一词多义。由于这个年龄段的孩子对词的理解还不精确，具有笼统性，说出的词往往代表多种意义，故称为多义词。第三，以词代句。这一阶段的孩子不仅用一个词代表多种物体，而且用一个词代表一个句子，因此这一阶段称为“单词句”时期。题干中幼儿的言语是单词句阶段的典型表现。

6. B 【解析】工具性攻击行为指幼儿为了获得某个物品所做出的抢夺、推搡等动作，这类攻击本身指向于一个主要的目标或某一物品的获取。题干中小红的行为属于工具性攻击。敌意性攻击是以人为指向目标，其目的在于打击、伤害他人，如嘲笑、讽刺等。

7. C 【解析】幼儿时期，幼儿常将想象的东西和现实进行混淆。在参加游戏或欣赏文艺作品时，往往身临其境，与角色产生同样的情绪反应。如幼儿园里小班幼儿正在玩“狡猾的狐狸，你在哪里”的游戏，当老师扮演的狐狸逮着小鸡(小朋友饰)，装着要吃她的时候，这个孩子大哭起来说：“你是老师，怎么可以吃人呢！”并拼命挣扎。题干中幼儿的表现说明幼儿想象的特点是：想象常常脱离现实，或者与现实混淆。

8. C 【解析】经常化原则是指幼儿园体育活动应融于儿童的每日活动之中，应避免“三天打鱼，两天晒网”的现象。在具体落实这一原则时应注意：(1) 每日让儿童进行适当的身体锻炼活动,且保证儿童“每日户外体育活动时间不得少于 1 小时”。(2)动静交替安排儿童的一日生活。

9. A 【解析】维生素 D 能调节钙、磷代谢,维持血钙浓度稳定,在促进骨骼和牙齿的正常生长和钙化过程中起着重要作用。维生素 D 有助于预防佝偻病,又称抗佝偻病维生素。

B 选项缺乏维生素 C 易患坏血病。

C 选项幼儿厌食症是幼儿的常见病之一,是指食欲长期减退或拒食的一种病症。

D 选项胎儿发育期缺碘,婴儿出生后就会生长发育迟缓、智力低下,严重者发生“呆小症”,即“克汀病”。

10. A 【解析】幼儿初期的孩子,想象不能按一定的目的坚持下去,很容易从一个主题转换到另一个主题,这主要是由幼儿初期孩子的直觉行动性思维决定的。即想象主题极不稳定,易受外界干扰而变化。

二、简答题(参考答案)

11. 简述学前儿童分类的发展特点。

(1)4 岁以下儿童基本上不能分类。

(2)5 ~ 6 岁时,儿童处于由不会分类向开始发展初步分类能力的过渡时期,该年龄不能分类的情况已大大减少,而主要依据物体的感知特点和情境联系来分类。

(3)6 岁以后,儿童开始逐渐摆脱具体感知和情境性的束缚,能够依物体的功用及其内在的联系进行分类,这说明他们的概括水平开始发展到一个新的阶段。

12. 简述幼儿前识字经验包括的内容。

(1)知道文字有具体的意义;(2)理解文字的功能;(3)粗晓文字的来源;(4)知道文字是一种符号,它与其他符号系统可以转换;(5)了解文字的构成规律等。

三、论述题(参考答案)

13. 试述学前儿童亲子依恋的类型及培养幼儿形成良好依恋的措施。

(1)依恋类型主要包括:

①焦虑—回避型。母亲在场或不在场对这类幼儿影响不大。母亲离开时,他们并无特别紧张或忧虑的表现。母亲回来了,他们往往也不予理会。虽然有时会欢迎母亲的到来,但只是暂时的,接近一下又走开了。

②安全型。这类幼儿与母亲在一起时能安逸地玩弄玩具,对陌生人的反应也比较积极,并不总是偎依在母亲身旁。当母亲离开时,其探索性行为会受影响,明显地表现出一种苦恼;当母亲回来时,他们会立即寻求与母亲的接触,但能很快平静下来。

③焦虑—反抗型。这类幼儿在母亲要离开之前总显得很警惕,如果母亲要离开

他,他就会表现出极度的反抗,但是与母亲在一起时,又无法把母亲当作他的“安全基地”。他们见到母亲回来会寻求与母亲接触,但同时又反抗与母亲接触,甚至还有点发怒的样子。

(2)①注意“母性敏感期”期间的母子接触。有研究认为,最佳依恋的发展需要在“母性敏感期”期间使孩子与母亲接触。理想条件是:出生后3小时起便有定时的母子接触,在开始3天里,每天另有5小时让妈妈搂抱孩子。理想条件下的孩子与妈妈关系更密切,面对面注视的次数更多,后期依恋关系更好。

②尽量避免父母与孩子的长期分离。研究表明,孩子与父母的长期分离会造成孩子的“分离焦虑”,从而影响孩子正常的心理发展。特别是6~8个月后的分离,会产生严重的影响。因为这个时期正好是孩子与他人建立情感联系的关键时期,所以不管存在什么样的困难,父母都要尽量自己负担起养育、教育孩子的责任。

③父母与孩子之间要保持经常的身体接触。如抱孩子,适当地和孩子一起玩耍。同时,父母在和孩子接触时要保持愉快的情绪,高高兴兴地和孩子玩。

④父母对孩子所发出的信号要敏感地做出反应。要注意孩子的行为(如找人、哭闹等),并给予一定的关照。

四、材料分析题(参考答案)

14.(1)材料中体现了优质师幼关系的互主体性。教师与儿童的互主体性(主体间性)是在活动中得以实现的,进一步讲,互主体性只有在相互交往的活动中才能体现出来。互主体性体现为彼此从对方那里得到体认,彼此映照,从对方那里“看到”自己。材料中孩子们问种的是什么树时,李老师马上请导游介绍树的名称和主要特点。这体现了优质师幼关系的互主体性。

(2)材料中体现了优质师幼关系的互动性。师幼关系的互动性体现在相互性和双向性上。教师与幼儿真正的互动是一种双向的交流活动,在活动中沟通、交流、理解,彼此表达自己的情感、体会、态度,并对对方产生一定的影响。材料中李老师不仅给孩子们和家长拍照,还和孩子们一起种树,一起做面条。这体现了优质师幼关系的互动性。

(3)材料中体现了优质师幼关系的民主性。在优质的师幼关系中,教师与幼儿是“主体”与“主体”之间的平等关系,幼儿常常能感受到教师的民主作风。民主性表现为教师与幼儿自由交流、讨论,共同制定活动计划和规则,以平等的身份参与幼儿的探索活动。在民主、平等的氛围中,教师不再以权威自居、发号施令,幼儿敢于表达自己的感受、乐于表达自己的想法。材料中孩子们兴奋地邀请李老师和自己坐同一辆车,为此孩子们争了起来。李老师用商量的语气说:“去的时候老师坐一号车,回来时老师坐二号车,你们说好不好呀?”孩子们高兴地同意了。这体现了优质师幼关系的民主性。

(4)材料中体现了优质师幼关系的分享性。优质的师幼关系是主体之间的一种相互理解、融通、分享的关系。主体间相互认识、相互理解。教师与幼儿彼此倾听对方的表达,彼此分享对方的经验,体谅对方的心灵感受,在分享中双方获得新的生命体验和意义。材料中孩子们纷纷拿出自己心爱的零食分给李老师,李老师也把自己精心制作的寿司和孩子们一起分享,耐心地介绍了寿司的做法。这体现了优质师幼关系的分享性。

15. 材料中主要体现了幼儿游戏的以下几个特点:

(1)游戏是幼儿自主自愿的活动(自由性)。在游戏中,幼儿是出于自己的兴趣和愿望、自发自愿自主地进行游戏,而不是在外在的强制下进行游戏,他们可以自由表达自己的内心,显露自己的潜力。材料中,部分幼儿分别选择了娃娃家、理发店和建构区,体现了幼儿游戏的自主自愿。

(2)幼儿重视的是游戏的过程,而非游戏的结果,无强制性的外在目的(非功利性)。幼儿游戏没有任何功利的目的,既没有外部目标,也没有内在约定。材料中,幼儿在游戏中扮演理发师,享受的是“理发”活动的过程,而非为了追求“理发”活动的结果。

(3)游戏是充满想象和创造的活动(想象性)。幼儿可以依靠想象不断变换物体的功能,不断变换人物的角色,不断变换游戏的情节,在想象中把狭小的游戏场所变成无比广阔的天地。材料中,担任理发师的小朋友穿上理发师的服装,帮“顾客”围上毛巾等必备物品,用玩具剪刀对“顾客”的头发进行操作,这充分体现了幼儿游戏中的想象和创造。

(4)游戏具有假想成分,是在假想的情景中反映社会生活,是虚构和现实统一的活动(虚构性和社会性)。游戏的假想性是指幼儿的游戏是想象与现实的结合,是幼儿在假想的情景中对生活经验的创造性反映。但幼儿的游戏并不是主观臆断或者空想,而是以客观现实为依据,是周围生活的反映和写照。材料中,理发店里担任理发师的小朋友帮“顾客”围上毛巾,拿起玩具剪刀对“顾客”的头发进行操作,体现了幼儿游戏是以客观现实为依据,是周围生活的反映和写照。

(5)游戏是能给幼儿带来积极情感体验的活动(愉悦性)。幼儿的游戏活动没有强制的目标,因而降低了为达到目标而产生的紧张,耗费精力少,也使儿童感到轻松、愉快。材料中,幼儿游戏时,不时传来阵阵笑声和交谈声,体现了幼儿在游戏中是快乐的、愉快的。

(6)游戏是具体的活动(具体性)。游戏是非常具体、形象的活动。每个游戏都有具体的内容、情节、角色、动作、实际的玩具和游戏材料,游戏角色之间还有对话,所有这一切,会不断引起幼儿的表象活动。材料中,幼儿的游戏有具体的材料、角色等,体现了游戏是具体的活动。

五、活动设计题(参考答案)

16.　　　　　主题活动:春天

主题活动目标

(1)能运用各种感官和途径认识了解春天的特征,明白春天是一个秀丽和播种的季节。

(2)能用说、朗诵、唱、跳、绘画、制作、剪贴等各种方式表现春天,体验创作的快乐。

(3)在欣赏与春天有关的文学作品中体验文字的优美,学习创编与春天有关的故事或儿歌。

(4)愿意把自己的研究发现与同伴交流分享,体会彼此分享的快乐。

【子活动一】

春天的梦(中班语言活动)

(一)活动目标

(1)理解诗歌的内容,感受春天的变化。

(2)学习绿绿的、红红的等重叠词。

(3)尝试仿编诗歌,发挥幼儿的想象力。

(二)活动准备

背景音乐,诗歌《春天的梦》的课件,苹果、香蕉、西瓜、葡萄等图片,《春天的梦》音频。

(三)活动过程

1.谈话导入,引出主题

(1)师:小朋友们,我是“春风姐姐”,我想和你们交个朋友,你们愿意吗?我们一起跳个舞吧。与孩子们一起跳《春天真美丽》。

(2)与小朋友讨论梦:小朋友们,你们晚上做梦吗?都梦见什么了?

(3)出示春风姐姐的梦:春风姐姐做了一个梦,梦见春天到了,外面特别漂亮。春风姐姐爱做梦,梦是美美的。

2.欣赏和理解诗歌《春天的梦》

(1)欣赏诗歌。

师:小草、小花、小燕子、小宝宝都睡了,在睡梦中,他们都做了不同的梦,小朋友们,你们想知道它们的梦是怎样的吗?

放诗歌《春天的梦》的录音,幼儿欣赏,并提问"你们听到了什么?"

小草爱做梦,梦是绿绿的。小花爱做梦,梦是红红的。小燕子爱做梦,梦是暖暖的。小朋友爱做梦,梦是甜甜的。

(2)熟悉和理解诗歌的内容。

幼儿欣赏完诗歌后,师:诗歌的名字是什么? 小草的梦是怎样的? 为什么?(学习词:绿绿的。因为绿色的小草最美)小花的梦是怎样的?(学习词:红红的。因为红红的花最美)小燕子的梦是怎样的?(学习词:请幼儿跟读词语"暖暖的")宝宝的梦是怎样的? 为什么?(学习词:甜甜的)

(3)幼儿边看课件边欣赏诗歌,并和教师一起表演诗歌。

3. 仿编诗歌

(1)出示图片.引导幼儿仿编诗歌。

分别出示水果图片:苹果、香蕉、西瓜、葡萄等的图片,启发和引导幼儿看图片仿编诗歌。如:苹果的梦(红红的,圆圆的……);香蕉的梦(弯弯的,黄黄的)……

(2)将幼儿仿编的诗歌组合起来,成为一首新的诗歌《水果的梦》。

(3)请幼儿选一张图片,并说说它们的梦是什么样的。

(4)请幼儿到前面创编图片中水果的梦,并把幼儿说的编成好听的诗歌,让幼儿体会到成就感。

4. 活动结束

我们也在甜美的音乐中做个《甜甜的梦》结束活动。

【子活动二】

春天在哪里(中班社会活动)

活动目标

(1)在观察、体验中感受春天的特征和美好。

(2)能够主动交流自己的发现,勇敢大方地说出自己的见解。

(3)能用自己喜欢的方式表达对春天的热爱,激发热爱大自然的情感。

【子活动三】

"花"蝴蝶(中班美术活动)

活动目标

(1)初步掌握用树叶粘贴小动物的基本方法。

(2)能根据树叶的形状、色彩进行联想和创作。

(3)乐意与父母共同制作,增进亲子间感情。

国家教师资格考试预测试卷(二十)

一、单项选择题

1. C 【解析】处于主动感对内疚感阶段的儿童的发展任务是培养主动性。他们开始追求出于自我利益和动机的活动,想象自己正在扮演成年人的角色,并因以为自己能从事成年人的角色和胜任这些活动而体验一种愉快的情绪。题干所述是处于该阶段儿童的典型实例。

2. C 【解析】被排斥型幼儿具有体质强、力气大、不友好、积极行为少;能力较强、性格外向、脾气急躁、容易冲动、活泼好动,对自己的社交地位估计过高的特点。故本题选 C。

A 项,受欢迎型幼儿的表现是喜欢与人交往,主动积极并表现较好,被大多数同伴所接纳、喜欢。

B 项,被忽视型幼儿的表现是不喜欢交往,常一个人玩,在群体交往中显得退缩、害羞、不起眼,常常被冷落。

D 项,矛盾型幼儿的表现是被某些同伴喜爱,同时又被其他同伴所不喜欢。

3. A 【解析】幼儿身体各部分肌肉的发展不平衡。支配上、下肢的大肌肉群发育较早,1 岁左右会走,3 岁时上、下肢的活动更加协调,5 岁时下肢肌肉发育较快,肌肉的力量和工作能力都有所提高。而小肌肉群如手指和腕部的肌肉群发育较晚,3 ~ 4 岁还不能运用自如,往往不会很好地拿笔和筷子,5 岁以后这些小肌肉群才开始发育,能比较协调地做一些较精细的动作。本题为选非题,故选 A。

4. C 【解析】成人要满足婴幼儿的社会性需要。婴儿出生后最感愉快、最渴望的是母亲肌体的温暖,最初的社会性需要是接触(身体)及抚爱、搂抱婴儿,和婴儿身体接触是婴儿的心理和社交活动正常发展最重要的因素。题干中,“婴幼儿喜欢被成人接触、抚爱”,这种表现属于社会性需要,并且随着年龄的增长,会出现更多种类的社会性需要。故本题选 C。

5. D 【解析】《幼儿园教师专业标准(试行)》指出,一日生活的组织与保育的基本要求包括:(1)合理安排和组织一日生活的各个环节,将教育灵活地渗透到一日生活中。(2)科学照料幼儿日常生活,指导和协助保育员做好班级常规保育和卫生工作。(3)充分利用各种教育契机,对幼儿进行随机教育。(4)有效保护幼儿,及时处理幼儿的常见事故,危险情况优先救护幼儿。

6. D 【解析】《3 ~ 6 岁儿童学习与发展指南》科学领域数学认知目标 1“初步感

知生活中数学的有用和有趣”指出,5 ~6 岁的幼儿能发现生活中许多问题都可以用数学的方法来解决,体验解决问题的乐趣。

方法技巧:考生在做《3 ~6 岁儿童学习与发展指南》中有关年龄的试题时,可以从不同年龄阶段幼儿的心理特点和认知发展特点进行分析,从而得出正确答案。

7. D 【解析】手足口病主要发生于学前儿童,尤以 3 岁以下年龄组发病率最高。多在夏季流行。手足口病的症状有:(1)潜伏期 4 ~6 日。最先出现轻微的症状,如发烧、全身不适、咳嗽、咽痛等。(2)在指(趾)的背面、侧缘、手掌、足跖,尤其是指(趾)甲的周围,有时在臀部、躯干四肢发生红色斑丘疹,很快发展为水疱。(3)口腔内在舌、硬腭、颊黏膜、齿龈上发生水疱,破溃后形成糜烂,可因疼痛影响进食。(4)一般于 8 ~10 天水疱干涸,病愈。题干描述的症状属于手足口病。故本题选 D。

8. B 【解析】幼儿的思维特点是以具体形象思维为主,因此在引导幼儿进行科学探究时应注重引导幼儿通过直接感知、亲身体验和实际操作进行科学学习,不应为追求知识和技能的掌握,对幼儿进行灌输和强化训练。ACD 三项,幼儿通过亲身体验和直接感知都可以进行探究,B 选项春天的气候成因对于幼儿来说比较抽象,不适合幼儿进行探究。

9. B 【解析】夸美纽斯为父母们编写的学前家庭教育指南《母育学校》,是世界上第一部论述学前教育的专著,集中体现了他的学前教育思想。故本题选 B。

A 项,夸美纽斯编写了世界上第一本图文并茂的儿童读物《世界图解》,该书被誉为“儿童插图书的始祖”。

C 项,夸美纽斯的《大教学论》是西方第一本独立形态的教育学著作,被视为系统教育理论产生的标志。

D 项,《教育漫话》是英国教育家洛克的代表作。他在《教育漫话》中主张,教育应培养绅士。

10. D 【解析】在同一时间内,把注意分配到两种或几种不同的对象与活动上,是注意的分配。题干中幼儿照顾到了脚的动作,就注意不到手的动作,说明幼儿注意的分配能力较差。

二、简答题(参考答案)

11. 简述教师在实施《3 ~6 岁儿童学习与发展指南》的过程中应把握的原则。

(1)关注幼儿学习与发展的整体性。儿童的发展是一个整体,要注重领域之间、目标之间的相互渗透和整合,促进幼儿身心全面协调发展,而不应片面追求某一方面或几方面的发展。

(2)尊重幼儿发展的个体差异。幼儿的发展是一个持续、渐进的过程,同时也表现出一定的阶段性特征。每个幼儿在沿着相似进程发展的过程中,各自的发展速度和到达某一水平的时间不完全相同。

(3)理解幼儿的学习方式和特点。幼儿的学习是以直接经验为基础,在游戏和日常生活中进行的。

(4)重视幼儿的学习品质。幼儿在活动过程中表现出的积极态度和良好行为倾向是终身学习与发展所必需的宝贵品质。

方法技巧:《指南》的四条实施原则是重点内容。考生在学习的过程中要记忆并掌握这四条原则,可通过以下方法进行识记:整(整体性)个(个体差异)学(学习方式和特点)制(学习品质)。

12. 什么是作品分析法?简述幼儿教师在进行作品分析时应注意的问题。

(1)作品分析法又称活动产品分析法,它是通过分析学前儿童的作品来了解儿童发展状况的一种方法。

(2)幼儿教师在进行作品分析时应注意:由于学前儿童在创造活动过程中,往往用语言和表情去辅助或补充作品所不能表达的思想,因此,脱离学前儿童的创造过程来分析作品,难以充分了解其心理活动,对学前儿童的作品的分析最好是结合观察等方法进行。

三、论述题(参考答案)

13. 试述幼儿教师需具备的专业知识。

(1)幼儿发展知识

①了解关于幼儿生存、发展和保护的有关法律法规及政策规定;

②掌握不同年龄幼儿身心发展特点、规律和促进幼儿全面发展的策略与方法;

③了解幼儿在发展水平、速度与优势领域等方面的个体差异,掌握对应的策略与方法;

④了解幼儿发展中容易出现的问题与适宜的对策;

⑤了解有特殊需要幼儿的身心发展特点及教育策略与方法。

(2)幼儿保育和教育知识

①熟悉幼儿园教育的目标、任务、内容、要求和基本原则;

②掌握幼儿园各领域教育的学科特点与基本知识;

③掌握幼儿园环境创设、一日生活安排、游戏与教育活动、保育和班级管理的知识与方法;

④熟知幼儿园的安全应急预案,掌握意外事故和危险情况下幼儿安全防护与救助的基本方法;

⑤掌握观察、谈话、记录等了解幼儿的基本方法和教育心理学的基本原理和方法;

⑥了解0~3岁婴幼儿保教和幼小衔接的有关知识与基本方法。

(3)通识性知识

①具有一定的自然科学和人文社会科学知识;

②了解中国教育基本情况;

③具有相应的艺术欣赏与表现知识;

④具有一定的现代信息技术知识。

四、材料分析题(参考答案)

14.(1)《3~6岁儿童学习与发展指南》指出:幼儿科学学习的核心是激发探究兴趣,体验探究过程,发展初步的探究能力。①材料中亮亮在科学活动中,将水管连接在一起,表现出积极的兴趣;②在操作过程中将水从细管倒入,让水从另一头流出时感到非常开心,最后成功将倒入粗水管的水也引流出后,自豪地向同伴分享,这都表现出亮亮在整个探究过程中,得到了成功的体验,积累了相关的经验;③在发现水从粗水管倒入无法流出时,亮亮反复观察、尝试,最后发现问题并且解决了问题,发展了初步的探究能力。

(2)策略:教师要善于发现和保护幼儿的好奇心,充分利用自然和实际生活中的机会,引导幼儿通过观察、比较、操作、实验等方法学会发现问题、分析问题和解决问题,帮助幼儿不断积累经验,并运用于新的学习活动,形成受益终身的学习方法和能力。针对亮亮小朋友的探索活动,教师可围绕"水管"这一主题,开展其他类型的探索活动,丰富幼儿的已有经验,促进幼儿其他方面能力的发展。

15.(1)李老师采用了内部干预的形式介入,即教师以游戏中的角色身份参与幼儿的游戏,以游戏情节需要的角色动作和语言来引导幼儿的游戏行为。

(2)①李老师的介入时间是恰当的。材料中李老师在观察了幼儿游戏一段时间之后,寻找到了可以对幼儿加以暗示点拨的情节,即以"交警"的身份介入了幼儿游戏,并进行了及时的随机教育,使幼儿知道遵守交通规则的重要性。②教师介入幼儿游戏的时机:其一,当幼儿游戏出现困难时介入。当幼儿不知道自己该做什么游戏,如何去游戏时,教师的介入是引导幼儿开始游戏的关键。其二,当必要的游戏秩序受到威胁时介入。当必要的游戏秩序受到威胁时,教师可用游戏口吻自然地制止幼儿的干扰行为并提出活动建议。其三,当幼儿对游戏失去兴趣或准备放弃时介入。这时教师的介入可以帮助幼儿拓展游戏内容,提高游戏技能,进一步激发幼儿游戏的兴趣。其四，在游戏内容发展或技能方面发生困难时介入。在这种情况下，教师可以作为游戏同伴介入游戏给予幼儿示范，或者让幼儿相互启发，相互影响，以帮助幼儿克服困难，拓展游戏。

五、活动设计题（参考答案）

16.　　两人三足（大班体育活动）

（一）活动目标

（1）了解绳子的用途，知道两人三足的游戏玩法和规则。

（2）锻炼下肢力量，锻炼身体的协调性和平衡性。

（3）愿意与同伴合作，体验协作游戏的乐趣。

（二）活动准备

两人一根长布条、热身运动使用的音乐。

（三）活动过程

1. 热身运动：身体放松操。

师：冬天到了，让我们跟着音乐一起做运动吧。

上肢——体转——扭胯——抬腿——压腿——跳跃，幼儿在教师的带领下听着音乐有精神地做热身运动。

2. 提出活动规则。

找个好朋友，把自己的一条腿和伙伴的一条腿绑在一起，在户外的平地上走一走，感受怎样才能走好，不摔跤，而且走得快。

老师示范并讲解：一左一右靠靠紧，拿根布条扣系牢，站直身体迈大脚，预备出发一二一，不急不急安全第一。（示范时走的节奏要慢）

3. 幼儿自由尝试练习，教师巡回了解情况。

4. 集中交流学习。

请几对小朋友来表演一下，一起说说该怎样走才能走得既快又稳？

有好方法请大家及时学一学，如：两人同时喊口令，保持同一节奏；被绑的腿走一步，另一条腿并一步的方法等。

5. 分小组比赛，鼓励幼儿再次练习两人三足走。可根据情况重复进行几次。

6. 敲打按摩腿部，做放松运动。

（教师和幼儿一起收拾整理材料）

（四）活动延伸

放学回家后和爸爸妈妈一起玩一玩两人三足的游戏。

图书反馈

重磅！真题有奖征集！

「凡提供当年度考试真题者，根据真题完整度，可获得500元以内现金奖励。」

具体请联系QQ:1831595423

（温馨提示：所提供真题须是当年度考试真题，且真实有效。）

联系方式：400-600-3363　　研发部QQ：1831595423

招教网
招考资讯平台

山香官网
考编服务平台

山香网校
线上学习平台

图书订正链接
勘误更新平台